Basisinformationen über Wertpapiere und weitere Kapitalanlagen

Grundlagen, wirtschaftliche Zusammenhänge,
Möglichkeiten und Risiken

Stand: Juni 2012

Copyright 2012 by Bank-Verlag GmbH
Postfach 45 02 09 · 50877 Köln

Das Werk einschließlich aller seiner Teile ist urheberrechtlich geschützt. Jede Verbreitung außerhalb der engen Grenzen des Urheberrechtsgesetzes ist ohne Zustimmung der Bank-Verlag GmbH unzulässig und strafbar. Dies gilt insbesondere für die Vervielfältigung, Übersetzung, Vervielfältigung auf Datenträgern sowie die Einspeicherung und Verarbeitung in elektronischen Systemen.

Der Inhalt wurde mit größtmöglicher Sorgfalt erstellt. Für die Richtigkeit, Vollständigkeit und Aktualität des Inhalts übernimmt der Verlag keine Haftung.

Bibliografische Information der Deutschen Nationalbibliothek
Die Deutsche Nationalbibliothek verzeichnet diese Publikation in der Deutschen Nationalbibliografie; detaillierte bibliografische Daten sind im Internet über http://dnb.ddb.de abrufbar

Druck: ICS Internationaler Communikations-Service GmbH, Bergisch Gladbach

Art.-Nr. 22.147-1200
ISBN 978-3-86556-150-3

Vorwort

Für den Anleger rückt die **Vermögensanlage in Wertpapieren und weiteren Kapitalanlagen** mehr und mehr in den Vordergrund. Gleichzeitig nehmen Anzahl und Komplexität der am Kapitalmarkt angebotenen Anlageformen stetig zu. Damit wird es für den Anleger zunehmend schwieriger, eine auf seine persönlichen und wirtschaftlichen Verhältnisse zugeschnittene Anlageentscheidung zu treffen.

Ziel dieser Informationsschrift ist es, dem Anleger einen **Gesamtüberblick** über die wichtigsten **Formen der Vermögensanlage** in Wertpapieren (verzinsliche Wertpapiere, Aktien, Genussscheine, Zertifikate, Investmentanteilscheine, Optionsscheine, Hedgefonds) und weiteren Kapitalanlagen zu vermitteln. Darüber hinaus enthält die Broschüre wichtige Informationen über die mit diesen Geschäftsformen typischerweise verbundenen **Risiken**. Die Weiterentwicklung der Märkte bringt es mit sich, dass mehr und mehr **Kombinationsprodukte** angeboten werden, die nach dem „Baukastensystem" entstehen. Viele moderne Instrumente weisen daher Produkteigenschaften mehrerer Basisprodukte auf – dasselbe gilt folglich für die Risikoeigenschaften.

Die Produkt- und Risikobeschreibung für ein konkret zu erwerbendes Produkt entnehmen Sie bitte ggf. ergänzend den produktbezogenen Informationsmaterialien bzw. dem zu Grunde liegenden Verkaufs- oder Wertpapierprospekt.

Ein eigenes Kapitel fasst zusammen, was Sie bei der **Ordererteilung** beachten sollten, und enthält grundlegende Informationen über die in Deutschland üblichen Emissionsverfahren. Das abschließende Kapitel gibt einen Überblick über verschiedene **Dienstleistungen** im Zusammenhang mit der Vermögensanlage. Konzipiert als Basisinformation, soll die Broschüre zugleich den interessierten Anleger dazu veranlassen, offene Fragen zur Vermögensanlage mit seinem Kundenberater zu besprechen.

Finanztermingeschäfte werden im Rahmen dieser Broschüre nur insoweit behandelt, als auch Geschäfte in Optionsscheinen oder Hebelzertifikaten Finanztermingeschäfte darstellen können. Dem komplexen Thema der Geschäfte an Terminbörsen widmet sich ausführlich die Broschüre „Basisinformationen über Termingeschäfte – Grundlagen, wirtschaftliche Zusammenhänge, Möglichkeiten, Risiken".

Bitte beachten Sie: Ihre Bank handelt in Ihrem Interesse, wenn sie bestehenden gesetzlichen Verpflichtungen nachkommt und Sie bei der Durchführung von Wertpapiergeschäften um Informationen über **Ihre Erfahrungen und Kenntnisse** mit Vermögensanlagen bittet. In diesem Zusammenhang kann es erforderlich sein, Sie auch nach Ihren **finanziellen Verhältnissen** sowie den von Ihnen mit einer Anlage in Wertpapieren und weiteren Kapitalanlagen verfolgten **Anlagezielen** zu befragen.

Inhalt

Zum Umgang mit dieser Broschüre   13

1   Inhalt und Aufbau der Broschüre   13
2   Selektives Lesen möglich   13

A   Anlagestrategie und individuelle Anlagekriterien   15

B   Möglichkeiten der Vermögensanlage   19

1   **Verzinsliche Wertpapiere**   19

     1.1   **Grundlagen**   19
     1.1.1   Sammelurkunden und effektive Stücke   19
     1.1.2   Ausgabepreis entspricht nicht immer dem Nennwert   19
     1.1.3   Erträge: Zinszahlungen und Wertsteigerungen   19
     1.1.4   Langfristige Zinsen im Verhältnis zu kurzfristigen Zinsen   19

     1.2   **Ausstattung**   21
     1.2.1   Laufzeit   21
     1.2.2   Tilgung   21
     1.2.3   Verzinsung   22
     1.2.4   Währung   24
     1.2.5   Rang im Insolvenzfall oder bei Liquidation des Schuldners   24

     1.3   **Kursbeeinflussende Faktoren während der Laufzeit**   24

     1.4   **Sonderformen von Anleihen**   25
     1.4.1   Wandelanleihen: „Aktien auf Abruf"   25
     1.4.2   Umtauschanleihen   25
     1.4.3   Optionsanleihen: „Anleihen mit Bezugsrecht"   25
     1.4.4   Hybridanleihen   26
     1.4.5   Strukturierte Anleihen   26
     1.4.6   Exchange Traded Commodities (ETC)   29

     1.5   **Emissionsmärkte**   30
     1.5.1   Auslandsanleihen   31
     1.5.2   Eurobonds   31

     1.6   **Emittenten**   31
     1.6.1   Schuldverschreibungen der öffentlichen Hand   31
     1.6.2   Bankschuldverschreibungen   32
     1.6.3   Unternehmensanleihen   33
     1.6.4   Schuldverschreibungen ausländischer Emittenten   33

     1.7   **Sicherheit verzinslicher Wertpapiere**   33
     1.7.1   Zahlungsfähigkeit und Zahlungswilligkeit des Emittenten   33
     1.7.2   Sicherheitsmerkmale verzinslicher Wertpapiere in Deutschland   34

2   **Aktien**   35

     2.1   **Grundlagen**   35
     2.1.1   Aktionär ist Teilhaber – nicht Gläubiger   35
     2.1.2   Erträge: Dividenden und Wertsteigerungen   35

     2.2   **Ausgestaltung von Aktien**   35
     2.2.1   Übertragbarkeit   35
     2.2.2   Form der Aktien   36
     2.2.3   Gewährung von Rechten   36

	2.3	**Rechte des Aktionärs**	**37**
	2.3.1	Vermögensrechte	37
	2.3.2	Verwaltungsrechte	39
	2.4	**Real Estate Investment Trusts (REITs)**	**40**
3	**Genussscheine und Genussrechte**		**41**
	3.1	**Genussscheine**	**41**
	3.2	**Genussrechte**	**41**
4	**Zertifikate**		**43**
	4.1	**Grundlagen**	**43**
	4.1.1	Laufzeit	43
	4.1.2	Notierung	43
	4.1.3	Bestimmungsfaktoren des Ausgabepreises	44
	4.1.4	Preisbestimmende Faktoren während der Laufzeit	44
	4.1.5	Vergütungen für den Vertrieb von Zertifikaten	45
	4.1.6	Handel	45
	4.1.7	Rückzahlung	45
	4.2	**Klassifizierung von Zertifikaten anhand des Basiswerts**	**45**
	4.2.1	Zertifikate auf Aktien	46
	4.2.2	Zertifikate auf Renten oder Zinsen	46
	4.2.3	Zertifikate auf sonstige Basiswerte	46
	4.3	**Klassifizierung von Zertifikaten anhand der Basiswertzusammensetzung**	**47**
	4.3.1	Indexzertifikate	47
	4.3.2	Basketzertifikate	47
	4.3.3	Einzelwertzertifikate	47
	4.4	**Klassifizierung von Zertifikaten anhand ihrer Struktur**	**47**
	4.4.1	Lineare Zertifikate	48
	4.4.2	Discountzertifikate	48
	4.4.3	Bonuszertifikate	49
	4.4.4	Expresszertifikate	50
	4.4.5	Kapitalschutzzertifikate	52
	4.5	**Hebelzertifikate**	**52**
	4.5.1	Grundlagen	52
	4.5.2	Hebelzertifikate ohne Stop-Loss	52
	4.5.3	Hebelzertifikate mit Stop-Loss	53
5	**Investmentanteilscheine**		**55**
	5.1	**Grundlagen**	**55**
	5.2	**Anbieter von Investmentfonds**	**55**
	5.2.1	Deutsche Investmentgesellschaften (Kapitalanlagegesellschaften)	55
	5.2.2	Ausländische Investmentgesellschaften	56
	5.2.3	Deutsche Bestimmungen für ausländische Investmentgesellschaften am deutschen Markt	56
	5.3	**Allgemeine Merkmale offener Investmentfonds in Deutschland**	**56**
	5.3.1	Offene Investmentfonds	56
	5.3.2	Aufgaben der Fondsgesellschaft	56
	5.3.3	Vertriebsprovision	57
	5.3.4	Funktion der Depotbank	57
	5.4	**Preisbildung**	**57**
	5.4.1	Preisbildung bei Erwerb und Rücknahme über ein Kreditinstitut oder die Kapitalanlagegesellschaft	57
	5.4.2	Preisbildung bei börsengehandelten Investmentfonds und Exchange Traded Funds	58

		5.5	**Gestaltungsmöglichkeiten bei offenen Investmentfonds**	58
		5.5.1	Schwerpunkt der Zusammensetzung	59
		5.5.2	Geographischer Anlagehorizont	60
		5.5.3	Zeitlicher Anlagehorizont	60
		5.5.4	Garantie- und Wertsicherungsfonds	60
		5.5.5	Ertragsverwendung	60
		5.5.6	Währung	61
		5.5.7	Zusammenfassender Überblick	61
		5.6	**Besondere Arten von Investmentfonds**	**62**
		5.6.1	Offene Immobilienfonds	62
		5.6.2	Exchange Traded Funds (ETF)	62
		5.6.3	Altersvorsorge-Sondervermögen	63
		5.6.4	Gemischte Sondervermögen	64
6	**Optionsscheine**			**65**
		6.1	**Grundlagen**	**65**
		6.1.1	Basiswerte	65
		6.1.2	Basispreis	65
		6.1.3	Barausgleich statt Lieferung	65
		6.1.4	Laufzeit	65
		6.1.5	Ausübungsmöglichkeit bei amerikanischem und bei europäischem Typ	65
		6.1.6	Optionsverhältnis	66
		6.2	**Funktionsweise**	**66**
		6.2.1	Hebelwirkung	66
		6.2.2	Unterschiedliche Erwartungen	66
		6.3	**Bewertungskriterien und Preisbildungsfaktoren**	**66**
		6.3.1	Innerer Wert	67
		6.3.2	Zeitwert	67
		6.3.3	Aufgeld	68
		6.3.4	Break-even-Punkt	68
		6.3.5	Hebel und Preissensitivität	68
		6.3.6	Ein Beispiel	69
		6.4	**Arten und Anwendungsmöglichkeiten**	**71**
		6.4.1	Traditionelle Optionsscheine	71
		6.4.2	Naked Warrants	71
7	**Geschlossene Fonds (Unternehmerische Beteiligungen)**			**77**
		7.1	**Grundlagen**	**77**
		7.2	**Anbieter**	**79**
		7.3	**Vertriebsprovision**	**79**
		7.4	**Beispiele geschlossener Fonds**	**79**
		7.4.1	Geschlossene Immobilienfonds	79
		7.4.2	Erneuerbare-Energien-Fonds	79
		7.4.3	Geschlossene Schiffsfonds	80
		7.4.4	Geschlossene Flugzeugfonds	80
		7.4.5	Private-Equity-Fonds	80
8	**Hedgefonds**			**83**
		8.1	**Anlagestrategien**		**83**
		8.2	**Prime Broker**		**84**

C	**Basisrisiken bei der Vermögensanlage**	**85**
1	**Konjunkturrisiko**	**85**
	1.1 Der Konjunkturzyklus	85
	1.2 Auswirkungen auf die Kursentwicklung	85
2	**Inflationsrisiko (Kaufkraftrisiko)**	**86**
	2.1 Realverzinsung als Orientierungsgröße	86
	2.2 Inflationsbeständigkeit von Sachwerten gegenüber Geldwerten	86
3	**Länderrisiko und Transferrisiko**	**86**
4	**Währungsrisiko**	**87**
5	**Volatilität**	**87**
6	**Liquiditätsrisiko**	**87**
	6.1 Angebots- und nachfragebedingte Illiquidität	88
	6.2 Illiquidität trotz Market Making	88
	6.3 Illiquidität auf Grund der Ausgestaltung des Wertpapiers oder der Marktusancen	88
7	**Psychologisches Marktrisiko**	**88**
8	**Risiko bei kreditfinanzierten Wertpapierkäufen**	**88**
9	**Steuerliche Risiken**	**89**
	9.1 Besteuerung beim Anleger	89
	9.2 Auswirkungen am Kapitalmarkt	89
10	**Sonstige Basisrisiken**	**90**
	10.1 Informationsrisiko	90
	10.2 Übermittlungsrisiko	90
	10.3 Auskunftsersuchen ausländischer Aktiengesellschaften	90
	10.4 Risiko der Eigenverwahrung	90
	10.5 Risiken bei der Verwahrung von Wertpapieren im Ausland	91
11	**Einfluss von Nebenkosten auf die Gewinnerwartung**	**92**

D	**Spezielle Risiken bei der Vermögensanlage**	**93**
1	**Spezielle Risiken bei verzinslichen Wertpapieren**	**93**
1.1	Bonitätsrisiko	93
1.1.1	Ursachen von Bonitätsveränderungen	93
1.1.2	Rendite als Bonitätsmaßstab	93
1.1.3	Rating als Entscheidungshilfe	94
1.2	Zinsänderungsrisiko/Kursrisiko während der Laufzeit	96
1.2.1	Zusammenhang zwischen Zins- und Kursentwicklung	96
1.2.2	Zinsänderungsempfindlichkeit: Abhängigkeit von Restlaufzeit und Kupon	97
1.3	Kündigungsrisiko	97
1.4	Auslosungsrisiko	98
1.5	Risiken bei einzelnen Anleiheformen	98
1.5.1	Anleihen mit variablem Zinssatz (Floating Rate Notes)	98
1.5.2	Stärkere Kursausschläge bei Reverse Floatern	98
1.5.3	Nullkupon-Anleihen (Zero Bonds)	98
1.5.4	Fremdwährungsanleihen und Doppelwährungsanleihen	99
1.5.5	Wandelanleihen	99
1.5.6	Optionsanleihen	99
1.5.7	Hybridanleihen	99
1.5.8	Strukturierte Anleihen	100
1.5.9	Exchange Traded Commodities (ETC)	102
1.5.10	Sonstige Bankschuldverschreibungen	102
2	**Spezielle Risiken bei Aktien**	**103**
2.1	Unternehmerisches Risiko (Insolvenzrisiko)	103
2.2	Kursänderungsrisiko	103
2.2.1	Allgemeines Marktrisiko	103
2.2.2	Unternehmensspezifisches Risiko	104
2.2.3	Penny Stocks	104
2.3	Dividendenrisiko	104
2.4	Psychologie der Marktteilnehmer	105
2.4.1	Börsen-/Marktstimmung	105
2.4.2	Meinungsführerschaft	105
2.4.3	Trendverstärkende Spekulation	105
2.4.4	Markttechnik	106
2.4.5	Globalisierung der Märkte	106
2.4.6	Gesellschaftsbezogene Maßnahmen	106
2.5	Risiko der Kursprognose	106
2.6	Risiko des Verlusts und der Änderung von Mitgliedschaftsrechten	107
2.7	Risiko eines Zulassungswiderrufs („Delisting")	108
2.8	Besondere Risiken bei Real Estate Investment Trusts (REITs)	108
3	**Spezielle Risiken bei Genussscheinen und Genussrechten**	**109**
3.1	Ausschüttungsrisiko	109
3.2	Rückzahlungsrisiko	109
3.3	Kündigungsrisiko	109
3.4	Haftungsrisiko	109
3.5	Liquiditätsrisiko	109

4	**Spezielle Risiken bei Zertifikaten**		**111**
	4.1	**Spezielle Risiken bei allen Zertifikatetypen**	**111**
	4.1.1	Emittentenrisiko	111
	4.1.2	Kursänderungsrisiko	111
	4.1.3	Liquiditätsrisiko	111
	4.1.4	Risiko des Wertverfalls	111
	4.1.5	Korrelationsrisiko	112
	4.1.6	Einfluss von Hedge-Geschäften des Emittenten auf die Zertifikate	112
	4.1.7	Währungsrisiko	112
	4.1.8	Risiko der Lieferung des Basiswerts	112
	4.2	**Spezielle Risiken von Zertifikaten auf Grund ihrer Struktur**	**113**
	4.2.1	Spezielle Risiken bei Discountzertifikaten	113
	4.2.2	Spezielle Risiken bei Bonuszertifikaten	113
	4.2.3	Spezielle Risiken bei Expresszertifikaten	113
	4.3	**Spezielle Risiken bei Hebelzertifikaten**	**114**
	4.3.1	Totalverlustrisiko durch Knock-out	114
	4.3.2	Risiko der Hebelwirkung	114
	4.3.3	Der Einfluss von Nebenkosten auf die Gewinnchance	114
	4.3.4	Einlösung nur bei Fälligkeit; Verkauf der Zertifikate	114
	4.4	**Spezielle Risiken bei Zertifikaten auf Rohstoffe**	**114**
	4.4.1	Kartelle und regulatorische Veränderungen	115
	4.4.2	Zyklisches Verhalten von Angebot und Nachfrage	115
	4.4.3	Direkte Investitionskosten	115
	4.4.4	Inflation und Deflation	115
	4.4.5	Liquidität	115
	4.4.6	Politische Risiken	115
	4.4.7	Wetter und Naturkatastrophen	115
5	**Spezielle Risiken bei Investmentanteilscheinen**		**117**
	5.1	**Fondsmanagement**	**117**
	5.2	**Ausgabekosten**	**117**
	5.3	**Risiko rückläufiger Anteilspreise**	**117**
	5.3.1	Allgemeines Marktrisiko	117
	5.3.2	Risikokonzentration durch spezielle Anlageschwerpunkte	118
	5.4	**Risiko der Aussetzung und Liquidation**	**118**
	5.5	**Risiko durch den Einsatz von Derivaten und die Nutzung von Wertpapierleihegeschäften**	**118**
	5.6	**Risiko der Fehlinterpretation von Performance-Statistiken**	**119**
	5.7	**Risiko der Übertragung oder Kündigung des Sondervermögens**	**120**
	5.8	**Spezielle Risiken bei börsengehandelten Investmentfonds**	**120**
	5.9	**Spezielle Risiken bei offenen Immobilienfonds**	**120**
	5.10	**Spezielle Risiken bei Exchange Traded Funds**	**121**
	5.10.1	Spezielle Risiken bei Exchange Traded Funds mit physischer Replikation	121
	5.10.2	Spezielle Risiken bei Exchange Traded Funds mit synthetischer Replikation	121
6	**Spezielle Risiken bei Optionsscheinen**		**123**
	6.1	**Allgemeines Kursrisiko**	**123**
	6.2	**Verlustrisiko durch Kursveränderungen des Basiswerts**	**123**
	6.3	**Verlustrisiko durch Veränderungen der Volatilität des Basiswerts**	**124**
	6.4	**Verlustrisiko durch Zeitwertverfall**	**125**

6.5	**Risiko der Hebelwirkung**	**125**
6.6	**Risiko der Wertminderung und des Totalverlusts**	**125**
6.6.1	Wertminderung	125
6.6.2	Totalverlust	125
6.7	**Risiko der fehlenden Möglichkeiten zur Verlustbegrenzung**	**126**
6.8	**Verlustrisiko infolge der Komplexität exotischer Optionsprodukte**	**126**
6.9	**Emittentenrisiko**	**126**
6.10	**Einfluss von Nebenkosten auf die Gewinnchance**	**126**
6.11	**Währungsrisiko**	**127**
6.12	**Einfluss von Hedge-Geschäften des Emittenten auf die Optionsscheine**	**127**
6.13	**Spezielle Risiken bei Optionsscheinen auf Rohstoffe**	**127**
6.13.1	Kartelle und regulatorische Veränderungen	127
6.13.2	Zyklisches Verhalten von Angebot und Nachfrage	128
6.13.3	Direkte Investitionskosten	128
6.13.4	Inflation und Deflation	128
6.13.5	Liquidität	128
6.13.6	Politische Risiken	128
6.13.7	Wetter und Naturkatastrophen	128

7 Spezielle Risiken bei geschlossenen Fonds (Unternehmerische Beteiligungen) — 129

7.1	**Unternehmerisches Risiko**	**129**
7.2	**Stark eingeschränkte Verfügbarkeit des Kapitals**	**129**
7.3	**Risiko der Fremdfinanzierung**	**129**
7.4	**Steuerliche Behandlung**	**130**
7.5	**Risiko durch Fehlverhalten oder Ausfall der Vertragspartner**	**130**
7.6	**Wiederaufleben der Haftung**	**130**
7.7	**Spezielle Risiken bei ausgewählten geschlossenen Fonds**	**130**
7.7.1	Spezielle Risiken bei geschlossenen Immobilienfonds	130
7.7.2	Spezielle Risiken bei Erneuerbare-Energien-Fonds	131
7.7.3	Spezielle Risiken bei Schiffsfonds	131
7.7.4	Spezielle Risiken bei Flugzeugfonds	131
7.7.5	Spezielle Risiken bei Private-Equity-Fonds	132

8 Spezielle Risiken bei Hedgefonds — 133

8.1	**Risiko der fehlenden aktuellen Bewertung**	**133**
8.2	**Risiken aus dem Vergütungssystem**	**133**
8.3	**Liquiditätsrisiko**	**133**
8.3.1	Rückgabe oder Ausübung des Anlageproduktes	133
8.3.2	Außerbörsliche Übertragung	133
8.4	**Abhängigkeit vom Vermögensmanagement**	**134**
8.5	**Hebelwirkung**	**134**
8.6	**Risikoreiche Strategien, Techniken und Instrumente der Kapitalanlage**	**134**
8.6.1	Erwerb von besonders risikobehafteten Papieren	134
8.6.2	Leerverkäufe	135
8.6.3	Derivate	135
8.6.4	Warentermingeschäfte	135
8.7	**Transaktionskosten**	**135**

	8.8	Handels- und Risikomanagementsysteme	135
	8.9	Prime Broker	136
	8.10	Rückgabe von Anteilen	136
	8.11	Publizität und Rechenschaftslegung	136

E Was Sie bei der Ordererteilung beachten sollten — 137

1 Festpreisgeschäfte — 137

2 Kommissionsgeschäfte — 137
- 2.1 Börsen und außerbörsliche Ausführungsplätze — 138
- 2.2 Börsenhandel — 138
- 2.2.1 Wertpapierbörsen — 138
- 2.2.2 Marktsegmente — 138
- 2.2.3 Handelsformen und Preisbildung — 138
- 2.2.4 Zertifikate- und Optionsscheinhandel — 140
- 2.3 Dispositionen bei der Auftragserteilung — 140
- 2.3.1 Limitierungen (Preisgrenzen) — 140
- 2.3.2 Gültigkeitsdauer Ihrer Aufträge — 141
- 2.4 Abwicklung von Kommissionsgeschäften — 142

3 Zahlungen Dritter an die Bank — 142

4 Abrechnung von Wertpapiergeschäften — 142

5 Risiken bei der Abwicklung Ihrer Wertpapieraufträge — 143
- 5.1 Übermittlungsrisiko — 143
- 5.2 Fehlende Marktliquidität — 143
- 5.3 Preisrisiko — 143
- 5.4 Kursaussetzung und ähnliche Maßnahmen — 143

6 Risiken bei taggleichen Geschäften („Day Trading") — 144
- 6.1 Sofortiger Verlust, professionelle Konkurrenz und erforderliche Kenntnisse — 144
- 6.2 Zusätzliches Verlustpotenzial bei Kreditaufnahme — 144
- 6.3 Kosten — 144
- 6.4 Unkalkulierbare Verluste bei Termingeschäften — 144
- 6.5 Risiko der Verhaltensbeeinflussung — 144

7 Die Emission von Aktien — 145
- 7.1 Festpreisverfahren — 145
- 7.2 Bookbuilding — 145

F Dienstleistungen im Zusammenhang mit Vermögensanlagen — 147

1 Vermögensverwaltung — 147

2 Anlageberatung — 147

3 Beratungsfreies Geschäft — 148

4 Reines Ausführungsgeschäft — 149

G Glossar — 151

H Stichwortverzeichnis — 155

Zum Umgang mit dieser Broschüre

Ziel dieser Broschüre ist es, Anleger über die Möglichkeiten der Vermögensanlage in Wertpapieren und weiteren Kapitalanlagen und über die damit verbundenen typischen Risiken zu informieren.

1 Inhalt und Aufbau der Broschüre

Kapitel A bietet Ihnen eine kurze Einführung in die Thematik. Im darauffolgenden Kapitel B erhalten Sie einen Überblick über gängige **Formen der Vermögensanlage** in Wertpapieren und weiteren Kapitalanlagen. Kapitel C und Kapitel D der Broschüre machen Sie mit den **Risikokomponenten dieser Formen der Vermögensanlage** vertraut. In Kapitel E wird erläutert, was Sie bei der **Ordererteilung** beachten sollten. Darüber hinaus werden die **Grundzüge von Emissionsverfahren** in Deutschland dargestellt. In Kapitel F finden Sie einen Überblick über verschiedene **Dienstleistungen** in Zusammenhang mit der Vermögensanlage.

Bei der Erstellung der Broschüre wurde auf eine ausführliche und – so weit wie möglich – allgemein verständliche Darstellung Wert gelegt. Fachbegriffe sind grundsätzlich im Text selbst erklärt. Einzelne Ausdrücke, die einer ausführlicheren Erläuterung bedürfen, sind zusätzlich im Glossar (Kapitel G) aufgeführt. Abschließend finden Sie ein Stichwortverzeichnis (Kapitel H), das Ihnen das schnelle Auffinden einzelner Begriffe erleichtern soll.

2 Selektives Lesen möglich

Die Broschüre bietet Ihnen die Möglichkeit, sich über die einzelnen Formen der Vermögensanlage gesondert zu informieren. Jede Vermögensanlageform besitzt daher eine eigene farbliche Markierung:

	grau:	Verzinsliche Wertpapiere
	gelb:	Aktien
	orange:	Genussscheine und Genussrechte
	rosa:	Zertifikate
	violet:	Investmentanteilscheine
	grün:	Optionsscheine
	hellblau:	Geschlossene Fonds (Unternehmerische Beteiligungen)
	dunkelblau:	Hedgefonds

In **Kapitel B** finden Sie unter der jeweiligen Farbmarkierung eine Beschreibung der zu dieser Anlageform zählenden gängigen Produkte. Im Einzelnen werden dort ihre wichtigsten Merkmale und Varianten vorgestellt.

Kapitel C (rot markiert) behandelt die grundsätzlichen Risiken (Basisrisiken), die für **alle** dargestellten Anlageformen gleichermaßen zutreffen. **Sie sollten dieses Kapitel in jedem Fall lesen.**

Kapitel D greift die farblichen Markierungen von Kapitel B auf und informiert Sie über die mit der jeweiligen Anlageform verbundenen speziellen Risiken.

Bitte beachten Sie die Querverbindungen zwischen den Kapiteln B, C und D. **Um alle Informationen über eine bestimmte Vermögensanlage zu erhalten, lesen Sie bitte in allen drei Kapiteln.** Ergänzend informiert Sie **Kapitel E** über Umstände, die Sie im Zusammenhang mit der Erteilung von Kauf- oder Verkaufsaufträgen über Wertpapiere beachten sollten.

A Anlagestrategie und individuelle Anlagekriterien

Der folgende Abschnitt befasst sich mit den grundsätzlichen Erwartungen, die ein Anleger an die Vermögensanlage und – soweit erwünscht – an eine entsprechende Beratung stellt. Es wird deutlich gemacht, dass es zwar verschiedene objektive Maßstäbe und Kriterien zur Beurteilung der verschiedenen Anlageformen gibt, über deren Gewichtung, Vorteilhaftigkeit und Nutzen aber die persönlichen Vorstellungen und Ziele des Anlegers entscheiden.

Anlagestrategie

Die vorliegende Broschüre „Basisinformationen über Wertpapiere und weitere Kapitalanlagen" informiert über die Grundlagen sowie Chancen und Risiken einzelner Anlageformen. Diese Informationen gewinnen für Sie allerdings erst im Zusammenspiel mit **Ihrer Anlagestrategie** und **Ihren persönlichen Anlagezielen** an individueller Aussagekraft.

In diesem Zusammenhang ist es notwendig, dass sich jeder Anleger selbst oder gemeinsam mit seinem Anlageberater ein Bild über seine Risikotragfähigkeit, seinen Anlagehorizont und seine Anlageziele verschafft und sich dabei folgende Fragen beantwortet:

- Wie groß ist meine Bereitschaft, Wertschwankungen in Kauf zu nehmen? Bin ich in der Lage, eventuelle finanzielle Verluste zu tragen?
- Wie lange kann ich auf das zu investierende Kapital verzichten? Wann muss mir das Geld wieder zur Verfügung stehen?
- Welche Ziele verfolge ich bei meiner Vermögensanlage? Wie hoch ist meine Renditeerwartung?

Diese Fragen spiegeln die drei grundlegenden Anlagekriterien wider: **Sicherheit, Liquidität** und **Rentabilität**. Diese drei Komponenten konkurrieren miteinander und beeinflussen sich wechselseitig. Jeder Anleger muss anhand seiner persönlichen Präferenzen eine Gewichtung vornehmen, die sich dann in der für ihn passenden individuellen Anlagestrategie niederschlägt. Diese sollten Sie bei jeder Anlageentscheidung berücksichtigen.

Die mit einer Vermögensanlage verbundenen Ziele hängen stets vom persönlichen Umfeld jedes einzelnen Anlegers ab, unterliegen überdies dem zeitlichen Wandel und sollten daher regelmäßig überprüft werden.

Die Anlagekriterien im Einzelnen

■ Sicherheit

Sicherheit meint: **Erhaltung des angelegten Vermögens**. Die Sicherheit einer Kapitalanlage hängt von den Risiken ab, denen sie unterworfen ist. Hierzu zählen verschiedene Aspekte, wie zum Beispiel die Bonität des Schuldners, das Kursrisiko oder – bei Auslandsanlagen – die politische Stabilität des Anlagelandes sowie das Währungsrisiko.

Eine Erhöhung der Sicherheit können Sie durch eine ausgewogene Aufteilung Ihres Vermögens erreichen. Eine solche Vermögensstreuung (**Diversifizierung**) kann unter Berücksichtigung mehrerer Kriterien erfolgen, wie zum Beispiel unterschiedlicher Wertpapierformen, die in die Vermögensanlage einbezogen werden, und Vermögensanlagen in verschiedenen Branchen, Ländern und Währungen.

■ Liquidität

Die Liquidität einer Kapitalanlage hängt davon ab, wie schnell ein Betrag, der in einen bestimmten Wert investiert wurde, realisiert, also **wieder in Bankguthaben oder Bargeld umgewandelt** werden kann. Wertpapiere, die an der Börse gehandelt werden, sind in der Regel gut dazu geeignet.

- **Rentabilität**

Die Rentabilität einer Vermögensanlage bestimmt sich aus deren Ertrag. Zu den Erträgen eines Wertpapiers gehören Zins-, Dividendenzahlungen und sonstige Ausschüttungen sowie Wertsteigerungen (in Form von Kursveränderungen).

Solche **Erträge** können Ihnen je nach Art der Vermögensanlage entweder regelmäßig zufließen oder nicht ausgeschüttet und angesammelt (thesauriert) werden. Erträge können im Zeitablauf gleich bleiben oder schwanken.

Um die Rentabilitäten verschiedener Wertpapiere – unabhängig von unterschiedlichen Ertragsarten – vergleichbar zu machen, ist die **Rendite** eine geeignete Kennzahl.

> **Rendite:** Unter Rendite versteht man das Verhältnis des jährlichen Ertrags bezogen auf den Kapitaleinsatz – ggf. unter Berücksichtigung der (Rest-)Laufzeit des Wertpapiers.

Für den Anleger ist vor allem die **Rendite nach Steuern** entscheidend, da Kapitaleinkünfte einkommensteuerpflichtig sind.

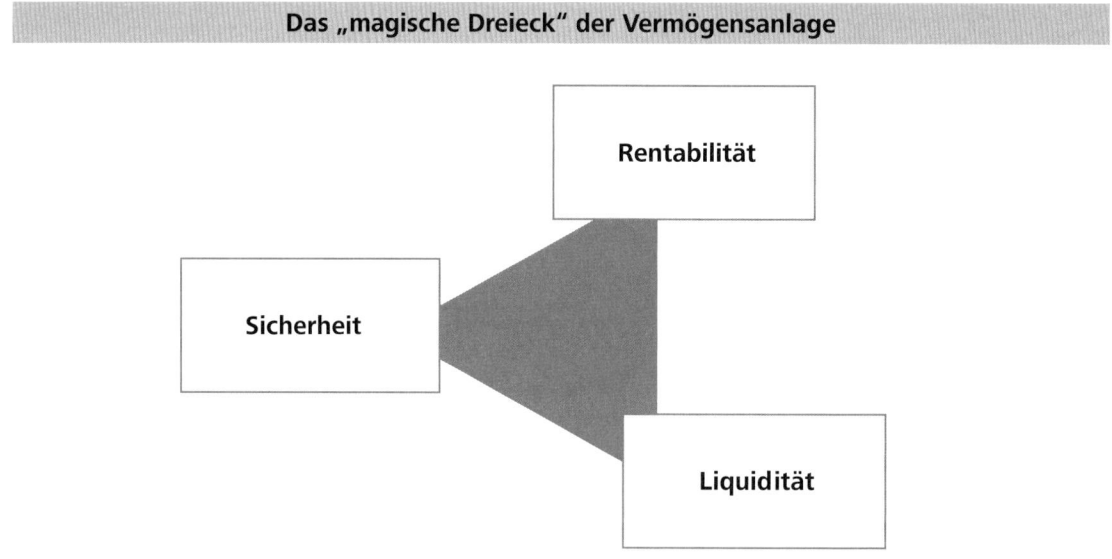

Das „magische Dreieck" der Vermögensanlage

Die Kriterien Sicherheit, Liquidität und Rentabilität sind nicht ohne Kompromisse miteinander vereinbar. Das „magische Dreieck" der Vermögensanlage veranschaulicht die Konflikte:

- Zum einen besteht ein **Spannungsverhältnis zwischen Sicherheit und Rentabilität**. Denn zur Erzielung eines möglichst hohen Grades an Sicherheit muss eine tendenziell niedrigere Rendite in Kauf genommen werden. Umgekehrt sind überdurchschnittliche Renditen immer mit erhöhten Risiken verbunden.
- Zum anderen kann ein **Zielkonflikt zwischen Liquidität und Rentabilität** bestehen, da liquidere Anlagen oft mit Renditenachteilen verbunden sind.

Nachdem Sie sich das magische Dreieck der Vermögensanlage verdeutlicht haben, müssen Sie innerhalb dieses Spannungsfeldes Präferenzen setzen – entsprechend Ihren individuellen Anlagezielen.

Möglichkeiten

B Möglichkeiten der Vermögensanlage

Verzinsliche Wertpapiere	B 1
Aktien	B 2
Genussscheine und Genussrechte	B 3
Zertifikate	B 4
Investmentanteilscheine	B 5
Optionsscheine	B 6
Geschlossene Fonds (Unternehmerische Beteiligungen)	B 7
Hedgefonds	B 8

C Basisrisiken bei der Vermögensanlage — C

Risiken

D Spezielle Risiken bei der Vermögensanlage

Verzinsliche Wertpapiere	D 1
Aktien	D 2
Genussscheine und Genussrechte	D 3
Zertifikate	D 4
Investmentanteilscheine	D 5
Optionsscheine	D 6
Geschlossene Fonds (Unternehmerische Beteiligungen)	D 7
Hedgefonds	D 8

E Was Sie bei der Ordererteilung beachten sollten — E

F Dienstleistungen im Zusammenhang mit Vermögensanlagen — F

B Möglichkeiten der Vermögensanlage

1 Verzinsliche Wertpapiere

> **Verzinsliche Wertpapiere**, oft auch Anleihen, Renten, Bonds oder Obligationen genannt, sind auf den jeweiligen (anonymen) Inhaber oder den Namen eines bestimmten Inhabers lautende Schuldverschreibungen. Sie sind mit einer festen oder variablen Verzinsung ausgestattet und haben eine vorgegebene Laufzeit und Tilgungsform. Der Käufer einer Schuldverschreibung (= Gläubiger) besitzt eine Geldforderung gegenüber dem Emittenten (= Schuldner).

1.1 Grundlagen

1.1.1 Sammelurkunden und effektive Stücke

Verzinsliche Wertpapiere werden entweder **in einer Sammelurkunde verbrieft** (nach Schuldverschreibungsreihen), oder es werden Einzelurkunden mit bestimmten Nennwerten ausgedruckt (man spricht dann von effektiven Stücken). Im Falle der Sammelverbriefung wird die Sammelurkunde bei der Clearstream Banking AG zur **Girosammelverwahrung** hinterlegt. Auch effektive Stücke werden in der Regel girosammelverwahrt; sie können jedoch auch an den Anleger ausgeliefert und von ihm selbst verwahrt werden. Bei den girosammelverwahrten Urkunden erhält der Käufer dagegen eine Gutschrift über das (nach Bruchteilen gerechnete) Miteigentum an der Sammelurkunde.

1.1.2 Ausgabepreis entspricht nicht immer dem Nennwert

Anleihen werden zum Nennwert (**zu pari** = 100 %), **über pari** oder **unter pari** ausgegeben. Unter bzw. über pari bedeutet, dass bei der Ausgabe einer neuen Anleihe ein Abschlag (= **Disagio**) bzw. ein Aufschlag (= **Agio**) festgelegt wird, um den der Ausgabepreis den Nennwert unter- bzw. überschreitet. Dieses Disagio bzw. Agio wird in der Regel in Prozent des Nennwerts ausgedrückt.

1.1.3 Erträge: Zinszahlungen und Wertsteigerungen

Als Vermögensanlage können Ihnen Anleihen prinzipiell auf zwei Arten Ertrag bringen: zum einen in Form von **Zinszahlungen** des Emittenten während der Laufzeit oder am Laufzeitende, zum anderen in Form von **Wertsteigerungen** während der Laufzeit (Differenz zwischen Ankaufs-/Ausgabepreis und Verkaufs-/Rücknahmepreis).

1.1.4 Langfristige Zinsen im Verhältnis zu kurzfristigen Zinsen

Bei einer Anlage in verzinslichen Wertpapieren hängt der gewährte Zinssatz insbesondere von der Dauer ab, für die das Geld angelegt wird. Das heißt, je länger der Zeitraum ist, für den das Geld angelegt wird, desto höher ist in der Regel der gewährte Zinssatz. Hierfür gibt es zwei wesentliche Gründe:

Erstens **spiegeln die aktuellen Zinssätze die Markterwartungen in Bezug auf die zukünftige Zinsentwicklung** wider. Geht der Markt davon aus, dass die Zinsen in Zukunft höher sein werden, werden die Zinssätze für längere Zeiträume über jenen für kürzere Zeiträume liegen und umgekehrt.

Zweitens verlangen langfristig orientierte Anleger in der Regel einen zusätzlichen **Renditeausgleich** für den Nachteil, während der Dauer der Anlage nicht über ihr Geld verfügen zu können. Denn eine längerfristige Anlage birgt ein erhöhtes Risiko von Verlusten im Falle eines Zinsanstiegs. Während der kurzfristig orientierte Anleger sein Kapital liquidieren und zu einem günstigeren Zinssatz reinvestieren kann, ist der langfristig orientierte Anleger möglicherweise an einen nicht mehr attraktiven Zinssatz gebunden. Der zusätzliche Renditeausgleich wird häufig als „Liquiditätsprämie" bezeichnet. Vor diesem Hintergrund sind die Zinssätze für eine langfristige Anlage in der Regel höher als für eine kurzfristige.

Die Veränderung von Zinsen in Abhängigkeit von der Laufzeit lässt sich als Schaubild oder Kurve darstellen. Das folgende Schaubild ist als **Zinsstrukturkurve** bzw. Renditekurve bekannt. Da langfristige Zinsen im Normalfall höher sind als kurzfristige, zeigt die Zinsstrukturkurve gewöhnlich einen ansteigenden Verlauf.

Zinsstrukturkurve

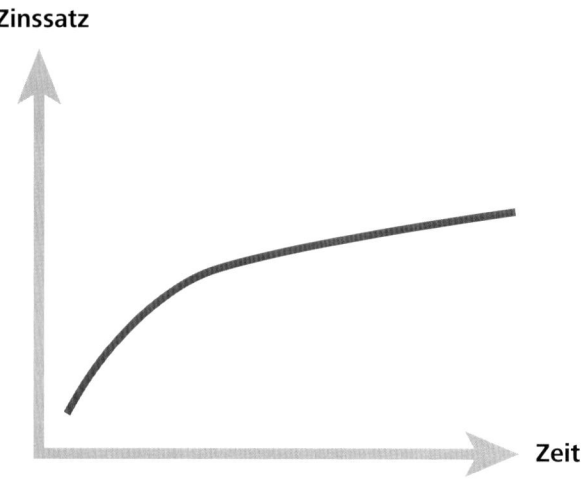

- **Zinsstrukturkurve und Spread**

Die Kursdifferenz zwischen zwei vergleichbaren Finanzinstrumenten wird als Spread bezeichnet. Bei Betrachtung einer Zinsstrukturkurve wird die Zinsdifferenz zwischen zwei bestimmten Laufzeiten ebenfalls **Spread** genannt. Bei der Berechnung eines solchen „Term Spread" (Spanne zwischen Kurz- und Langfristzinsen) wird der Zinssatz für die kürzere Laufzeit vom Zinssatz für die längere Laufzeit abgezogen.

Liegt beispielsweise der Zinssatz für eine Laufzeit von 10 Jahren bei 5 % und der Zinssatz für eine Laufzeit von 2 Jahren bei 3 %, so beträgt der Spread 2 Prozentpunkte oder 200 Basispunkte (s. nachfolgende Abbildung).

Ökonomen beobachten auch die Steigung der Zinsstrukturkurve. Ist sie steil, flach oder sogar invers?

– Bei einer steilen Zinsstrukturkurve ist die Differenz zwischen lang- und kurzfristigen Zinsen größer.
– Flacht die Zinsstrukturkurve ab, werden diese Spreads geringer.
– Eine Zinsstrukturkurve wird als **invers** bezeichnet, wenn die langfristigen Zinsen niedriger sind als die kurzfristigen. Der Spread wird in diesem Fall negativ.

Zinsstrukturkurve und Spread

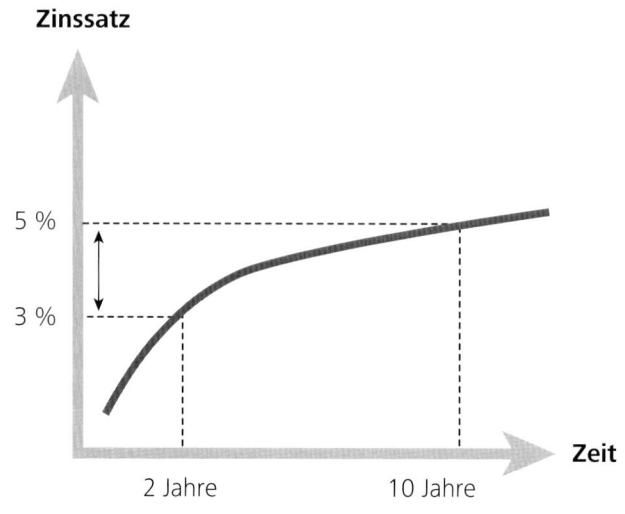

Die Zinsstrukturkurve zeigt in der Regel einen steileren Verlauf, wenn die Wirtschaft sich in einem Stadium relativer Schrumpfung mit hoher Arbeitslosigkeit, hohen Überkapazitäten und hohen Staatsdefiziten befindet. Sobald sich die Konjunktur zu erholen beginnt, flacht die Zinsstrukturkurve ab. Erlebt die Wirtschaft einen Boom, führt dies in der Regel zu einer weiteren Abflachung und vor dem Hintergrund einer möglichen konjunkturellen Abkühlung eventuell sogar zu einem inversen Verlauf. Zu den die Zinssätze beeinflussenden Faktoren im Einzelnen wird auf Kapitel D 1.2 verwiesen.

1.2 Ausstattung

Die Ausstattungsmerkmale einer Anleihe sind in den so genannten Anleihebedingungen (**Emissionsbedingungen**) im Detail aufgeführt: Diese dokumentieren alle für die Anleihe und die Rechtsbeziehungen zwischen Emittenten und Anleger wichtigen Einzelheiten. Dazu zählen neben dem Ausgabejahr insbesondere die folgenden Merkmale:

- Laufzeit,
- Währung,
- Tilgung,
- Rang im Insolvenzfall oder bei Liquidation des Schuldners,
- Verzinsung.

1.2.1 Laufzeit

Es lassen sich **kurzfristige Anleihen** (bis vier Jahre Laufzeit), **mittelfristige Anleihen** (zwischen vier und acht Jahren Laufzeit) und **langfristige Anleihen** (mehr als acht Jahre Laufzeit) unterscheiden.

Als Laufzeit wird der Zeitraum zwischen dem in den Anleihebedingungen genannten Verzinsungsbeginn und der Fälligkeit der Anleihe bezeichnet.

1.2.2 Tilgung

Die Tilgung von Anleihen erfolgt entweder über planmäßige oder über außerplanmäßige Rückzahlungen.

■ **Planmäßige Rückzahlung: Tilgung innerhalb eines festgelegten Rahmens**

„Planmäßig" bedeutet nicht unbedingt, dass Sie als Anleger den Rückzahlungszeitpunkt bereits im Voraus kennen. Für eine planmäßige Rückzahlung gibt es grundsätzlich drei Möglichkeiten:

- Bei **gesamtfälligen Anleihen** erhalten Sie in der Regel den Nennwert in einer Summe am Ende der Laufzeit zurückgezahlt. Bei dieser Art der verzinslichen Anlage liegt also der Zeitpunkt des Kapitalrückflusses seitens des Emittenten fest.

- **Annuitäten-Anleihen** werden nicht in einer Summe, sondern nach und nach in mehreren gleich bleibenden Jahresraten zurückgezahlt. Mit der Rückzahlung wird meist nach einem tilgungsfreien Zeitraum von drei bis fünf Jahren begonnen.

- Bei **Auslosungsanleihen** erfolgt die Rückzahlung nach Ablauf einer Anzahl tilgungsfreier Jahre zu unterschiedlichen Terminen. Als einzelner Anleger wissen Sie also nicht, zu welchem dieser Termine die Wertpapiere, die in Ihrem Besitz sind, fällig werden. Der Emittent ermittelt über ein Auslosungsverfahren (in der Regel nach Endziffern, Serien oder Gruppen) die Wertpapierurkunden, die am nächstfälligen Rückzahlungstermin zurückgezahlt werden.

■ **Außerplanmäßige Rückzahlung bei vorzeitiger Kündigung**

Ein Emittent kann sich in den Anleihebedingungen eine außerplanmäßige Rückzahlung durch Kündigung der Anleihe vorbehalten (vorzeitige Kündigung) – meist unter Vereinbarung einer Anzahl kündigungsfreier Jahre. Mitunter räumen die Anleihebedingungen auch dem Käufer der Anleihe ein vorzeitiges Kündigungsrecht ein.

1.2.3 Verzinsung

Die Verzinsung, die Sie als Anleger vom Emittenten auf das nominal eingesetzte Kapital (den Nennwert des Wertpapiers) erhalten, ist in den jeweiligen Anleihebedingungen geregelt. Dabei gibt es nicht nur den „klassischen" **Festzins** und den **variablen**, den jeweiligen Marktbedingungen angepassten Zinssatz: Dazwischen ist eine große Anzahl von **Mischformen** möglich.

Anleihen und ihre Zinsgestaltung

■ **Klassische festverzinsliche Anleihen**

Festzins-Anleihen – auch Straight Bonds genannt – haben eine **gleich bleibende feste Verzinsung** (Nominalzins) für die gesamte Laufzeit. Der Zins wird in Deutschland meist jährlich, in anderen Ländern überwiegend halbjährlich (z. B. in den USA), nachträglich gezahlt.

■ **Anleihen mit variablen Zinssätzen (Floating Rate Notes)**

Floating Rate Notes (kurz „Floater") gewähren keinen festen, sondern einen variablen Zinsertrag. Nach jeder Zinsperiode, zum Beispiel nach Ablauf von drei, sechs oder zwölf Monaten zahlt der Emittent der Anleihe die Zinsen; gleichzeitig gibt er den Zinssatz für die neue Periode bekannt. Dieser **Zinssatz orientiert sich an einem Referenzzinssatz**, meist an Geldmarktsätzen wie EURIBOR (= European Interbank Offered Rate) oder LIBOR (= London Interbank Offered Rate).

Die Geldmarktsätze **EURIBOR** und **LIBOR** sind die Zinssätze, zu denen bestimmte Banken in Ländern der Europäischen Währungsunion bzw. in London bereit sind, Gelder bei anderen Banken kurzfristig anzulegen. Diese Sätze geben an, zu welchem Zinssatz Banken bei Bedarf kurzfristige Anlagen tätigen würden.

Die Nominalverzinsung eines Floaters wird zwar der Zinsentwicklung am Interbankenmarkt angepasst, entspricht aber in aller Regel nicht genau dem dort gezahlten Niveau: Der Emittent zahlt dem Anleger einen Zins, der um einen festen Aufschlag bzw. Abschlag (den so genannten Spread) über bzw. unter den genannten Sätzen liegen kann. Die Höhe dieses Spreads, der in **Basispunkten** angegeben wird, richtet sich nach der Bonität des Emittenten und der Verfassung des Marktes.

Hinsichtlich der Verzinsung hat die Anlage in Floating Rate Notes Ähnlichkeit mit einer Geldmarktanlage, da der Zinssatz wie bei Termin- bzw. Festgeld regelmäßig neu festgelegt wird.

■ Sonderformen der Floating Rate Notes

Die Gestaltungsmöglichkeiten sind bei variabel verzinslichen Anlagen sehr vielfältig. So kann zum Beispiel die mögliche Schwankungsbreite der Verzinsung eingeschränkt sein. Zu unterscheiden sind hier zwei Grundmodelle: Floating-Rate-Anleihen mit einer **Mindestverzinsung („Floors")** oder einer **Maximalverzinsung („Caps")**.

- **Floor Floater** sind variabel verzinsliche Anleihen mit einer Mindestmarke für die Verzinsung. Für den Fall, dass der Referenzzinssatz zuzüglich des Spreads diese Größe unterschreitet, werden dem Anleger Zinszahlungen in Höhe des Mindestsatzes garantiert.

- **Cap Floater** sind variabel verzinsliche Anleihen mit einer Höchstmarke für die Verzinsung. Die Verzinsung bleibt auf diesen festgelegten Höchstsatz beschränkt, falls die Summe aus Referenzzinssatz und Spread diese Größe überschreitet.

Neben diesen Grundformen werden auch so genannte **Mini-Max-Floater (Collared Floater)** angeboten. Sie kombinieren die beiden oben beschriebenen Typen: Die Schwankungsbreite ihrer Verzinsung während ihrer Laufzeit ist auf einen durch Mindest- und Höchstzinssätze gesteckten Rahmen begrenzt.

Als weitere Sonderform gibt es variabel verzinsliche Anleihen, bei denen die Schwankungen in der Verzinsung der Entwicklung am Geldmarkt entgegenlaufen.

- **Reverse Floater**, auch Inverse oder Bull Floater genannt, sind variabel verzinsliche Anleihen mittlerer oder längerer Laufzeit, deren Zinszahlung durch die Differenz zwischen einem festen Zinssatz und einem Referenzzinssatz ermittelt wird. Die Verzinsungskonditionen lauten zum Beispiel „16 % minus EURIBOR". Für den Anleger bedeutet das: Sein Zinsertrag steigt, wenn der Referenzzinssatz sinkt.

Floating Rate Notes können auch mit anderen Anleihetypen kombiniert werden. Von Bedeutung sind hier die **Convertible Floating Rate Notes**, die ein Wandlungsrecht (je nach Anleihebedingungen für den Anleger oder für den Emittenten) in normale Festzinsanleihen vorsehen.

■ Nullkupon-Anleihen (Zero Bonds)

Zero Bonds sind Anleihen, die nicht mit Zinskupons ausgestattet sind. Anstelle periodischer Zinszahlungen stellt hier die Differenz zwischen dem Rückzahlungskurs und dem Kaufpreis den Zinsertrag bis zur Endfälligkeit dar. Der Anleger erhält demnach nur eine Zahlung: den Verkaufserlös bei einem vorzeitigen Verkauf oder den Tilgungserlös bei Fälligkeit.

In der Regel werden Zero Bonds mit einem hohen Abschlag (**Disagio**) emittiert und im Tilgungszeitpunkt zum Kurs von 100 % („zu pari") zurückgezahlt. Je nach Laufzeit, Schuldnerbonität und Kapitalmarktzinsniveau liegt der Emissionskurs mehr oder weniger deutlich unter dem Rückzahlungskurs.

Zero Bonds können auch aus einer Sonderform festverzinslicher Anleihen entstehen:

- **Stripped Bonds**
Stripped Bonds entstehen, wenn **Zinskupons** von der in der Schuldverschreibung verbrieften Hauptforderung, dem Nominalbetrag, **abgetrennt** werden. Soweit die Hauptforderung oder einzelne Zinskupons getrennt gehandelt werden, handelt es sich um Papiere ohne laufenden Zinsertrag, die vom Grundgedanken her mit Null-Kupon-Anleihen vergleichbar sind.

- **Kombizins-Anleihen und Step-Up-Anleihen**

Diese Anleiheformen ähneln in der Kalkulierbarkeit ihrer Zinserträge einem festverzinslichen Wertpapier: Sie erhalten als Anleger zwar keine über die gesamte Laufzeit gleich bleibende feste Verzinsung, die **Höhe der Zinserträge steht aber im Voraus fest** und ist nicht von der Entwicklung am Geld- oder Kapitalmarkt abhängig. Der Zinssatz dieser Anleihen wird während der Laufzeit nach einem bei der Emission festgelegten Muster geändert.

- **Kombizins-Anleihen**

Bei der Kombizins-Anleihe ist nach einigen kuponlosen Jahren für die restlichen Jahre der Laufzeit ein überdurchschnittlich hoher Zins vereinbart. Die Anleihe wird meist zu pari begeben und zurückgezahlt.

- **Step-Up-Anleihen**

Bei der Step-Up-Anleihe wird anfangs ein relativ niedriger Zins gezahlt, später dann ein sehr hoher. Auch diese Anleihe wird üblicherweise zu pari begeben und zu pari zurückgezahlt. Step-Up-Anleihen sind oftmals mit einem Kündigungsrecht des Emittenten ausgestattet.

- **Zinsphasen-Anleihen**

Zinsphasen-Anleihen stellen eine **Mischform** zwischen fest- und variabel verzinslichen Anleihen dar. Sie haben in der Regel eine Laufzeit von zehn Jahren und sind in den ersten Jahren mit einem festen Kupon ausgestattet. Danach folgt eine Phase von mehreren Jahren mit einer variablen Verzinsung, die sich an den Geldmarktkonditionen orientiert. Die restlichen Jahre werden wieder mit einem Festsatz verzinst.

1.2.4 Währung

Als Anleger können Sie prinzipiell wählen zwischen Anleihen, die auf Euro (EUR-Anleihen) oder auf eine ausländische Währung (Fremdwährungsanleihen) lauten.

- **Doppelwährungsanleihen: Kapital und Zinsen in verschiedenen Währungen**

Doppelwährungsanleihen stellen eine Sonderform dar. Bei diesen können die **Kapitalrückzahlung und die Zinszahlung in verschiedenen Währungen** erfolgen; zum Teil wird dem Emittenten oder dem Anleger ein Wahlrecht eingeräumt.

Als Varianten der Doppelwährungsanleihe werden zur Begrenzung des Währungsrisikos solche mit einer Call-(Kauf-)Option und/oder einer Put-(Verkaufs-)Option aufgelegt. Die Call-Option berechtigt den Emittenten der Anleihe zu einer vorzeitigen, in der Regel unter dem ursprünglichen Rückzahlungsbetrag liegenden Tilgung. Mit einer Put-Option dagegen haben Sie als Anleger das Recht, eine vorzeitige Rückzahlung der Anleihe zu einem im Voraus festgelegten, ebenfalls geringeren Betrag zu verlangen.

1.2.5 Rang im Insolvenzfall oder bei Liquidation des Schuldners

Ein weiteres wichtiges Ausstattungsmerkmal ist der Rang einer Anleihe: Für den Fall der Insolvenz oder der Liquidation des Emittenten ist zwischen vorrangigen, gleichrangigen und nachrangigen Anleihen zu unterscheiden, je nachdem, ob die Ansprüche des Anlegers im Verhältnis zu sonstigen Gläubigern bevorzugt, gleichberechtigt oder nachrangig bedient werden.

1.3 Kursbeeinflussende Faktoren während der Laufzeit

Für Anleihen existiert in der Regel ein Sekundärmarkt, so dass Anleihen zwischen Ausgabetag und Fälligkeit zum jeweils aktuellen Marktwert am **Sekundärmarkt** erworben oder veräußert werden können. Der Kurs der Anleihen ist dabei abhängig von verschiedenen Faktoren, insbesondere:

- dem aktuellen Marktzinsniveau für die jeweilige Restlaufzeit,
- den für die jeweilige Restlaufzeit erwarteten Zinsänderungen,
- der Bonität des Emittenten,
- Angebot und Nachfrage – Verfügbarkeit anderer Anleihen mit ähnlicher Laufzeit,
- bei strukturierten Anleihen zusätzlich Faktoren aus der jeweiligen Produktstruktur.

Einzelheiten sind in Kapitel D 1.2 dargestellt.

1.4 Sonderformen von Anleihen

Im Folgenden erfahren Sie etwas über einige Anleiheformen, die besondere Rechte oder spezielle Nebenabreden enthalten, aber auch an eine zusätzliche Bezugsgröße gekoppelt sein können.

1.4.1 Wandelanleihen: „Aktien auf Abruf"

Die Wandelanleihe ist ein verzinsliches Wertpapier, das üblicherweise von Aktiengesellschaften begeben wird.

> **Wandelanleihen** (auch Wandelschuldverschreibung, Wandelobligation oder convertible bond genannt) sind Schuldverschreibungen, die in der Regel von Aktiengesellschaften ausgegeben werden. Dem Inhaber einer Wandelanleihe wird das Recht eingeräumt, diese während einer Wandlungsfrist und in einem festgelegten Wandlungsverhältnis in Aktien des Emittenten der Wandelanleihe zu wandeln.

Bei Wandelanleihen müssen Sie in der Regel eine **Sperrfrist** beachten, in der ein Umtausch der Anleihen in Aktien nicht möglich ist. In den Anleihebedingungen finden Sie ggf. einen festen **Zuzahlungsbetrag** bestimmt, den Sie bei einer Wandlung in Aktien zu zahlen haben; allerdings ist auch die Vereinbarung eines variablen, von bestimmten Bezugsgrößen (z. B. Dividendenzahlung) abhängigen Wandlungspreises in den Anleihebedingungen möglich. Fest bestimmt sind zudem der letztmögliche **Wandlungstag** und das **Wandlungsverhältnis**.

Wenn Sie von Ihrem Wandlungsrecht keinen Gebrauch machen, behalten Ihre Anleihen in der Regel den Charakter festverzinslicher Wertpapiere, die am Ende der Laufzeit zum Nennwert zurückgezahlt werden. Die Emissionsbedingungen können aber auch eine Pflichtumwandlung am Ende der Laufzeit vorsehen (**Pflichtwandelanleihe**).

Bei gestiegenen Kursen des Wandlungsobjektes, also zum Beispiel der Aktie, bieten Wandelanleihen die Chance, durch die Wandlung einen höheren Wertzuwachs zu erzielen, als dies bei „normalen" Anleihen der Fall wäre. Diesem Vorteil des Wandlungsrechts steht allerdings eine Verzinsung der Wandelanleihe gegenüber, die üblicherweise unter dem Marktzinsniveau liegt.

1.4.2 Umtauschanleihen

Unter Umtauschanleihen (auch exchangeable bonds genannt) versteht man Schuldverschreibungen, die dem Inhaber das Recht einräumen, die **Anleihe in Aktien einer anderen Gesellschaft umzutauschen**. Der Anleger erhält somit nicht Aktien der Gesellschaft, die die Schuldverschreibung emittiert hat, sondern Aktien eines anderen Unternehmens.

1.4.3 Optionsanleihen: „Anleihen mit Bezugsrecht"

Traditionelle Optionsanleihen funktionieren ähnlich wie Wandelanleihen: Auch sie enthalten ein Recht, üblicherweise zum Bezug von Aktien, allerdings nicht alternativ, sondern zusätzlich zur Anleihe.

> **Optionsanleihen** sind verzinsliche Wertpapiere, die dem Anleger das Recht zum Erwerb von Aktien oder auch anderen vertretbaren (handelbaren) Vermögenswerten in einem von der Anleihe **abtrennbaren Optionsschein** verbriefen. Dieser Optionsschein kann selbstständig gehandelt werden. Die Aktien lassen sich gegen Hergabe des Optionsscheins zu im Voraus festgelegten Konditionen beziehen; statt der Belieferung kann auch ein Barausgleich vorgesehen sein. Die Optionsanleihe selbst wird nicht umgetauscht, sondern bleibt bis zu ihrer Rückzahlung bestehen.

Für eine Optionsanleihe kann es daher bis zu drei verschiedene Börsennotierungen geben: nämlich jeweils einen Kurs für die **Anleihe mit Optionsschein („cum")**, für die **Anleihe ohne Optionsschein („ex")** und für den **Optionsschein allein**.

> **Bitte beachten Sie:** Nähere Informationen zu Optionsscheinen finden Sie in dieser Broschüre in Kapitel B 6, zu den mit ihnen verbundenen Risiken in Kapitel C (Basisrisiken) und D 6 (Spezielle Risiken).

Das Optionsrecht kann sich nicht nur auf Aktien, sondern auch auf andere Basisobjekte beziehen. Beispiele sind Optionsanleihen mit einer Option auf Anleihen oder auf fremde Währungen. In diesen Fällen spricht man von einer **Zins-Optionsanleihe** oder einer **Devisen-Optionsanleihe**. Bei der Zins-Optionsanleihe verbrieft der abtrennbare Optionsschein das Recht, eine bestimmte andere Anleihe zu einem festgelegten Kurs zu kaufen (Call) bzw. zu verkaufen (Put). Optionsscheine aus Devisen-Optionsanleihen berechtigen zum Bezug (Call) bzw. zum Verkauf (Put) eines bestimmten Fremdwährungsbetrags zu einem festgelegten Wechselkurs.

1.4.4 Hybridanleihen

Aus Sicht des Emittenten handelt es sich bei **Hybridanleihen** um eine Mischform aus Eigen- und Fremdkapital mit aktien- und anleiheähnlichen Eigenschaften.

Hybridanleihen haben in der Regel eine **unendliche Laufzeit**. Ein Kündigungsrecht durch den Anleger ist stets ausgeschlossen, hingegen kann in den Anleihebedingungen ein Kündigungsrecht für den Emittenten vorgesehen sein.

Hybridanleihen sind nachrangige Anleihen (vgl. Kapitel B 1.2.5). Sie können zum Handel an der Börse eingeführt werden. Hybridanleihen weisen zum Zeitpunkt der Emission zumeist einen Festzins auf, der später durch eine variable Verzinsung abgelöst wird. Anders als bei anderen Anleiheformen sind **Zinszahlungen vom Geschäftserfolg des Emittenten abhängig**. So können die Anleihebedingungen beispielsweise vorsehen, dass eine Zinszahlung nur in den Jahren erfolgt, in denen das emittierende Unternehmen einen Jahresüberschuss oder Bilanzgewinn erzielt.

1.4.5 Strukturierte Anleihen

■ **Kombination aus Anleihe- und Aktienprofil**

Strukturierte Anleihen können beispielsweise eine Kombination aus Anleihe- und Aktienprofilen darstellen. Je nach Ausgestaltung führen sie zu unterschiedlichen Rendite-Risiko-Strukturen. Man findet bei diesen Anleihen eine Reihe fantasievoller Begriffe für die Produkte. Trotz der Unterschiede in der Namensgebung und in der Ausgestaltung lassen sich im Wesentlichen zwei Gruppen unterscheiden: Aktienanleihen als Hochkuponanleihen mit Aktienandienungsrecht und Anleihen mit einer Verzinsung, die sich an der Wertentwicklung eines Index oder eines Aktienkorbs orientiert.

• **Aktienanleihen – „Rückzahlung in Aktien möglich"**

Die Aktienanleihe funktioniert genau umgekehrt wie die Wandelanleihe. Deshalb spricht man auch von „**Reverse Convertibles**": Nicht der Anleger erhält ein Recht zum Bezug von Aktien, vielmehr hat der Emittent unter bestimmten Voraussetzungen das **Recht**, anstelle der Rückzahlung des Nominalbetrags eine im Vorhinein festgelegte Anzahl von **Aktien zu liefern**. Für dieses Risiko erhalten Sie eine über dem Marktzins liegende Verzinsung.

Aktienanleihen sind mit einem üblicherweise hohen, über dem Marktzinsniveau liegenden Kupon ausgestattete Wertpapiere, bei denen die Rückzahlungsbedingungen besonders ausgestaltet sind. Der Emittent zahlt am Ende der Laufzeit entweder das Nominalkapital vollständig in Geld zurück, oder er liefert stattdessen eine bestimmte Anzahl Aktien. Die Konditionen und die zu liefernden Aktien werden in den Anleihebedingungen im Voraus bestimmt.

Ob Sie am Rückzahlungstag den Nominalbetrag in Geld oder die im Vorhinein festgelegte Anzahl von Aktien erhalten, hängt maßgeblich von der Kursentwicklung der Aktie ab. So enthalten die Anleihebedingungen u. a. die Angabe der **Andienungsschwelle** der Aktien. Unterschreitet der Aktienkurs am festgelegten Stichtag diese Schwelle, erfolgt die Rückzahlung in Aktien. Ist der Kurs der Aktie gleich oder höher als die Andienungsschwelle, erhalten Sie das Nominalkapital ausbezahlt. Zinszahlungen erhalten Sie unabhängig davon, ob die Aktien geliefert werden oder ob die Anleihe zum Nennwert zurückgezahlt wird.

Während der Laufzeit orientiert sich das Kursverhalten der Aktienanleihe in erster Linie am Kursverlauf der zu liefernden Aktie. Die Aktienanleihe kann deshalb nicht mit einem gewöhnlichen festverzinslichen Wertpapier gleichgesetzt werden. Eher ist ein **Aktienengagement als Vergleichsmaßstab** heranzuziehen. Im Vergleich zu einer direkten Anlage in Aktien wirken sich allerdings Kursrückgänge der Aktie während der Laufzeit bei der Aktienanleihe dann weniger stark aus, wenn Sie eine Aktienanleihe erwerben, deren Andienungsschwelle unterhalb des aktuellen Kursniveaus der Aktien liegt. Von diesem Abschlag geht in diesem Fall eine Pufferwirkung aus, da es zu einer Rückzahlung in Aktien erst kommt, wenn die Andienungsschwelle am Stichtag unterschritten wird.

Bitte beachten Sie: Nähere Informationen zu Aktien finden Sie in dieser Broschüre in Kapitel B 2, zu den mit ihnen verbundenen Risiken in Kapitel C (Basisrisiken) und D 2 (Spezielle Risiken).

Aktienanleihen können sich auch auf einen Aktienindex beziehen. Unterschreitet dieser Aktienindex zum festgelegten Termin die Andienungsschwelle, liefert der Emittent je nach den Vertragsbedingungen Indexzertifikate, Indexfonds oder einen Geldbetrag, der dem tatsächlichen Indexstand entspricht.

Spezialkonstruktionen sind zum Beispiel Aktienanleihen auf mehrere verschiedene Aktien (so genannte **Multi-Asset-Aktienanleihen**) oder auch **Knock-in-Aktienanleihen**. Bei Letzteren ist nicht nur der Kurs des Basiswerts bei Fälligkeit für eine Rückzahlung in Basiswerten entscheidend, sondern zusätzlich noch eine weitere Kursbarriere, die der Basiswert während der Laufzeit erreichen bzw. unterschreiten muss. Ist dies nicht der Fall, wird der Nominalbetrag zurückgezahlt.

- **Anleihen mit indexorientierter oder aktienkorborientierter Verzinsung**

Wie schon bei den Aktienanleihen handelt es sich bei Anleihen, deren Verzinsung sich an der Entwicklung eines Index oder eines Aktienkorbs orientiert, um Produkte, die Anleihe- und Aktienprofile miteinander kombinieren. Während Aktienanleihen eine feste Zinszahlung garantieren, aber ein Wahlrecht des Emittenten bezogen auf die Form und Höhe der Rückzahlung haben, erhalten Sie als Käufer von Anleihen mit index- oder aktienkorborientierter Verzinsung eine **variable**, von der Entwicklung eines Index oder des Aktienkorbs abhängige **Verzinsung** und in der Regel einen Rückzahlungsbetrag in Geld am Laufzeitende.

Anleihen mit indexorientierter Verzinsung sind Wertpapiere mit einer festen Laufzeit, deren Wertentwicklung von einem bestimmten Index abhängt. Die Rückzahlungsbedingungen sehen zum **Ende der Laufzeit die Zahlung einer bestimmten Quote vor**, die auch unter dem Nominalbetrag der Anleihe liegen kann. Die Anleihen verfügen in der Regel über einen Mindestkupon, dessen Höhe üblicherweise unter dem Marktzinsniveau liegt. Sie weisen zudem stets eine variable Zinskomponente auf, deren Ausgestaltung variiert. Diese Zinskomponente spiegelt die Entwicklung des festgelegten Index wider. Dabei kann eine prozentuale Partizipation an der Indexentwicklung ebenso vorgesehen sein wie ein Höchstwert (Cap). Auf Grund dieser Konstruktion ist die **Höhe der Verzinsung** und damit auch die Wertentwicklung der Anleihe während der Laufzeit **vorab nicht bestimmbar**.

Anleihen mit einer Verzinsung, die sich an einem Aktienkorb orientiert, sind Wertpapiere mit einer festen Laufzeit, deren Verzinsung und damit auch Wertentwicklung von der Entwicklung eines vom Emittenten festgelegten Aktienkorbs abhängt. Es kann vorgesehen sein, dass für die erste Zeit der Gesamtlaufzeit ein fixer Zinssatz gezahlt wird, der über dem Marktniveau liegt, und erst die Zinszahlungen im Rahmen der restlichen Laufzeit in ihrer Höhe an die Entwicklung des Aktienkorbs gekoppelt sind. Der Aktienkorb kann während der gesamten Laufzeit unveränderlich sein oder sich nach vom Emittenten vorgegebenen Kriterien in der Zusammensetzung ändern. Zur Bestimmung der Entwicklung des Aktienkorbs können die enthaltenen Aktien mit ihrer Wertentwicklung gleichwertig oder auch nach unterschiedlichen Kriterien berücksichtigt werden. Auf Grund dieser Konstruktionen ist die **Höhe der Verzinsung** und damit auch die Wertentwicklung der Anleihe während der Laufzeit **vorab nicht bestimmbar**.

Sonstige strukturierte Anleihen

Neben den klassischen Anleihe-Sonderformen in der Gestalt von Wandel- und Optionsanleihen sowie den verschiedenen Ausprägungen innovativer, strukturierter Anleihen, wie sie Aktienanleihen oder Anleihen mit indexorientierter Verzinsung darstellen, haben u.a. verschiedene Varianten „synthetischer" Anleihen Bedeutung erlangt. Ein typisches Beispiel hierfür bieten die so genannten **Repackagings**.

Repackagings stellen – wirtschaftlich betrachtet – die **„(Um-)Verpackung"** von – ggf. verbrieften – Forderungen in eine Anleihe dar. Gegenstand der „Verpackung" sind **Aktien-, Anleihe- und Kreditportfolios**, die in eine Anleihe gekleidet werden, deren Rückzahlung vom Ertrag und der Realisierbarkeit der „verpackten" Forderungen abhängt. Emittent der „synthetischen" Anleihe ist regelmäßig ein speziell zu diesem Zweck gegründetes Zweckunternehmen (ein **„Special Purpose Vehicle"**, SPV), das typischerweise über kein nennenswertes Eigenvermögen verfügt. Wirtschaftliche **Grundlage für die Erfüllung des in der synthetischen Anleihe verbrieften Zahlungsversprechens sind** vielmehr allein **die „umverpackten" Forderungen gegen Dritte**. Sie generieren die Zahlungsströme, die dem SPV als Emittent der synthetischen Anleihe zur Befriedigung der Anleihegläubiger zur Verfügung stehen.

Besonderheiten ergeben sich dann, wenn die dem SPV aus dem „verpackten" Portfolio zufließenden Zahlungen durch **zusätzliche Vereinbarungen** modifiziert wurden. In diesem Fall können sich sowohl Forderungsausfälle im Portfolio als auch Leistungsstörungen im Rahmen des zusätzlichen Geschäfts für den Anleihegläubiger negativ auswirken. Sie begründen im Verhältnis zwischen dem Emittenten der synthetischen Anleihe und dem Anleihegläubiger vielfach ein Sonderkündigungsrecht des Emittenten, dessen Ausübung im Ergebnis zum Totalverlust des vom Investor eingesetzten Kapitals führen kann.

Ausgabepreis und Preisstellung im Sekundärmarkt bei strukturierten Anleihen

Sowohl bei der Bestimmung des Ausgabepreises als auch bei der Preisstellung im Sekundärmarkt werden durch den Emittenten verschiedene Faktoren mit einbezogen (vgl. hierzu auch Kapitel B 4.1.4).

Exkurs – Zinsterminsätze und strukturierte zinsbezogene Anleihen

Es gibt strukturierte zinsbezogene Anleihen, die darauf abzielen, die Prämien aus Zinstermingeschäften zu nutzen.

Einigen sich zwei Parteien unbedingt verpflichtend auf den Kauf bzw. Verkauf eines Vermögenswerts zu einem vereinbarten Preis und mit hinausgeschobenem Erfüllungszeitpunkt, haben sie ein Termingeschäft abgeschlossen. Dies geschieht auch an den Zinsmärkten.

Beispiel: Die Anlage eines Betrags von 10.000 € für ein Jahr ist heute geplant, sie soll allerdings erst in drei Monaten getätigt werden. Dennoch soll bereits heute der relevante Zinssatz sichergestellt werden. In diesem Fall kann der Zinssatz in drei Monaten für eine Laufzeit von einem Jahr bereits heute festlegt werden. Diese Vereinbarung wird als **Zinstermingeschäft** bezeichnet, der vereinbarte Zinssatz als Zinsterminsatz.

Der Zinsterminsatz ist der vom Markt erwartete Zinssatz für eine bestimmte zukünftige Periode. Grundsätzlich kann man aus zwei Zinssätzen der Zinsstrukturkurve einen Zinsterminsatz errechnen. Wie aktuelle Zinssätze sind Zinsterminsätze für unterschiedliche Laufzeiten verfügbar. Das bedeutet, dass auch für Zinsterminsätze eine Renditekurve erstellt werden kann, die so genannte Zinsterminkurve.

Zinstermingeschäfte bieten Anlegern die Möglichkeit der Absicherung, da die Zinssätze festgelegt sind und als Kalkulationsgrundlage dienen können. Obgleich diese Absicherung ein positiver Faktor sein kann, verzichtet der Anleger gleichzeitig auf die Teilhabe an einer für ihn ggf. günstigen Veränderung des Zinsniveaus. Denn der Zinssatz auf den vereinbarten Betrag ist festgeschrieben, und zwar unabhängig davon, ob die Zinsen in dem Zeitraum ab der Vereinbarung des Terminkurses bis zum Beginn des Anlagezeitraums steigen oder fallen. Abhängig von der tatsächlichen Entwicklung der Zinsen hätten sie jedoch höher bzw. niedriger sein können, wenn der Anleger mit seiner Anlage gewartet hätte.

Dieses Risiko steigender Zinsen ist einer der Gründe, weshalb Zinsterminsätze tendenziell höher sind als die aktuellen Zinssätze. Der Anleger erhält eine Art Prämie dafür, dass er sich auf einen Zinsterminsatz festlegt, der ggf. auch ungünstiger als der zu Beginn des Anlagezeitraums verfügbare Zinssatz sein kann.

1.4.6 Exchange Traded Commodities (ETC)

Bei Exchange Traded Commodities (ETC) handelt es sich um Schuldverschreibungen mit **unbegrenzter** oder zumindest sehr langer **Laufzeit**. Sie ermöglichen eine **Partizipation an der Wertentwicklung von physischen Edelmetallen**, wie Gold, Silber oder Platin, **oder von Rohstoffindices** auf Edelmetalle, Energie-, Industrie- oder Agrargüter, die mittels entsprechender Terminkontrakte (hier: Rohstoff-Futures) zusammengesetzt sind. ETC zielen darauf ab, die Entwicklung des Basiswerts genau nachzubilden. Lediglich anfallende Entgelte können zu einer Divergenz zwischen ETC und dem zu Grunde liegenden Basiswert führen.

ETC können unter normalen Umständen während der Börsenhandelszeiten an den jeweiligen Börsen erworben oder wieder veräußert werden.

Funktionsweise besicherter ETC

ETC können physisch oder anderweitig **besichert** sein. Bei einer **physischen** Besicherung kaufen die Anleger mit dem ETC eine Schuldverschreibung, die in der Regel über eine physische Hinterlegung von Goldbarren oder des jeweiligen Edel- bzw. Industriemetalls im Tresor eines Kreditinstituts oder Lagerhäusern von Börsen besichert ist. Das physische Metall wird im Namen des Emittenten hinterlegt, ist individuell gekennzeichnet und damit klar identifizierbar. Im Falle einer Insolvenz des ETC-Emittenten werden die hinterlegten Sicherheiten außerhalb des Insolvenzverfahrens durch einen Sicherheitentreuhänder – ein Kreditinstitut – verwertet und die Käufer der ETC erhalten den anteiligen Verwertungserlös über ihre Depotbanken gutgeschrieben.

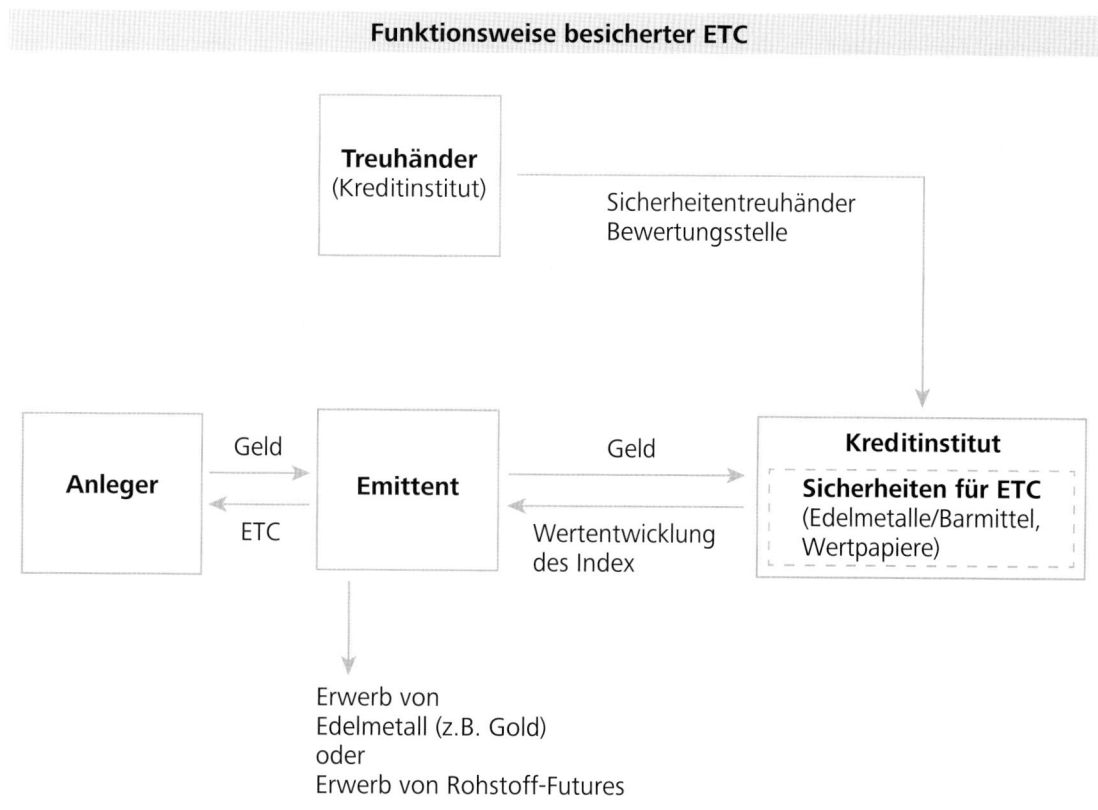

ETC können aber auch durch Barmittel und andere liquide **Vermögenswerte** wie Schuldverschreibungen und Aktien besichert sein, die der ETC-Emittent bei einer Bank hinterlegt. Eine unabhängige Berechnungsstelle berechnet täglich den Wert aller Sicherheiten. Zusätzlich prüft sie die Höhe der Besicherung und fordert den Emittenten im Fall einer Unterdeckung zur unverzüglichen Hinterlegung zusätzlicher Sicherheiten auf. Sollte der Emittent insolvent werden, werden die Sicherheiten durch den Treuhänder verwertet und der anteilige Erlös den Inhabern der ETC über ihre Kreditinstitute gutgeschrieben.

- **Funktionsweise swapbasierter ETC**

ETC können auch swapbasiert sein. Swaps sind außerbörsliche Derivate. Bei Swap-Strukturen reicht der Emittent der ETC das Geld der Anleger an einen Swap-Kontrahenten (Bank) weiter und geht mit ihm eine Swap-Vereinbarung (**Tauschgeschäft**) ein. Von dieser Bank erhält der Emittent die Zahlungsströme des Basiswerts (Index). Um das Ausfallrisiko des Swap-Kontrahenten zu minimieren, muss dieser Sicherheiten in Form von Barmitteln, Wertpapieren oder Edelmetallen in ausreichender Höhe hinterlegen.

Funktionsweise swapbasierter ETC

1.5 Emissionsmärkte

Für die Unterscheidung (und Bezeichnung) von Anleihen spielt nicht nur die Währung, sondern auch der Emissionsmarkt und der Sitz des Emittenten eine Rolle. Werden Anleihen auf dem Heimatmarkt emittiert, spricht man von **Inlandsanleihen**.

Darüber hinaus werden Anleihen auch im Ausland begeben, und zwar entweder auf den jeweiligen nationalen Kapitalmärkten (**Auslandsanleihen**) oder auf dem Eurokapitalmarkt (**Eurobonds**). Beide werden unter dem Begriff „**internationale Anleihen**" zusammengefasst.

1.5.1 Auslandsanleihen
Die klassische Auslandsanleihe wird am Kapitalmarkt eines bestimmten Emissionslandes emittiert, lautet auf die Währung dieses Landes und wird im Wesentlichen nur dort platziert, gehandelt und börslich notiert. Die von ausländischen Schuldnern in Deutschland emittierten, auf Euro lautenden Anleihen bezeichnet man als Euro-Auslandsanleihen.

1.5.2 Eurobonds
Eurobonds sind internationale – nicht nur europäische – Schuldverschreibungen, die über internationale Bankkonsortien platziert werden, auf eine international anerkannte Währung lauten und in mehreren Ländern, vor allem außerhalb des Heimatlandes des Emittenten, gehandelt werden. Sie werden nicht an der Börse des Heimatlandes notiert. **Eurobonds sind nicht mit Anleihen zu verwechseln, die auf die gemeinsame europäische Währung Euro lauten.**

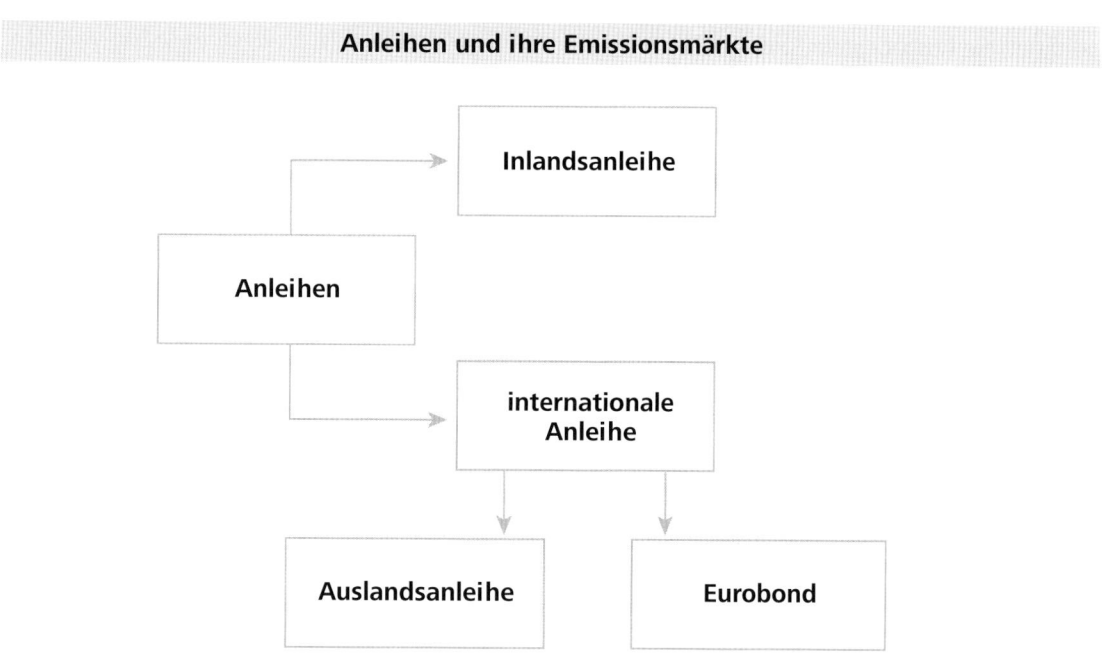

Anleihen und ihre Emissionsmärkte

1.6 Emittenten
Als Emittenten verzinslicher Wertpapiere treten **unterschiedliche Institutionen** auf. Für den Anleger ist von Bedeutung, dass sich die verschiedenen Emittenten hinsichtlich ihrer Finanzkraft und ihrer **Bonität** unterscheiden können, was sich wiederum auf die Sicherheit der jeweiligen Anleihe als Vermögensanlage auswirkt (siehe Kapitel B 1.7).

Im Folgenden werden Ihnen die hinter den gängigen Anleiheformen stehenden Emittentengruppen kurz vorgestellt.

1.6.1 Schuldverschreibungen der öffentlichen Hand
Die öffentliche Hand bedient sich zur Finanzierung ihres Kapitalbedarfs einer Reihe von Kapitalmarktinstrumenten. Dazu zählen die öffentlichen Anleihen, die vom Bund (d. h. der Bundesrepublik Deutschland) und seinen Sondervermögen sowie ferner von den Gebietskörperschaften (Bundesländer, Städte und Gemeinden) begeben werden.

■ Emissionen des Bundes

Der Bund begibt – neben den Bundesanleihen und den Bundesobligationen – auch Bundesschatzbriefe sowie so genannte Finanzierungsschätze. Die beiden letztgenannten Anleiheformen werden, im Gegensatz zu den Bundesanleihen und Bundesobligationen, nicht an der Börse gehandelt.

Die Schuldverschreibungen des Bundes werden als so genannte Wertrechte begeben, die in das Bundesschuldbuch eingetragen werden. Das bedeutet, dass keine effektiven Stücke (Wertpapierurkunden) dieser Papiere existieren. Als Anleger können Sie zwischen Depotgutschrift (Sammelanteil) und Einzelschuldbuchforderung wählen. Bei der Einzelschuldbuchforderung wird Ihr Anteil in das von der Deutschen Finanzagentur direkt geführte Schuldbuch gesondert eingetragen.

• Bundesanleihen und Bundesobligationen

Unter „Bundesanleihen" werden im Allgemeinen die langfristigen, börsengehandelten Schuldverschreibungen des Bundes verstanden (Laufzeit 10–30 Jahre); mit „Bundesobligationen" wird ihre mittelfristige Variante bezeichnet (Laufzeit: fünf Jahre). Beide Anleiheformen sind mit einem festen Nominalzins ausgestattet, die Ausgabepreise sind variabel.

• Bundesschatzbriefe

Bundeschatzbriefe sind mittelfristige Schuldverschreibungen des Bundes. Sie sind mit einem Festzins ausgestattet, der im Verlauf der Anlagezeit steigt.

Bei **Typ A** (Laufzeit: sechs Jahre) erfolgen Emission und Rückzahlung zum Nennwert. Die Zinsen werden jährlich nachträglich gezahlt.

Auch **Typ B** (Laufzeit: sieben Jahre) wird zum Nennwert begeben, die Zinsen allerdings werden während der Laufzeit angesammelt und zusammen mit dem Kapital bei Fälligkeit ausgezahlt.

• Finanzierungsschätze

Finanzierungsschätze sind kurzfristige Schuldverschreibungen des Bundes nach Art der Zero Bonds. Die Verzinsung erfolgt durch Zinsabzug (Diskont) vom Nennwert; d. h., Finanzierungsschätze werden mit einem **Disagio** emittiert und bei Fälligkeit zu pari zurückgezahlt (Laufzeit: ein oder zwei Jahre).

1.6.2 Bankschuldverschreibungen

Unter dem Begriff „Bankschuldverschreibungen" werden alle Schuldverschreibungen zusammengefasst, die **von Kreditinstituten begeben** werden. Zu unterscheiden sind bei Bankschuldverschreibungen „**gedeckte**" und „**sonstige**" Bankschuldverschreibungen.

Werden Bankschuldverschreibungen „gedeckt" begeben, so geschieht dies in der Regel auf Grund gesetzlicher Vorschriften und mit behördlicher Erlaubnis.

Für **Pfandbriefe** beispielsweise, die nach den Vorschriften des Pfandbriefgesetzes begeben werden (insbesondere Hypothekenpfandbriefe und Öffentliche Pfandbriefe), benötigen die Emittenten eine Erlaubnis zum Betreiben des Pfandbriefgeschäfts von der Bundesanstalt für Finanzdienstleistungsaufsicht (BaFin). Zudem gelten strenge Bestimmungen hinsichtlich der Besicherung. So müssen Hypothekenpfandbriefe beispielsweise jederzeit in voller Höhe durch (in der Regel erstrangige) Grundpfandrechte und Öffentliche Pfandbriefe in voller Höhe durch Kredite an öffentliche Schuldner besichert (gedeckt) sein. Im Insolvenzfall des Emittenten steht den Pfandbriefgläubigern an diesen Deckungswerten ein Befriedigungsvorrecht vor allen anderen unbesicherten Gläubigern zu.

„**Sonstige Bankschuldverschreibungen**" werden vor allem von privaten Geschäftsbanken, Sparkassen, Kreditgenossenschaften und Bausparkassen emittiert. Das Angebot umfasst ein breites Spektrum börsengängiger und nicht börsengängiger Schuldverschreibungen mit unterschiedlichen Ausstattungsmerkmalen.

Zur Gruppe der nicht börsengängigen Bankschuldverschreibungen zählen insbesondere **Namensschuldverschreibungen**. Sie können mit einer so genannten **Nachrangabrede** ausgestattet sein. Das heißt, dass im Insolvenzfall oder bei Liquidation des Kreditinstitutes der Berechtigte den anderen Gläubigern des Kreditinstitutes bei der Befriedigung seiner Ansprüche im Rang nachsteht.

Namensschuldverschreibungen mit Nachrangabrede zeichnen sich in der Regel durch eine feste Anlagedauer und einen festen, für die gesamte Laufzeit garantierten Zinssatz aus. Daneben kommen aber auch Namensschuldverschreibungen vor, bei denen eine variable Verzinsung vereinbart wird (Namensschuldverschreibung mit Sonderausstattung).

1.6.3 Unternehmensanleihen

Schuldverschreibungen der Wirtschaft werden unter dem Begriff „Unternehmensanleihen" oder „Industrieobligationen" zusammengefasst. **Emittenten sind Unternehmen aus Industrie und Handel.** Auch diese Anleihen können unter Umständen in gesicherter Form begeben werden. Die Ausstattung ist unterschiedlich; die jeweiligen Anleihebedingungen geben im Einzelnen Auskunft darüber.

1.6.4 Schuldverschreibungen ausländischer Emittenten

Ausländische Emittenten lassen sich im Prinzip in die gleichen Gruppen unterteilen, die bereits oben dargestellt wurden. Allerdings weisen die von ihnen emittierten Wertpapiere zum Teil andere, in Deutschland nicht gebräuchliche Ausstattungsmerkmale auf.

Im Einzelnen umfasst die Emittentenseite ausländische Staaten, Regionen und Städte sowie öffentlich-rechtliche Einrichtungen, Kreditinstitute, Nationalbanken und Unternehmen, darunter auch Tochtergesellschaften deutscher Banken. Dazu kommen noch supranationale Institutionen wie z. B. die Weltbank oder die Europäische Investitionsbank (EIB).

1.7 Sicherheit verzinslicher Wertpapiere

Unter der Sicherheit eines Wertpapiers wird die **Wahrscheinlichkeit** verstanden, **dass** Ihnen Ihr darin **angelegtes Kapital zurückgezahlt wird**. Einmal abgesehen von Kurs- und Währungsrisiken (ausführlich dazu Kapitel C dieser Broschüre) ist darunter im engeren Sinne die Sicherstellung der Rückzahlung des Kapitals (und ggf. auch der vereinbarten Zinszahlungen) durch den Emittenten zu verstehen.

Für die Sicherheit in diesem Sinne gibt es einige allgemeine Kriterien, die im Folgenden dargestellt werden.

1.7.1 Zahlungsfähigkeit und Zahlungswilligkeit des Emittenten

Bei den von öffentlichen Schuldnern – ob in- oder ausländisch – ausgegebenen Schuldverschreibungen liegt die Sicherheit in der Finanzkraft des Emittenten, in der Regel also insbesondere dem Recht (und natürlich der tatsächlichen Möglichkeit) des betreffenden Emittenten, Steuern, Abgaben und Beiträge zu erheben und einzunehmen.

Die Sicherheit der von sonstigen Schuldnern ausgegebenen Schuldverschreibungen hängt in erster Linie von der **Bonität** des Emittenten, d. h. von seiner finanziellen Struktur, seinen Gewinnaussichten und Haftungsverhältnissen ab.

Die Sicherheit „gedeckter" Bankschuldverschreibungen beruht bei Pfandbriefen beispielsweise darauf, dass Kapital- und Zinsansprüche aus den umlaufenden Pfandbriefen entweder durch grundpfandrechtlich besicherte Darlehen (Hypothekenpfandbriefe) oder Darlehen an die öffentliche Hand (Öffentliche Pfandbriefe) in voller Höhe gedeckt (gesichert) sind.

Daneben gibt es noch besondere Besicherungsformen, die die Sicherheit einer Anleihe unabhängig von der generellen Bonität des Emittenten erhöhen können: Einige Emittenten räumen ihren Anleihegläubigern **zusätzliche Sicherheiten** ein, etwa durch die Eintragung von Sicherungshypotheken und Grundschulden. Zu solchen zusätzlichen Sicherheiten zählen auch Garantien. Bei einer Garantie steht ein Dritter (Garantiegeber) für die Zins- und Tilgungszahlungen des Emittenten ein, falls dieser nicht (mehr) dazu fähig sein sollte. Garantiegeber ist bei derartig besicherten Anleihen zum Beispiel häufig die Muttergesellschaft für eine – oft ausländische – Finanztochtergesellschaft.

1.7.2 Sicherheitsmerkmale verzinslicher Wertpapiere in Deutschland

Bestimmte verzinsliche Wertpapiere in Deutschland sind, da sie hohe Qualitätsansprüche hinsichtlich der Sicherheit erfüllen, mit besonderen Attributen ausgestattet.

- **Mündelsicherheit**

Zum Schutz der Vermögenswerte von unter Vormundschaft stehenden Personen (= Mündel) sieht der Gesetzgeber in den §§ 1807 ff. BGB nur eine Reihe bestimmter Anlageformen vor, in denen Mündelgeld angelegt werden darf.

Zu den mündelsicheren Wertpapieren zählen öffentliche Anleihen, Pfandbriefe und sonstige vom Bund oder von einem Bundesland verbürgte oder gewährleistete Schuldverschreibungen, Anleihen verschiedener Kreditinstitute mit Sonderaufgaben sowie sonstige Schuldverschreibungen von Kreditinstituten, die einer für die Anlage ausreichenden Sicherungseinrichtung angehören.

- **Deckungsstockfähigkeit**

Das Versicherungsaufsichtsgesetz (VAG) verlangt von Versicherungsunternehmen die Bildung eines gesonderten Vermögens (Deckungsstockvermögen) zur Besicherung der Ansprüche der Versicherungsnehmer. Dieser Deckungsstock ist aus den laufenden Prämieneinnahmen zu bilden. Das Versicherungsunternehmen darf dieses Deckungsstockvermögen unter anderem auch in Wertpapieren anlegen, die aber besonderen Anforderungen hinsichtlich Sicherheit, Liquidität und Rentabilität genügen müssen. Der Katalog der so genannten deckungsstockfähigen Wertpapiere wird durch das Versicherungsaufsichtsgesetz geregelt.

Der Kreis der deckungsstockfähigen Anleihen schließt die oben genannten mündelsicheren Wertpapiere ein und umfasst darüber hinaus weitere, von der Bundesanstalt für Finanzdienstleistungsaufsicht (BaFin) als deckungsstockfähig anerkannte Papiere.

Bitte beachten Sie: Über die mit der Anlage in verzinslichen Wertpapieren verbundenen Risiken informiert Sie diese Broschüre in Kapitel C (Basisrisiken) und Kapitel D 1 (Spezielle Risiken).

2 Aktien

Aktien: Die Aktie ist ein Anteils- oder Teilhaberpapier, welches ein Mitgliedschaftsrecht des Aktionärs an einer Aktiengesellschaft in einer Aktienurkunde verbrieft. Der Aktionär wird Teilhaber am Aktienkapital und damit Mitinhaber des Gesellschaftsvermögens.

Das folgende Kapitel behandelt die Aktien deutscher Gesellschaften. Die Rechte, über die Sie als Aktionär einer ausländischen Aktiengesellschaft verfügen, bestimmen sich nach der Rechtsordnung des jeweiligen Landes.

2.1 Grundlagen

2.1.1 Aktionär ist Teilhaber – nicht Gläubiger

Als Inhaber bzw. Eigentümer einer Aktie sind Sie nicht – wie bei einem verzinslichen Wertpapier – Gläubiger, sondern **Mitinhaber der Gesellschaft**, die die Aktien ausgibt. Daraus resultieren zum einen die weiter unten näher beschriebenen Rechte, aber auch Pflichten. Darunter ist insbesondere die Pflicht zur Leistung der Einlage auf das Grundkapital zu verstehen; ihre Höhe ist auf den Ausgabebetrag der Aktie, d. h. den Nennwert plus ggf. ein Aufgeld (Agio), begrenzt. Nebenpflichten sind bei bestimmten Aktienarten möglich; sie müssen dann in der Aktienurkunde im Einzelnen genannt werden.

2.1.2 Erträge: Dividenden und Wertsteigerungen

Die Aktie bietet Ihnen als Anleger zweierlei Ertragsquellen: zum einen Dividendenausschüttungen, zum anderen Kursgewinne. Die Aktie ist allerdings ein Risikopapier – d. h., dass Ihnen weder Kursgewinne noch – in der Regel – Dividenden garantiert werden. Erfolgt allerdings eine Dividendenausschüttung, so steht Ihnen grundsätzlich ein bestimmter Anteil daran zu.

2.2 Ausgestaltung von Aktien

Aktie ist nicht gleich Aktie: Gestaltungsmöglichkeiten bestehen für die emittierende Gesellschaft vor allem hinsichtlich der Übertragbarkeit (Namensaktien/Inhaberaktien), der Darstellung des Unternehmensanteils (Nennwert-/Stückaktien) sowie hinsichtlich der Gewährung von Rechten (Stammaktien/Vorzugsaktien).

2.2.1 Übertragbarkeit

Die Ausgestaltung der Übertragbarkeit bestimmt die Möglichkeit der Eigentumsübertragung an der Aktie und schränkt ggf. die jederzeitige freie Handelbarkeit des Wertpapiers (**Fungibilität**) ein.

- **Inhaberaktien**

Inhaberaktien lauten nicht auf den Namen, sondern **auf den jeweiligen Inhaber**. Bei Inhaberaktien ist ein Eigentumswechsel ohne besondere Formalitäten möglich.

- **Namensaktien**

Namensaktien werden grundsätzlich auf den Namen des Aktionärs in das Aktienregister der Aktiengesellschaft eingetragen. Hierbei werden Name, Geburtsdatum, Adresse und Anzahl der gehaltenen Aktien eingetragen, so dass dem Unternehmen der Kreis der Aktionäre namentlich bekannt ist. Gegenüber der Gesellschaft gelten nur die eingetragenen Personen als Aktionäre. Nur diese können daher in der Regel Aktionärsrechte selbst oder durch Bevollmächtigte wahrnehmen. Jeder Aktionär kann von der Gesellschaft Auskunft über die zu seiner Person im Aktienregister eingetragenen Daten verlangen. Mitteilungen zu Hauptversammlungen erhält der Aktionär in der Regel direkt von der Gesellschaft.

Ein Aktionär ist nicht verpflichtet, sich in das Aktienregister eintragen zu lassen. Er gilt dann aber gegenüber der Gesellschaft nicht als Aktionär, was zur Folge hat, dass er weder Informationen von der Gesellschaft noch eine Einladung zur Hauptversammlung erhält. Damit verliert er auch sein Stimmrecht. Der Anspruch auf Zahlung der Dividende ist von der Eintragung im Aktienregister nicht abhängig. Dieser richtet sich vielmehr nach dem Depotbestand, über den der Aktionär zum Stichtag (so genannter

Ex-Tag) verfügt. Das Aktienregister wird elektronisch geführt und dient in Verbindung mit einem elektronischen Abwicklungssystem auch der Abwicklung von Käufen und Verkäufen.

■ Vinkulierte Namensaktien

Als vinkulierte **Namensaktien** bezeichnet man Aktien, deren **Übertragung** auf einen neuen Aktionär zusätzlich **an die Zustimmung der Gesellschaft gebunden** ist. Für die emittierende Gesellschaft sind vinkulierte Namensaktien insofern von Vorteil, als sie die Übersicht über den Aktionärskreis behält. In Deutschland kommen vinkulierte Namensaktien jedoch nicht häufig vor.

2.2.2 Form der Aktien

In Deutschland gibt es die Nennwertaktie und die Stückaktie. Eine deutsche Aktiengesellschaft kann nicht beide Aktienformen, sondern entweder nur Nennwertaktien oder nur Stückaktien ausgeben.

■ Nennwertaktien

Der Nennwert der Aktie ist eine rechnerische Größe, die die Höhe des Anteils am Grundkapital der Aktiengesellschaft darstellt. Der **Nennwert lautet auf einen festen Geldbetrag**. In Deutschland lautet der Nennwert auf 1 € oder ein Vielfaches davon. Die Multiplikation der Nennwerte mit der Anzahl der ausgegebenen Aktien ergibt das in der Satzung festgelegte Grundkapital der Aktiengesellschaft. Die Beteiligungsquote des einzelnen Aktionärs entspricht dem Anteil der von ihm gehaltenen Summe seiner Aktiennennwerte im Verhältnis zu den gesamten Nennwerten (Grundkapital).

■ Stückaktien

Auch eine Stückaktie repräsentiert einen bestimmten Anteil des in der Satzung festgelegten Grundkapitals. Im Gegensatz zur Nennwertaktie wird der Anteil jedoch nicht in einem Geldbetrag ausgedrückt; die **Aktienurkunden lauten** vielmehr **auf eine bestimmte Stückzahl von Aktien**, zum Beispiel 10 oder 1000 Stück Aktien. Die Beteiligungsquote des einzelnen Aktionärs und damit der Umfang seiner Rechte ergibt sich aus dem Verhältnis der von ihm gehaltenen Aktienstückzahl zu der insgesamt ausgegebenen Aktienstückzahl. Der auf die einzelne Aktie entfallende anteilige Betrag des Grundkapitals muss mindestens 1 € betragen.

Nennwertaktien und Stückaktien stellen lediglich alternative Möglichkeiten dar, das Beteiligungsverhältnis am Grundkapital der Gesellschaft auszudrücken. Beschließt die Hauptversammlung einer Gesellschaft den Wechsel von der einen zur anderen Aktienform, so ergeben sich wirtschaftlich und wertmäßig keine Unterschiede, solange die in der Satzung festgelegte Stückzahl der ausgegebenen Aktien und das Grundkapital unverändert bleiben.

> **Bitte beachten Sie:** Für die **Vermögensanlage in Aktien ist unerheblich, ob es sich um eine Nennwertaktie oder eine Stückaktie handelt**. Der Kurs der Aktie steht hiermit in keinem Zusammenhang; er weicht auch regelmäßig vom Nennwert ab. Der Kurswert einer Aktie bildet sich aus Angebot und Nachfrage und spiegelt auch die Wertzuwächse und -einbußen im Vermögen der Aktiengesellschaft wider.

2.2.3 Gewährung von Rechten

Die Aktien einer Gesellschaft sind nicht immer gleichgestellt: Sie können verschiedene Rechte gewähren, vor allem bei der Ausübung des Stimmrechtes und bei der Verteilung des Gewinns.

■ Stammaktien

Die Stammaktien sind der **Normaltyp** der Aktie und gewähren dem Aktionär die gesetzlichen (Aktiengesetz) und satzungsmäßigen Rechte.

■ Vorzugsaktien

Vorzugsaktien sind **mit Vorrechten ausgestattet**, vor allem hinsichtlich der Verteilung des Gewinns oder des Liquidationserlöses im Insolvenzfall. Vorzugsaktien können **mit oder ohne Stimmrecht** emittiert werden. Vorzugsaktien ohne Stimmrecht sind der Regelfall; sie dienen der Beschaffung von Eigenmitteln, ohne dass sich die Stimmrechtsverhältnisse in der Hauptversammlung verschieben.

2.3 Rechte des Aktionärs

Die Beteiligung an einer Aktiengesellschaft räumt Ihnen verschiedene Rechte ein. Die Aktionärsrechte ergeben sich in Deutschland zum einen aus dem Aktiengesetz, zum anderen aus der Satzung der betreffenden Gesellschaft. Es handelt sich im Wesentlichen um Vermögens- und Verwaltungsrechte.

2.3.1 Vermögensrechte

Vermögensrechte sind die mit der Aktie verbundenen Rechte auf Anteile am Gesellschaftsvermögen.

- **Anspruch auf Dividende**

Die Dividende ist die **jährliche Gewinnausschüttung** pro Aktie. Anders als der Zins eines Wertpapiers ist die Dividende **vom Bilanzgewinn abhängig**, den das Unternehmen im Geschäftsjahr ausweisen kann. Die Hauptversammlung beschließt – unter Berücksichtigung der Vorgaben des Aktiengesetzes und der Satzung – über die Gewinnverwendung. Der Anteil eines einzelnen Aktionärs am ausgeschütteten Gewinn richtet sich in der Regel nach seinem Anteil am Gesellschaftskapital.

- **Unterschiedliche Dividendenberechtigung**

Bei einer Kapitalerhöhung (siehe Stichwort „Bezugsrecht", nachfolgender Absatz) werden die neuen Aktien („**junge Aktien**") unter Umständen zunächst mit einer geringeren Dividendenberechtigung ausgestattet als die bereits im Umlauf befindlichen Aktien („**alte Aktien**"). Die Emissionsbedingungen können vorsehen, dass die jungen Aktien für das laufende Geschäftsjahr nicht voll dividendenberechtigt sind. Sind sie börsennotiert, werden bis zur Gleichberechtigung mit den alten Aktien zwei verschiedene Börsenkurse ermittelt.

- **Bezugsrecht**

Zweck des Bezugsrechts ist es, bei einer Kapitalerhöhung bestehende Stimmrechtsverhältnisse zu wahren und mögliche Vermögensnachteile der Altaktionäre auszugleichen.

> Das **Bezugsrecht** ist ein dem Aktionär zustehendes Recht, bei einer Kapitalerhöhung einen Teil der neuen (jungen) Aktien zu beziehen, der seinem Anteil am bisherigen Grundkapital entspricht. Für die Ausübung des Bezugsrechts wird eine Frist von in der Regel zwei Wochen bestimmt. Während dieser Zeit ist das Bezugsrecht selbstständig an der Börse handelbar.

Bezugsrechte können im Sonderfall auch das Recht gewähren, Schuldverschreibungen der Gesellschaft mit einem Optionsrecht auf Aktien bzw. Wandlungsrecht in Aktien zu beziehen.

- **Wahrung der Stimmrechts- und Beteiligungsverhältnisse**

Eine Aufgabe des Bezugsrechts ist die Wahrung der Eigentumsverhältnisse an der Gesellschaft. Wenn Sie als Aktionär die Ihnen zustehenden Bezugsrechte tatsächlich ausüben, bleibt Ihr Anteil an der Gesellschaft gleich. Die **Erhaltung der Beteiligungsquote** und damit des relativen Stimmrechtsanteils dürfte für Sie als Anleger üblicherweise keine Priorität bei Ihrer Entscheidung über die Teilnahme an der Kapitalerhöhung besitzen, wohl aber für Großaktionäre.

- **Ausgleich von Vermögensnachteilen**

Das Bezugsrecht erfüllt aber noch eine zweite Aufgabe: den Ausgleich von Vermögensnachteilen. Bei Ausgabe neuer Aktien mit niedrigerem Kurs als die Notierung der alten Aktien bildet sich nach der Kapitalerhöhung ein Mittelkurs, der unter dem Kurs der alten Aktien und über dem Emissionskurs der neuen Aktien liegt. Mit der neuen Notierung erzielt der Inhaber einer jungen Aktie einen Kursgewinn, während der Inhaber einer alten Aktie einen entsprechenden Kursverlust hinnehmen muss. Das **Bezugsrecht soll Kursgewinn und Kursverlust kompensieren**.

Das heißt: Ihr Vermögen als (Alt-)Aktionär bleibt allein durch die Kapitalerhöhung – sofern steuerliche Gesichtspunkte nicht berücksichtigt werden – unverändert, unabhängig davon, ob Sie Ihre Bezugsrechte ganz, teilweise oder gar nicht ausüben (und stattdessen verkaufen). Es findet lediglich eine Vermögensumschichtung statt – von liquiden Mitteln in Aktien und umgekehrt. In der Praxis allerdings spiegeln sich die unterschiedlichen Erwartungen, die die Marktteilnehmer mit der Kapitalerhöhung und in diesem Zusammenhang mit den Zukunftsaussichten der Gesellschaft verbinden, in den Aktienkursen und der Bezugsrechtsnotierung wider, so dass sich durchaus Vermögensveränderungen ergeben können.

- **Bezugsfrist und Bezugsrechtshandel**

Der von der Gesellschaft festgelegte Ausgabepreis der neuen Aktien liegt üblicherweise unterhalb des Börsenkurses der Altaktien. Als Aktionär haben Sie in der Regel für einen befristeten Zeitraum von mindestens zwei Wochen – die so genannte Bezugsfrist – die Möglichkeit, eine bestimmte Anzahl neuer Aktien zum Ausgabepreis und gegen Hergabe entsprechender Bezugsrechte zu erwerben. Diese Anzahl ist abhängig vom **Bezugsverhältnis**. Bitte beachten Sie, dass die Festlegung des Ausgabepreises bis zu drei Tage vor dem Ende der Bezugsfrist erfolgen kann. Der Ausgabepreis wird dann in der Regel im Internet veröffentlicht.

- **Bezugsverhältnis**

Das **Bezugsverhältnis** ergibt sich aus der Relation zwischen bisherigem Aktienkapital und dem Erhöhungsbetrag. Es bezeichnet das Verhältnis, zu dem der Aktionär auf Grund seines Bestands an alten Aktien neue Aktien beziehen kann.

Am ersten Tag der Bezugsfrist wird der Kurs der alten Aktien an der Börse „ex Bezugsrecht" (exBR) notiert und gehandelt. Das heißt: Auf den Kurs der Altaktie erfolgt ein Abschlag in Höhe des rechnerischen Werts des Bezugsrechts.

Das **Bezugsrecht** wird während der Bezugsfrist **selbstständig an der Börse gehandelt**. Wenn Sie Aktionär der Gesellschaft sind, aber nicht genügend Aktien besitzen, um neue Aktien zu beziehen, können Sie die erforderliche Anzahl von Bezugsrechten hinzukaufen. Umgekehrt können Sie überschüssige Bezugsrechte verkaufen und nur einen Teil der Ihnen zustehenden neuen Aktien beziehen. Alternativ können Sie auch alle Ihre Bezugsrechte verkaufen, wenn Sie keine neuen Aktien beziehen wollen. Haben Sie dem Kreditinstitut, bei dem Sie Ihr Wertpapierdepot unterhalten, bis zum vorletzten Tag keine Weisung erteilt, wird die Bank automatisch Ihre Bezugsrechte am letzten Handelstag für Sie an der Börse verkaufen.

Die **Gesellschaft**, deren Aktien Sie halten, **kann** allerdings das **Bezugsrecht** der Aktionäre **ausschließen**: Dies kann insbesondere dann zulässig sein, wenn die Kapitalerhöhung gegen Bareinlagen nominal 10 % des Grundkapitals nicht übersteigt und der Ausgabebetrag der neuen Aktien den Börsenpreis nicht wesentlich unterschreitet.

- **Anspruch auf Zusatz- oder Berichtigungsaktien**

Zusatz- oder Berichtigungsaktien, manchmal – nicht ganz zutreffend – auch Gratisaktien genannt, werden von einer Aktiengesellschaft an ihre Aktionäre ausgegeben, wenn sie eine **Kapitalerhöhung aus Gesellschaftsmitteln** durchführt. In diesem Fall erhöht das Unternehmen sein Aktienkapital aus eigenen Rücklagen, ohne dass die Aktionäre zusätzliche Bareinlagen leisten. Der Gesamtwert des Unternehmens (Börsenwert) verändert sich dadurch nicht. Er verteilt sich nur auf eine größere Zahl von Aktien.

Als Aktionär erhalten Sie entsprechend Ihrer bisherigen Beteiligung am Unternehmen zusätzliche Aktien zugeteilt. Der Aktienkurs ermäßigt sich entsprechend dem Zuteilungsverhältnis um den so genannten **Berichtigungsabschlag** (exBA). Die Höhe Ihres Vermögens ändert sich nicht, jedoch sind die zusätzlichen Aktien ebenfalls dividendenberechtigt.

Sofern auf Grund des Zuteilungsverhältnisses und Ihres bisherigen Aktienbestands nicht nur ganze Berichtigungsaktien entstehen, kommt es zu so genannten **Teilrechten**. Diese Teilrechte können Sie – soweit sie am Markt handelbar sind – verkaufen oder durch Zukauf weiterer Teilrechte zu einer Aktie aufrunden.

2.3.2 Verwaltungsrechte

Als Aktionär sind Sie zwar an einem Wirtschaftsunternehmen beteiligt, haben aber keine Geschäftsführungsbefugnisse. Mit Aktien sind jedoch so genannte Verwaltungsrechte verbunden, die Ihnen die Wahrnehmung Ihrer Interessen als Anteilseigner ermöglichen.

- **Recht auf Teilnahme an der Hauptversammlung**

Die Hauptversammlung ist die Versammlung der Aktionäre und findet im Allgemeinen einmal jährlich in den ersten acht Monaten nach Ablauf des Geschäftsjahres statt. Aufgabe der Hauptversammlung ist die **Beschlussfassung in allen von Gesetz und Satzung bestimmten Fällen**, z. B. über die Verwendung des Bilanzgewinns, Kapitalerhöhungen, Satzungsänderungen und über die Entlastung des Vorstands und des Aufsichtsrats.

Das Kreditinstitut, bei dem Sie Ihr Depot unterhalten, informiert Sie über die Einberufung der Hauptversammlung, die Tagesordnung sowie über Anträge und Wahlvorschläge von Aktionären und kann eigene Vorschläge für die Ausübung des Stimmrechts unterbreiten. Zum Besuch der Hauptversammlung ist eine Eintrittskarte erforderlich, die Ihnen Ihre Depotbank auf Wunsch zur Verfügung stellt. Im Regelfall müssen Sie am Beginn des 21. Tages vor der Hauptversammlung die Aktien besitzen (**Record Date**), um an der Hauptversammlung teilnehmen zu dürfen. Hat die Aktiengesellschaft Namensaktien ausgegeben und führt sie selbst das Aktionärsregister, so informiert die Gesellschaft ihre Aktionäre über die Einberufung der Hauptversammlung und stellt Eintrittskarten zur Verfügung.

- **Auskunftsrecht**

Als Aktionär haben Sie in der Hauptversammlung das **Recht auf Auskunft über rechtliche und geschäftliche Angelegenheiten der Gesellschaft**. Der Vorstand der Aktiengesellschaft ist Ihnen gegenüber rechenschaftspflichtig, soweit die Auskunft zur sachgemäßen Beurteilung eines Tagesordnungsgegenstandes erforderlich ist. Die Rechenschaftslegung muss gewissenhaft und wahrheitsgetreu erfolgen. In bestimmten Fällen, z. B. bei Betriebsgeheimnissen, hat der Vorstand allerdings ein Auskunftsverweigerungsrecht.

- **Stimmrecht**

Das wichtigste Verwaltungsrecht, über das Sie als Aktionär verfügen, ist das Stimmrecht, das Ihnen eine Beteiligung an den Beschlussfassungen der Hauptversammlung einräumt. Hier gilt normalerweise die Regel, dass jeder Aktionär pro Aktie eine Stimme hat. Die stimmberechtigten Aktien werden als **Stammaktien** bezeichnet. Kein Stimmrecht oder ein nur auf Ausnahmefälle beschränktes Stimmrecht haben die Inhaber von **Vorzugsaktien**; dieser Nachteil wird im Allgemeinen durch eine Besserstellung bei der Dividende ausgeglichen.

- **Vollmachterteilung zur Stimmrechtsausübung möglich**

Ihr Stimmrecht als Aktionär können Sie wahlweise persönlich wahrnehmen oder eine andere Person oder eine Institution mit der Ausübung Ihres Stimmrechts schriftlich beauftragen (**Auftragsstimmrecht**).

Wichtiger Hinweis: Die Rechte, über die Sie als Aktionär einer ausländischen Aktiengesellschaft verfügen, bestimmen sich nach der Rechtsordnung des jeweiligen Landes.

2.4 Real Estate Investment Trusts (REITs)

REITs sind in der Regel börsennotierte Aktiengesellschaften, die bestimmten gesetzlichen Anforderungen unterliegen. Ihr Geschäft besteht primär aus dem **Erwerb, der Errichtung, der Vermietung, der Verpachtung und dem Verkauf von Immobilien**. Weltweit existieren unterschiedliche Formen von REITs. Gleichwohl lassen sich folgende einheitliche Grundelemente beschreiben:

- Das Vermögen muss zum größten Teil aus Immobilien bestehen, aus denen die Mehrheit der Erträge resultiert.
- Der weit überwiegende Teil des ausschüttungsfähigen Gewinns, in Deutschland mindestens 90 %, muss an die Anteilseigner ausgeschüttet werden.
- Werden bestimmte Voraussetzungen erfüllt, vermeiden REITs die Zahlung von Ertrags- und Gewerbesteuern auf der Ebene der Gesellschaft. Die Erträge werden regelmäßig bei den Anteilseignern, also bei Ihnen als Anleger bzw. Aktionär, versteuert.
- REITs sind börsennotierbare Anlageinstrumente. Sind sie – wie es in Deutschland Pflicht ist – börsennotiert, ergibt sich im Gegensatz zu den offenen Immobilienfonds (vgl. Kapitel B 5.6.1) ihr Preis wie bei jeder Aktie aus Angebot und Nachfrage an der Börse.

Bitte beachten Sie: Über die mit der Anlage in Aktien verbundenen Risiken informiert Sie diese Broschüre in Kapitel C (Basisrisiken) und Kapitel D 2 (Spezielle Risiken).

3 Genussscheine und Genussrechte

3.1 Genussscheine

Begriff und Inhalt der Genussscheine sind **gesetzlich nicht definiert** und bieten daher dem Emittenten vielfältige Gestaltungsmöglichkeiten. Genussscheine können nicht nur von Aktiengesellschaften begeben werden. Je nach Ausgestaltung kommen Genussscheine ihrem Charakter nach mehr einer Aktie oder mehr einem verzinslichen Wertpapier nahe.

> **Genussscheine** verbriefen Vermögensrechte, die in den jeweiligen Genussschein-Bedingungen genannt sind. Generell handelt es sich um Gläubigerpapiere, die auf einen Nominalwert lauten und mit einem Gewinnanspruch verbunden sind.

Gesellschaftliche Mitwirkungsrechte wie Teilnahme an der Hauptversammlung und Stimmrecht verbriefen Genussscheine nicht. **Häufig** sind Genussscheine **an den Verlusten der Gesellschaft** in Form einer Herabsetzung des Rückzahlungsbetrags **beteiligt**. Genussscheine sind in der Regel auch mit einer so genannten **Nachrangabrede** ausgestattet: Das heißt, dass im Insolvenzfall oder bei Liquidation der Gesellschaft die Genussrechtsinhaber den anderen Gläubigern der Gesellschaft bei der Befriedigung ihrer Ansprüche im Rang nachstehen.

Grundsätzlich lassen sich drei Typen von Genussscheinen unterscheiden: Genussscheine mit fester Ausschüttung, Genussscheine mit variabler Ausschüttung und Genussscheine mit Wandel- oder Optionsrecht.

3.2 Genussrechte

Anders als bei Genussscheinen handelt es sich bei Genussrechten im Wesentlichen um – nicht verbriefte – **Gläubigerrechte**; das bestehende Rechtsverhältnis ist schuldrechtlicher Natur.

Genussrechte haben **vielfältige Gestaltungsmöglichkeiten**. Je nach Charakter kommen sie einem verzinslichen Wertpapier nahe. Generell handelt es sich um Gläubigerrechte, die auf einen Nominalwert lauten und mit einem Gewinnanspruch verbunden sind.

Der Genussrechtsinhaber ist mit seiner eingezahlten Einlage an dem Vermögen des Unternehmens nach den handelsrechtlichen Bestimmungen und steuerlichen Grundsätzen beteiligt. Er nimmt am Gewinn und Verlust des Unternehmens nach Maßgabe der Genussrechts-Bedingungen teil. Der Anleger haftet nur gemäß den Genussrechts-Bedingungen des Unternehmens. Eine Nachschusspflicht besteht normalerweise nicht.

Die Beteiligung am Gewinn und Verlust regeln die Genussrechts-Bedingungen. Näheres hierzu erfahren Sie im Emissionsprospekt oder dem Genussrechtsvertrag des jeweiligen Unternehmens.

> **Bitte beachten Sie:** Über die mit der Anlage in Genussscheinen und Genussrechten verbundenen Risiken informiert Sie diese Broschüre in Kapitel C (Basisrisiken) und Kapitel D 3 (Spezielle Risiken).

4 Zertifikate

Unter dem Begriff „Zertifikate" werden im Markt zahlreiche Produkte angeboten. Je nach Emittent können Zertifikate trotz vergleichbarer Ausstattung unterschiedliche Namen führen. Ebenso kann es vorkommen, dass unterschiedlich ausgestaltete Zertifikate gleiche oder ähnliche Produktbezeichnungen tragen. Einige Zertifikate gleichen in ihrer Funktionsweise den Optionsscheinen (vgl. Kapitel B 6, dort insbesondere B 6.4, und Kapitel D 6) oder den strukturierten Anleihen (vgl. Kapitel B 1.4.5). Die nachfolgende Darstellung beschränkt sich notwendigerweise darauf, die wesentlichen Merkmale und Funktionsweisen der gängigsten und häufigsten Zertifikatstypen zu erläutern. Eine abschließende Darstellung oder Aufzählung der im Markt angebotenen Produkte, Produktkombinationen und Produktbezeichnungen ist weder beabsichtigt noch möglich. Bitte beachten Sie beim Erwerb eines Zertifikats immer auch den **Wertpapierprospekt**.

Die grundlegenden Wesensmerkmale eines Zertifikats sind nicht immer einfach und eindeutig aus dem Produktnamen abzulesen oder herzuleiten. Anleger sollten sich über die Funktionsweise informieren. Die Bandbreite bei Zertifikaten reicht von eher risikoarmen Strukturen, die auch bei für den Basiswert ungünstigen Marktentwicklungen (noch) zu einem Ertrag führen können, bis zu spekulativeren Ausgestaltungen, die durch einen Hebel das Zertifikat überproportional an Marktbewegungen partizipieren lässt.

4.1 Grundlagen

Rechtlich gesehen sind Zertifikate Inhaberschuldverschreibungen. Sie **verbriefen** kein Eigentums- und Aktionärsrecht, sondern das **Recht auf Rückzahlung eines Geldbetrags oder Lieferung des Basiswerts**. Art und Höhe der Rückzahlung hängen von einem oder mehreren bestimmten Parametern (z. B. dem Wert des Basiswerts an einem Stichtag) ab. Der Erwerber ist somit Gläubiger des Zertifikatemittenten.

Zertifikate lassen sich nach folgenden Kriterien unterscheiden:

mit fester Laufzeit		ohne Laufzeitbegrenzung
mit Kapitalschutz		ohne Kapitalschutz
aktives Management		passives Management
in Euro	in Euro gesichert (Quanto-Struktur; siehe Kapitel B 4.1.7)	in Fremdwährung
mit Kupons während der Laufzeit		ohne Kupons während der Laufzeit
stücknotiert		nominalnotiert (Angabe in %)
mit Kündigungsrecht des Emittenten		ohne Kündigungsrecht des Emittenten

4.1.1 Laufzeit
Die Laufzeit von Zertifikaten ist **in der Regel mehrjährig**. Je nach Zertifikatsausgestaltung gibt es einen festen Zeitpunkt der Endfälligkeit, häufig sind auch Zertifikate ohne feste Laufzeitbegrenzung, so genannte „Open-end-Zertifikate", anzutreffen (in der Regel lineare Zertifikate; siehe unter B 4.4.1). Dem Emittenten kann ein Kündigungsrecht zustehen, das zu einer vorzeitigen Rückzahlung des Zertifikats führen kann.

4.1.2 Notierung
Zertifikate werden je nach Ausgestaltung **in Stück oder in Prozent notiert**. Bei Stücknotierung können nur ganze Stücke erworben werden. Ein Stück entspricht meistens 100 € (zur Emission), teilweise auch 1.000 €. Bei stücknotierten Einzelaktienzertifikaten kann es auch vorkommen, dass der Preis zur Auflage des Zertifikats sich am Kurs der zu Grunde liegenden Aktie orientiert.

4.1.3 Bestimmungsfaktoren des Ausgabepreises

Folgende Faktoren spielen bei der **Bestimmung des Ausgabepreises** eine wesentliche Rolle, die in den jeweiligen Produktbedingungen festgelegt werden:

– Wert des Basiswerts,
– Wert etwaiger derivativer Komponenten des Zertifikats, die in den Produktbedingungen im Einzelnen geregelt sind,
– Marge: Aufschlag auf den rechnerischen Wert, welcher vom Emittenten nach freiem Ermessen festgesetzt wird und insbesondere Kosten für Strukturierung und Vertrieb von Zertifikaten abdeckt,
– ggf. festgesetzte und ausgewiesene Verwaltungsentgelte oder sonstige Entgelte.

Schließlich kann die Bank auf den so bestimmten Emissionspreis zusätzlich einen **Ausgabeaufschlag** in Rechnung stellen.

4.1.4 Preisbestimmende Faktoren während der Laufzeit

Der **Preis eines Zertifikats** hängt von der Entwicklung des jeweiligen Basiswerts und der gewählten Struktur ab. Aber auch andere Aspekte wie die Volatilität, die Währung, Dividenden/Ausschüttungen oder die Zinsentwicklung spielen eine Rolle.

Zu den Umständen, auf deren Grundlage der **Market Maker** (siehe hierzu Kapitel E 2.2.4) im Sekundärmarkt die gestellten Geld- und Briefkurse selbst festsetzt, gehören insbesondere:

– der rechnerische Wert,
– die Geld-Brief-Spanne (Spread): die Spanne zwischen Geld- und Briefkursen im Sekundärmarkt setzt der Market Maker abhängig von Angebot und Nachfrage für die Wertpapiere und unter Ertragsgesichtspunkten fest,
– eine im Ausgabepreis ggf. enthaltene Marge,
– ein ursprünglich erhobener Ausgabeaufschlag,
– Entgelte/Kosten u. a.: Verwaltungs-, Transaktions- oder vergleichbare Entgelte nach Maßgabe der Produktbedingungen, die bei Fälligkeit der Wertpapiere vom Auszahlungsbetrag abzuziehen sind,
– Erträge: gezahlte oder erwartete Dividenden oder sonstige Erträge des Basiswerts oder dessen Bestandteile, wenn diese nach der Ausgestaltung des Zertifikats wirtschaftlich dem Emittenten zustehen.

Folgende **Kosten** werden bei der Preisstellung im Sekundärmarkt vielfach nicht gleichmäßig verteilt über die Laufzeit der Wertpapiere preismindernd in Abzug gebracht, sondern bereits bis zu einem – im freien Ermessen des Market Maker stehenden – früheren Zeitpunkt vollständig vom rechnerischen Wert der Zertifikate abgezogen:

– nach Maßgabe der Produktbedingungen erhobene Verwaltungsentgelte,
– eine im Ausgabepreis für die Zertifikate ggf. enthaltene Marge,
– im Ausgabepreis für die Zertifikate ggf. enthaltene Dividenden und sonstige Erträge, die nach der Ausgestaltung des Zertifikats wirtschaftlich dem Emittenten zustehen.

Letztere werden oft nicht erst dann preismindernd in Abzug gebracht, wenn das jeweilige Bezugsobjekt oder dessen Bestandteile „ex Dividende" gehandelt werden, sondern bereits zu einem früheren Zeitpunkt der Laufzeit, und zwar auf der Grundlage der für die gesamte Laufzeit oder einen bestimmten Zeitabschnitt erwarteten Dividenden. Die Geschwindigkeit dieses Abzugs hängt dabei unter anderem von der Höhe etwaiger Netto-Rückflüsse der Zertifikate an den Market Maker ab.

Die von dem Market Maker im Sekundärmarkt gestellten Kurse können dementsprechend von dem rechnerischen bzw. dem auf Grund der oben genannten Faktoren wirtschaftlich zu erwartenden Wert der Wertpapiere zum jeweiligen Zeitpunkt abweichen. Darüber hinaus kann der Market Maker die Methodik, nach der er die gestellten Kurse festsetzt, jederzeit ändern, z. B. die Spanne zwischen Geld- und Briefkursen (Spread) vergrößern oder verringern.

4.1.5 Vergütungen für den Vertrieb von Zertifikaten

Für ihre Leistungen im Zusammenhang mit dem Vertrieb von Zertifikaten **können Kreditinstitute vom Emittenten Vergütungen** erhalten. Im Primärmarktgeschäft, d. h. in der Emissions- bzw. Zeichnungsphase, ist dies regelmäßig der Fall.

Mitunter wird auch eine Zahlung aus einem vom Emittenten vereinnahmten Verwaltungsentgelt geleistet. Die Höhe dieser Provisionen wird in der Regel in Abhängigkeit von einem zu bestimmten Stichtagen in den Depots beim Kreditinstitut vorhandenen Bestand am jeweiligen Zertifikat bemessen. Nähere Einzelheiten erhalten Sie bei Ihrer depotführenden Bank.

4.1.6 Handel

Zertifikate werden **börslich und/oder außerbörslich gehandelt**. Der Emittent oder ein Dritter (Market Maker) stellen in der Regel während der gesamten Laufzeit täglich fortlaufend An- und Verkaufskurse für die Zertifikate, allerdings sind sie hierzu nicht verpflichtet. Der börsliche Handel endet regelmäßig einige Tage vor Laufzeitende. Als Anleger können Sie bis zu diesem Zeitpunkt unter normalen Marktbedingungen Zertifikate kaufen und verkaufen.

4.1.7 Rückzahlung

Die Rückzahlung erfolgt nach den Bedingungen, die dem Zertifikat zu Grunde liegen. **In der Regel** erfolgt eine **Geldzahlung**. Die Bedingungen können vorsehen, dass die Rückzahlung erst mehrere Wochen nach Fälligkeit des Zertifikats erfolgt. Bei einigen Zertifikaten, vornehmlich Einzelaktienzertifikaten, kann es bei Fälligkeit auch zur Lieferung des Basiswerts, z. B. der jeweiligen Aktie, kommen.

Bei währungsgesicherten Zertifikaten (so genannte **Quanto-Struktur**) errechnet sich die Rückzahlung bei Fälligkeit gemäß dem Stand des Basiswerts in Fremdwährung und dem bei Auflegung des Zertifikats fixierten Währungsumrechnungskurs. Auch nicht währungsgesicherte Zertifikate können in Euro zurückgezahlt werden. Zur Ermittlung des Rückzahlungsbetrags bei Fälligkeit wird in diesem Fall jedoch der zu diesem Zeitpunkt relevante Kurs der Fremdwährung herangezogen. Wird das Zertifikat in Fremdwährung zurückgezahlt, wird es sich meist um die Heimatwährung des zu Grunde liegenden Basiswerts handeln.

Handelt es sich um eine Quanto-Struktur, so ist während der Laufzeit folgende Besonderheit zu beachten: Als Anleger partizipieren Sie an Schwankungen des Basiswerts. Die Wertentwicklung der Zertifikate wird nicht nur durch die allgemeine Marktentwicklung beeinflusst, sondern auch durch die Zinsdifferenz, die zwischen den unterschiedlichen Kapitalmärkten herrscht. Verändert sich nun während der Laufzeit die Differenz zwischen den beiden Zinssätzen, so kann sich der Wert währungsgesicherter Zertifikate ändern. Wenn Sie also solche Zertifikate vor Fälligkeit verkaufen, kann eine Veränderung dieser Zinsdifferenz den Wert Ihrer Zertifikate beeinflussen.

4.2 Klassifizierung von Zertifikaten anhand des Basiswerts

Die **wichtigste Einflussgröße**, sowohl während der Laufzeit als auch bei Rückzahlung des Zertifikats, **ist die Wertentwicklung des jeweiligen Basiswerts**.

Die wichtigsten Basiswerte werden nachfolgend vorgestellt.

4.2.1 Zertifikate auf Aktien

Zertifikate auf Aktien sind die am häufigsten anzutreffende Zertifikatevariante. Diese **beziehen sich auf den Kurs einer bestimmten Aktie**, festgestellt an der im Wertpapierprospekt festgelegten Börse zu einem bestimmten Zeitpunkt. Eventuell ausgezahlte Dividenden werden bei der Kursberechnung des Zertifikats nicht berücksichtigt; das Zertifikat bezieht sich auf die tatsächliche Kursentwicklung der Aktie. Kommt es hingegen zu außerplanmäßigen Kapitalmaßnahmen, z. B. Sonderdividenden, so wird dies in der Regel in der Wertentwicklung des Zertifikats berücksichtigt.

Die Bedingungen des Zertifikats können vorsehen, dass bei Fälligkeit die tatsächliche Lieferung der Aktie erfolgt.

4.2.2 Zertifikate auf Renten oder Zinsen

Als **Basiswert** für Zertifikate können auch **Zinssätze oder Rentenindices** dienen. Beispiele hierfür sind der Geldmarktsatz EURIBOR oder der Rentenindex REXP®. Des Weiteren können verschiedene **Zinsstrukturkurven** als Basiswert dienen, beispielsweise kann sich der Kurs eines Zertifikats an der Differenz zwischen 10-Jahres- und 2-Jahres-Zinssatz orientieren (zur Zinsstrukturkurve siehe Kapitel B 1.1.4). In der Regel werden die angefallenen Zinsen nicht an den Anleger weitergegeben, sondern im Kurs des Zertifikats abgebildet.

4.2.3 Zertifikate auf sonstige Basiswerte

■ **Rohstoffe**

Weitere Basiswerte für Zertifikate sind Rohstoffe: Rohstoffe können sowohl durch **Indices** als auch durch **einzelne Rohstoffe** – z. B. Gold oder Öl – oder durch entsprechende Körbe abgebildet werden.

Der Begriff „Rohstoffe" umfasst gewöhnlich auch Waren (englisch „commodities"). Rohstoffe werden in vier Hauptkategorien eingeteilt:

- Edelmetalle (z. B. Gold, Palladium und Platin),
- Industriemetalle (z. B. Aluminium und Kupfer),
- Energie (z. B. Elektrizität, Öl und Gas),
- Agrarrohstoffe (z. B. Weizen und Mais).

Rohstoffe werden an spezialisierten Börsen oder direkt zwischen Marktteilnehmern weltweit außerbörslich gehandelt. Dies geschieht vielfach mittels weitgehend standardisierter Terminkontrakte. Diese Kontrakte sehen eine Lieferung nach Ablauf einer bestimmten Frist zu dem zuvor festgelegten Preis vor.

Der **Preis** von Zertifikaten auf Rohstoffe wird **maßgeblich von den jeweilgen Terminkontraktkursen der Basiswerte bestimmt**.

■ **Währungen**

Zertifikate können sich auch auf Wechselkurse von zwei bestimmten Währungen beziehen, z. B. Euro/US-Dollar oder Euro/türkische Lira. Eine positive Änderung des Wechselkurses wirkt sich positiv auf den Kurs des entsprechenden Zertifikats aus. Wichtig ist es, auf die **Art des Wechselkurses**, entweder Mengennotierung (1 € = x US-$) oder Preisnotierung (1 US-$ = x €), zu achten.

■ **Fonds**

Fonds können ebenfalls als Basiswerte für Zertifikate dienen. Meistens werden dabei mehrere Fonds zu einem **Basket** (siehe Kapitel B 4.3.2) zusammengefasst, der entweder Fonds verschiedener Anlagestile vereint (Diversifikationseffekt) oder Fonds kombiniert, die ein bestimmtes Thema haben.

■ **Weitere Basiswerte**

Grundsätzlich sind Zertifikate auf alle Anlageinstrumente denkbar, für die regelmäßig Preise festgestellt werden. So existieren z. B. Zertifikate auf Strom, Emissionsrechte oder Immobilienindices.

4.3 Klassifizierung von Zertifikaten anhand der Basiswertzusammensetzung

4.3.1 Indexzertifikate

Mit Indexzertifikaten investiert der Anleger sozusagen in einen ganzen Markt. Solche Zertifikate beziehen sich auf einen **Index, also einen statistischen Messwert**, der die Entwicklung an Wertpapiermärkten darstellt. Bei Wertpapierindices sind neben **Rentenindices** vor allem **Aktienindices** die häufigste Erscheinungsform. Aktienindices werden, wie andere Indices auch, in einer einzigen Zahl ausgedrückt. Veränderungen im Stand eines Aktienindex spiegeln die Wertveränderungen der ihm zu Grunde liegenden Aktien wider. Aktienindices sind insofern Gradmesser für die Entwicklung an Aktienmärkten. Entsprechendes gilt für Rentenindices, die Kursveränderungen der Anleihemärkte darstellen.

Bekannte Aktienindices als Basiswerte für Zertifikate sind z. B. der europäische Dow Jones EURO STOXX 50®, der deutsche DAX® oder der Rentenindex REXP®. Sie werden vor allem von Börsen oder Informationsanbietern berechnet.

Grundsätzlich unterscheidet man zwei Arten von Indices:

– Performance-Indices sowie
– Preisindices/Kursindices.

Bei der Berechnung eines **Performance-Index** werden **nur die vom Markt ausgelösten Kursveränderungen berücksichtigt**; Dividenden und Bezugsrechte werden automatisch rechnerisch wieder in die Aktien investiert. Gleiches gilt sinngemäß für Performance-Indices im Anleihemarkt; bei deren Berechnung werden die Zinszahlungen ebenfalls reinvestiert.

Anders ist dies bei einem **Preisindex**, der die **reine Kursentwicklung** und damit auch die bei der Dividendenzahlung vorgenommenen Kursabschläge der Aktien nachzeichnet.

Viele Indices werden in beiden Ausprägungen berechnet. So gibt es den DAX® als Performance-Index und ebenso als Preisindex.

Einzelne Emittenten veröffentlichen **eigene, individuell zusammengestellte Indices** auf Aktien und begeben hierauf Zertifikate. Die Auswahlkriterien für die Zusammensetzung dieser Indices sowie Anpassungsmodalitäten und Anpassungszeiträume finden Sie im Wertpapierprospekt. Für die Berechnung, Kursstellung und Anpassung dieser Indices ist der Emittent verantwortlich.

4.3.2 Basketzertifikate

Basketzertifikate beziehen sich auf **mehrere Einzelwerte oder auch Indices**, die **in einem Korb** zusammengefasst werden. Der Wert dieses Korbs berechnet sich auf der Basis der Wertentwicklung der einzelnen Bestandteile und ihrer jeweiligen Gewichtung. Je nach Ausgestaltung bleibt der Korb bis zum Laufzeitende statisch, oder es wird die Gewichtung nach bestimmten Zeiträumen und den in den Bedingungen festgelegten Kriterien überprüft und ggf. angepasst.

4.3.3 Einzelwertzertifikate

Einzelwertzertifikate beziehen sich auf einen **einzelnen Wert**, wie z. B. auf eine Aktie oder einen Rohstoff. Vielfach werden diese Zertifikate mit einer besonderen Struktur (siehe Kapitel B 4.4) versehen.

4.4 Klassifizierung von Zertifikaten anhand ihrer Struktur

Zertifikate können die unterschiedlichsten Strukturen aufweisen, die gängigsten mit ihren jeweiligen Mechanismen sollen nachfolgend dargestellt werden. Bitte beachten Sie, dass es **im Markt keine einheitlichen Bezeichnungen** gibt: Unterschiedliche Emittenten können für die gleichen Strukturen abweichende Bezeichnungen verwenden, umgekehrt können die Papiere trotz gleicher Bezeichnungen unterschiedliche Ausgestaltungen aufweisen.

4.4.1 Lineare Zertifikate

Lineare Zertifikate, auch „Plain-Vanilla-Zertifikate" genannt, verbriefen ein Recht auf Zahlung eines Geld- oder Abrechnungsbetrags, dessen Höhe vom Wert des zu Grunde liegenden Basiswerts am Fälligkeitstag, im Falle von Zertifikaten ohne Laufzeitbegrenzung an einem Kündigungstag, abhängt.

Die Laufzeit der Zertifikate ist üblicherweise **mehrjährig oder sogar ohne Begrenzung** (unendlich). Während der Laufzeit erhält der Anleger in der Regel keine periodischen Zinszahlungen oder sonstigen Ausschüttungen (z. B. Dividenden), diese können je nach Zertifikatsbedingungen aber (teilweise) in die Wertermittlung einfließen.

Als Anleger können Sie durch den Kauf eines linearen Zertifikats **an der Entwicklung des zu Grunde liegenden Basiswerts partizipieren**, ohne den Basiswert selbst kaufen zu müssen. Dabei handelt es sich auch um Werte, die für einen Anleger nicht oder nur mit entsprechend hohem Aufwand direkt zu erwerben wären.

Der **Preis** eines linearen Zertifikats **verläuft im Allgemeinen** mit den Bewegungen des Basiswerts **parallel, positiv wie negativ**. Ein steigender Basiswert führt in der Regel zu höheren Preisen des Zertifikats; ein rückläufiger zu sinkenden Zertifikatspreisen. Auch hier können die Werte allerdings abweichen, da auch hier weitere Einflussfaktoren den Wert mit beeinflussen – wenn auch zu einem geringeren Teil als bei Zertifikaten mit besonderen Strukturen.

Die Rückzahlung zum Ende der Laufzeit oder bei Kündigung durch den Emittenten wird im Regelfall als Geldbetrag erfolgen, die Bedingungen können aber auch die Lieferung des Basiswerts vorsehen.

4.4.2 Discountzertifikate

Discountzertifikate sind mit einer festen Laufzeit ausgestattete Wertpapiere, bei denen die Art der Rückzahlung bei Fälligkeit vom Preis des Basiswerts (z. B. Aktien oder Indices) an einem bestimmten Stichtag abhängt: Die Zertifikatsbedingungen verbriefen hier entweder die Zahlung eines festen Geldbetrags oder die Lieferung des Basiswerts. Charakteristisch für Discountzertifikate ist, dass ihr Kaufpreis unterhalb des aktuellen Preises des jeweiligen Basiswerts liegt. Man spricht deshalb von einem Discount (Abschlag). Das Gewinnpotenzial ist von vornherein beschränkt, da der Rückzahlungsbetrag einen im Voraus festgelegten Maximalbetrag (Cap) nicht überschreiten kann. Mitunter ist auch vorgesehen, dass ein Minimalbetrag nicht unterschritten werden kann. Ferner erhält der Anleger weder periodische Zinszahlungen noch andere Ausschüttungen wie z. B. Dividenden.

Wenngleich der Kauf eines Discountzertifikats dem Kauf einer Aktie oder einem Index ähnelt, ergeben sich doch einige Unterschiede. Discountzertifikate weisen folgende **wichtige Komponenten** auf:

– den in den Emissionsbedingungen festgelegten **maximalen Rückzahlungsbetrag (Cap)** am Ende der Laufzeit,
– den **Kaufpreis des Discountzertifikats**, der sich unterhalb des aktuellen Preises des Basiswerts und des maximalen Auszahlungsbetrags befindet.

Die **Höhe des Discounts** gegenüber dem Preis des Basiswerts **ist im Zeitablauf** variabel und tendiert zum Ende der Laufzeit gegen null, wenn der Basiswert unter dem Cap notiert. Weiterhin hängt der Preis des Zertifikats während der Laufzeit entscheidend von der Preisentwicklung des Basiswerts ab. Fällt der Preis des Basiswerts, fällt in der Regel auch der Zertifikatspreis. Das Gleiche gilt umgekehrt für steigende Preise, allerdings gilt dies nur bis zur Höhe des maximalen Rückzahlungsbetrags, denn dieser wirkt wie eine Wertobergrenze (Cap).

Für Sie als Anleger ist die maximale Ertragschance also die Differenz zwischen Kaufpreis und festgelegtem maximalen Rückzahlungsbetrag. Da der Preis des Discountzertifikats in aller Regel unter dem aktuellen

Preis des Basiswerts liegt, erwerben Sie die Zertifikate – im Vergleich zu einem Direkterwerb des Basiswerts – mit einem Abschlag. Kursrückgänge des Basiswerts bewirken daher für Sie als Inhaber des Discountzertifikats am Laufzeitende einen Verlust, wenn der Kurs des Basiswerts am Stichtag unter dem von Ihnen gezahlten Kaufpreis für das Discountzertifikat liegt.

Die **Rückzahlungsbedingungen** sehen je nach Entwicklung des Werts und Art des Basiswerts eine Barauszahlung oder die Lieferung des Basiswerts, z. B. Aktien, vor.

- Überschreitet der Preis des Basiswerts am festgelegten Stichtag den maximalen Auszahlungsbetrag oder sind beide Beträge identisch, erhalten Sie den vereinbarten Auszahlungsbetrag in bar. Dabei spielt es keine Rolle, wie weit der Preis des Basiswerts über dem Höchstbetrag liegt.
- Unterschreitet der Preis des Basiswerts zum festgelegten Stichtag den Auszahlungsbetrag, erfolgt ein Barausgleich oder die Lieferung des Basiswerts. Der Wert dieser Lieferung entspricht sodann dem aktuellen Marktwert des Basiswerts.

4.4.3 Bonuszertifikate

Der Begriff **Bonuszertifikate** wird für Zertifikate verwendet, bei denen unter bestimmten Voraussetzungen am Laufzeitende zusätzlich zum Nominalwert ein Bonus oder ggf. auch die bessere Wertentwicklung des Basiswerts bezahlt wird. Voraussetzung ist, dass während der Laufzeit eine festgelegte Barriere nicht erreicht oder unterschritten wird.

Dem Anleger sind beim Kauf eines Bonuszertifikats die folgenden Kennzahlen bekannt; sie wurden vom Emittenten bei der Emission festgelegt:

- Das **Startniveau** ist der Wert des Basiswerts zum Zeitpunkt der Emission des Zertifikats, im Regelfall 100 €. Bei Zertifikaten auf einzelne Aktien wird oft auch der Kurs der Aktie bei Emission des Zertifikats als Startniveau festgelegt.
- Die **Barriere** liegt unterhalb des Startniveaus und ist eine Art Sicherheitspolster. Sie darf während der Laufzeit eines Bonuszertifikats vom Basiswert nicht erreicht oder unterschritten werden, sonst wird der Bonusmechanismus außer Kraft gesetzt, und das Bonuszertifikat verwandelt sich in ein lineares Zertifikat.
- Das **Bonusniveau** liegt über dem Startniveau und bezeichnet den Wert der Mindestrückzahlung, wenn die Barriere nicht erreicht oder unterschritten wurde. Der Bonus ist dann ein Zuschlag, der am Ende der Laufzeit des Zertifikats zusätzlich zu dem anfänglich eingezahlten Kapital für den Nominalwert des Zertifikats ausgezahlt wird.

■ Rückzahlung bei Fälligkeit

Bonuszertifikate haben eine feste Laufzeit. Die Zertifikatsbedingungen verbriefen zum Ende der Laufzeit regelmäßig die Zahlung eines Geldbetrags oder die Lieferung des Basiswerts. Art und Höhe der Rückzahlung am Laufzeitende hängen von der Wertentwicklung des Basiswerts ab und bestimmen sich wie folgt:

Szenario 1: Der Basiswert hat während der Laufzeit die Barriere nicht erreicht oder unterschritten und liegt zwischen Barriere und Bonusniveau: Die Rückzahlung erfolgt zum Bonusniveau.

Szenario 2: Der Basiswert hat während der Laufzeit die Barriere nicht erreicht oder unterschritten und liegt oberhalb des Bonusniveaus: Die Rückzahlung erfolgt in Höhe der Wertentwicklung des Basiswerts.

Szenario 3: Der Basiswert hat während der Laufzeit die Barriere erreicht oder unterschritten: Der Bonus entfällt und die Rückzahlung erfolgt in Höhe des Basiswerts.

Das Gewinnpotenzial des Bonuszertifikats ist grundsätzlich nicht beschränkt. Als Gegenleistung für das Sicherheitspolster verzichtet der Anleger aber auf Dividenden oder andere Ausschüttungen.

- **Kursentwicklung während der Laufzeit**

In der Regel bewegt sich ein Bonuszertifikat weitgehend im Gleichklang mit dem Markt. Das Zertifikat wird bei steigendem Basiswert jedoch anfänglich weniger stark steigen. Dies hängt von mehreren Einflussfaktoren ab, wie z. B. den vom Emittenten einbehaltenen Dividenden, die abgezinst in die Wertentwicklung des Zertifikats einfließen, oder einer Veränderung des Zinsniveaus. Bei einer Seitwärtsentwicklung oder leicht fallender Entwicklung des Basiswerts wird sich das Zertifikat über die Laufzeit tendenziell besser und zum Laufzeitende in Richtung der Bonuszahlung entwickeln. Entwickelt sich der Basiswert dagegen in Richtung der Barriere, ist mit einem stärkeren Wertverlust zu rechnen. Erreicht oder unterschreitet der Basiswert die Barriere, entwickelt sich der Kurs des Bonuszertifikats unterhalb des Kurses des Basiswerts und erreicht diesen erst zum Ende der Laufzeit.

4.4.4 Expresszertifikate

Der Begriff **Expresszertifikate** wird für Zertifikate verwendet, die mit einer oder mehreren **vorzeitigen Rückzahlungsmöglichkeiten** ausgestattet sind und so zu einer schnellen Kapitalrückzahlung führen können. In diesen Fällen erhält der Anleger zusätzlich einen festen Geldbetrag. Wenn es dagegen zu keiner vorzeitigen Tilgung kommt und am Laufzeitende eine bestimmte Barriere nicht erreicht oder unterschritten wurde, besteht ein Kapitalschutz auf das nominell eingesetzte Kapital.

Dem Anleger sind beim Kauf eines Expresszertifikats folgende Kennzahlen bekannt, die vom Emittenten bei der Emission festgelegt wurden:

- Das **Startniveau** ist der Wert des Basiswerts, in der Regel ein Aktienindex oder eine Aktie, zum Zeitpunkt der Emission.
- Es gibt mehrere **Stichtage**, zu denen eine vorzeitige Rückzahlungsmöglichkeit besteht. Meist handelt es sich dabei um einen Stichtag pro Jahr.
- Die **Tilgungsschwelle** bezeichnet den Wert, der vom Basiswert am jeweiligen Stichtag erreicht oder überschritten sein muss, um die vorzeitige Tilgung auszulösen. Die Tilgungsschwelle kann dem Startniveau oder auch einem bestimmten Prozentsatz davon entsprechen.
- Die **Barriere** ist eine Art Sicherheitspolster und liegt regelmäßig unterhalb des Startniveaus. Wenn sie nicht am Laufzeitende vom Basiswert unterschritten wird, bekommt der Anleger das nominal eingesetzte Kapital ausgezahlt.

Das nachfolgende Schaubild erläutert die Funktionsweise.

- **Rückzahlungsmöglichkeiten während der Laufzeit**

Die **Stichtage geben den Takt vor**. Liegt der Kurs des Basiswerts zum ersten Termin unter der relevanten Tilgungsschwelle, läuft das Zertifikat bis zum nächsten Beobachtungsstichtag weiter. Entsprechendes gilt für die weiteren Beobachtungstermine. Notiert dagegen der Basiswert zu den Beobachtungsterminen einschließlich des letzten Stichtags über oder zumindest auf der Tilgungsschwelle, erhält der Anleger einen von vornherein festgelegten Rückzahlungsbetrag, und die Laufzeit des Zertifikats endet vorzeitig. Der Anleger weiß also schon beim Kauf des Zertifikats, an welchem Stichtag der Basiswert einen bestimmten Kurs haben muss, damit er den Rückzahlungsbetrag erhält.

- **Rückzahlung am Laufzeitende**

Am letzten Stichtag besteht die letzte Möglichkeit, einen festgelegten Rückzahlungsbetrag zu erhalten, der höher ist als das nominelle Startkapital zu Laufzeitbeginn des Zertifikats. Notiert der Basiswert dagegen zu allen Beobachtungsterminen unter der jeweiligen Tilgungsschwelle und liegt er am Laufzeitende nicht unterhalb der festgelegten Barriere, erhält der Anleger lediglich das nominelle Startkapital vollständig zurück. Insofern entsteht dem Anleger dann noch kein Verlust. Erst wenn der Basiswert an diesem letzten Stichtag unter dieser Barriere liegt, nimmt der Anleger an Kursverlusten des Basiswerts in gleichem Umfang teil.

Die Barriere, die anfangs unter dem Kurs des Basiswerts bei Emission des Zertifikats, also dem Startniveau, festgelegt wird, stellt somit einen Risikopuffer dar. Dafür verzichtet der Anleger aber auf eine unbegrenzte Teilnahme an Kursgewinnen. Die Ertragschancen sind andererseits mit festen Tilgungsbeträgen genau fixiert und können durchaus größer sein als die Wertentwicklung des Basiswerts selbst.

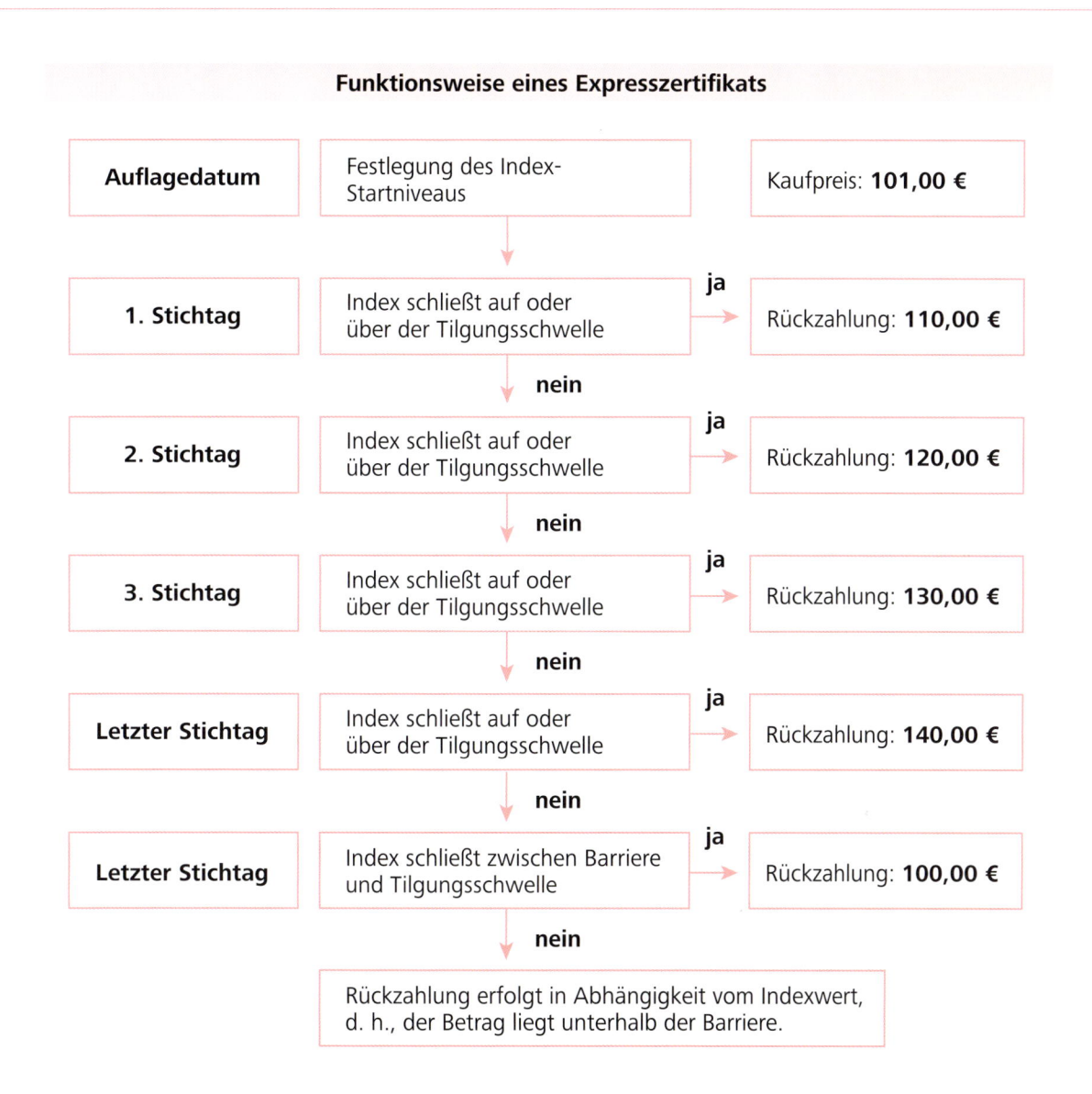

Funktionsweise eines Expresszertifikats

Auflagedatum	Festlegung des Index-Startniveaus		Kaufpreis: **101,00 €**
1. Stichtag	Index schließt auf oder über der Tilgungsschwelle	ja →	Rückzahlung: **110,00 €**
	↓ nein		
2. Stichtag	Index schließt auf oder über der Tilgungsschwelle	ja →	Rückzahlung: **120,00 €**
	↓ nein		
3. Stichtag	Index schließt auf oder über der Tilgungsschwelle	ja →	Rückzahlung: **130,00 €**
	↓ nein		
Letzter Stichtag	Index schließt auf oder über der Tilgungsschwelle	ja →	Rückzahlung: **140,00 €**
	↓ nein		
Letzter Stichtag	Index schließt zwischen Barriere und Tilgungsschwelle	ja →	Rückzahlung: **100,00 €**
	↓ nein		
	Rückzahlung erfolgt in Abhängigkeit vom Indexwert, d. h., der Betrag liegt unterhalb der Barriere.		

B 4

■ **Kursentwicklung während der Laufzeit**
Während der Laufzeit hängt der Preis des Expresszertifikats vom Kurs des Basiswerts und anderen Einflussfaktoren ab. Der Zertifikatspreis kann von den Kursbewegungen des Basiswerts abweichen. Insbesondere bei stark steigendem Basiswert ist die Partizipation an der Aufwärtsentwicklung des Basiswerts geringer, da die mögliche vorzeitige Rückzahlung auf den jeweiligen Tilgungsbetrag begrenzt ist. Bei fallendem Basiswert wird der Preis des Zertifikats ebenfalls fallen, und zwar umso stärker, je näher der Basiswert an die Barriere herankommt und je näher das ordentliche Laufzeitende rückt.

Bei Expresszertifikaten haben weitere Einflussfaktoren, insbesondere die Schwankungsbreite (Volatilität) des Basiswerts, einen weitaus größeren Einfluss als bei linearen Zertifikaten.

4.4.5 Kapitalschutzzertifikate

Kapitalschutzzertifikate verfügen über eine feste Laufzeit. In der Grundform kann es sich sowohl um ein lineares Zertifikat als auch um eines mit Struktur (z. B. Expresszertifikat) handeln. Allen Kapitalschutzzertifikaten gemein ist aber eine Rückzahlung zum Laufzeitende mindestens in Höhe des nominellen Ausgangswerts oder eines bestimmten Prozentsatzes davon, unabhängig davon, wie sich der Wert des Basiswerts entwickelt hat. Die **Mindestrückzahlung** ist keine Garantie von dritter Seite, sondern allein **vom Emittenten zugesichert** und somit von dessen Bonität abhängig.

Das Gewinnpotenzial kann durch einen maximalen Rückzahlungsbetrag (Cap) begrenzt und/oder durch eine niedrigere Partizipationsrate vermindert sein. Zusätzlich muss der Anleger auf Dividenden und vergleichbare Ausschüttungen des Basiswerts verzichten.

Der Wert des Zertifikats **kann während der Laufzeit unter das festgelegte Mindestrückzahlungsniveau fallen**, wird sich in aller Regel aber zum Laufzeitende dahin entwickeln, auch wenn der Basiswert weiter fällt.

Kapitalschutzzertifikate mit Mindestverzinsung ähneln strukturierten Anleihen (vgl. Kapitel B 1.4.5)

4.5 Hebelzertifikate
4.5.1 Grundlagen

Der Preis eines Hebelzertifikats ist in der Regel deutlich niedriger als der Preis des jeweiligen Basiswerts (z. B. Aktie oder Index). Hebelzertifikate **vollziehen nahezu eins zu eins die Bewegungen des jeweiligen Basiswerts nach**. Um dieselbe absolute Wertsteigerung wie bei einem Direkterwerb des Basiswerts zu erzielen, müssen Sie als Anleger beim Erwerb dieser Zertifikate daher weniger investieren als beim Direkterwerb.

Je nach Ausstattung profitieren Hebelzertifikate von steigenden oder fallenden Preisen des jeweiligen Basiswerts. Aus dem geringeren Kapitaleinsatz im Vergleich zum Direktinvestment ergibt sich eine **Hebelwirkung**, d.h., der **Preis des Zertifikats reagiert prozentual stärker als der Kurs des Basiswerts**. Beträgt z. B. der Preis des Basiswerts zunächst 100 €, der Preis des Zertifikats 10 € und steigt der Preis des Basiswerts sodann um 1 €, so steigt der Preis des Hebelzertifikats idealerweise ebenfalls um 1 €. Der Hebel beträgt in diesem Beispiel 10, da der Preis des Basiswerts um 1 % gestiegen ist, der Preis des Zertifikats aber um 10 %. Sie als Anleger können somit durch den Erwerb eines Hebelzertifikats höhere Renditen erzielen als bei einem Direktinvestment in den Basiswert. Gleichzeitig gehen Sie jedoch ein prozentual höheres Verlustrisiko ein, bis hin zum Totalverlust.

In der Regel weisen Hebelzertifikate eine **Knock-out-Schwelle** auf. Je nach Ausprägung wird das Zertifikat bei Erreichen, Unterschreiten oder Überschreiten der in den jeweiligen Emissionsbedingungen festgelegten Kursmarke des Basiswerts (Knock-out-Schwelle) sofort fällig. Dies gilt auch für Zertifikate ohne feste Laufzeit.

Der Eintritt des Knock-out-Ereignisses kann je nach Emissionsbedingungen unterschiedliche Konsequenzen haben.

4.5.2 Hebelzertifikate ohne Stop-Loss

Hebelzertifikate ohne Stop-Loss-Barriere verfallen bei Eintritt des Knock-out-Ereignisses wertlos. Der Emittent erstattet dem Anleger im Falle des Knock-out in der Regel lediglich einen minimalen Restbetrag, z. B. in Höhe eines Zehntel Eurocents (0,001 €) je Zertifikat. Dabei hängt es vom Emittenten ab, ob dieser Betrag **automatisch** erstattet wird **oder** ob eine entsprechende **Verkaufsorder** vom Anleger platziert werden muss.

4.5.3 Hebelzertifikate mit Stop-Loss

Hebelzertifikate mit Stop-Loss-Barriere verfallen bei Eintritt des Knock-out-Ereignisses nicht wertlos. Bei diesem Zertifikat-Typ **bestimmen die Emissionsbedingungen zusätzlich zu der Knock-out-Schwelle**, deren Erreichen oder Durchbrechen die sofortige Fälligkeit auslöst, **einen weiteren relevanten Wert**. Der Emittent erstattet bei Eintritt des Knock-out-Ereignisses in etwa die Differenz zwischen diesem relevanten Wert und der Knock-out-Schwelle. Der auszuzahlende Betrag kann jedoch auch niedriger sein als die Differenz zwischen dem relevanten Wert und der Knock-out-Schwelle, wenn die Emissionsbedingungen vorsehen, dass der Auszahlungsbetrag dem **marktgerechten Preis** des Zertifikats entspricht.

Dieser Preis wird sodann regelmäßig vom Emittenten nach billigem Ermessen bestimmt. Faktoren, die der Emittent bei der Festlegung des marktgerechten Preises grundsätzlich berücksichtigt, sind die Marktentwicklung nach Eintritt des Knock-out-Ereignisses sowie insbesondere die Höhe des Betrags, den der Emittent aus der Auflösung von Absicherungspositionen erlöst.

Die Zertifikatebedingungen können vorsehen, dass der Emittent den Restbetrag **automatisch** nach Auslösen des Knock-out-Ereignisses zahlt **oder** aber dass hierfür eine **Verkaufsorder** durch den Anleger erforderlich ist.

Bitte beachten Sie: Über die mit der Anlage in Zertifikaten verbundenen Risiken informiert Sie diese Broschüre in Kapitel C (Basisrisiken) und Kapitel D 4 (Spezielle Risiken).

5 Investmentanteilscheine

5.1 Grundlagen

Investmentfonds sind – ganz allgemein gesprochen – Vermögen zur gemeinschaftlichen Anlage. Für sie gelten die Regelungen des Investmentgesetzes (InvG).

In einem **Investmentfonds** bündelt eine Kapitalanlagegesellschaft oder eine Investmentaktiengesellschaft die Gelder vieler Anleger, um sie nach dem **Prinzip der Risikomischung** in verschiedenen Vermögenswerten (Wertpapieren, Geldmarktinstrumenten, Bankguthaben, derivativen Instrumenten, Immobilien) anzulegen und fachmännisch zu verwalten. „Investmentfonds" (bzw. Sondervermögen) ist damit die Bezeichnung für die Gesamtheit der von Anlegern eingezahlten Gelder und der hierfür angeschafften Vermögenswerte.

Anteile an solchen Sondervermögen sind regelmäßig in **Investmentanteilscheinen** verbrieft. Mit dem Kauf von Investmentanteilscheinen werden Sie Mitberechtigter am Fondsvermögen. Ihr Anteil am Vermögen des Investmentfonds bemisst sich nach dem Verhältnis der Zahl Ihrer Anteilscheine zu den insgesamt ausgegebenen Anteilscheinen. Der Wert eines einzelnen Anteilscheins richtet sich nach dem Wert des gesamten Fondsvermögens (dem so genannten **Nettoinventarwert**), dividiert durch die Zahl der ausgegebenen Anteilscheine. Die Beteiligung an einem Investmentfonds hat damit für Sie den Charakter eines professionell gemanagten Depots. Über die konkrete Anlagepolitik des einzelnen Fonds geben die jeweiligen **Verkaufsprospekte** und die **Vertragsbedingungen** verbindliche Auskunft. In diesen sind auch die **Kosten** festgelegt, die dem Fondsvermögen regelmäßig belastet werden, insbesondere die laufenden **Verwaltungsvergütungen**.

5.2 Anbieter von Investmentfonds

Investmentfonds werden in Deutschland von inländischen und ausländischen Investmentgesellschaften angeboten.

5.2.1 Deutsche Investmentgesellschaften (Kapitalanlagegesellschaften)

Deutsche Kapitalanlagegesellschaften unterliegen dem Investmentgesetz. Zur Aufnahme des Geschäfts bedürfen sie einer Erlaubnis durch die zuständige Bundesanstalt für Finanzdienstleistungsaufsicht (BaFin), die auch die Einhaltung der gesetzlichen Vorschriften und der Vertragsbedingungen überwacht. Kapitalanlagegesellschaften werden zumeist in der Rechtsform der Gesellschaft mit beschränkter Haftung (GmbH) betrieben; möglich ist auch die Rechtsform der Aktiengesellschaft.

■ **Trennung von eigenem Vermögen und Sondervermögen**

Wenn Sie als Anleger Investmentanteilscheine einer deutschen Investmentgesellschaft erwerben, werden Sie kein Mitgesellschafter der Kapitalanlagegesellschaft, sondern **Ihre Einzahlungen werden einem Sondervermögen (Investmentfonds) zugeführt, das von der Kapitalanlagegesellschaft verwaltet wird**. Das Sondervermögen muss vom eigenen Vermögen der Gesellschaft getrennt gehalten werden und haftet nicht für Schulden der Kapitalanlagegesellschaft. Diese strikte Trennung dient insbesondere dem Schutz der Anleger vor Verlust ihrer Gelder durch Forderungen Dritter gegenüber der Kapitalanlagegesellschaft.

■ **Investmentaktiengesellschaft**

Eine **Sonderform** der Fondsanlage ist der Erwerb von Aktien von Investmentaktiengesellschaften. Satzungsmäßig festgelegter Unternehmensgegenstand solcher Gesellschaften ist die Anlage und Verwaltung des Gesellschaftsvermögens nach dem Grundsatz der Risikomischung. Auch für sie gilt das Investmentgesetz.

5.2.2 Ausländische Investmentgesellschaften
Ausländische Investmentgesellschaften können wie deutsche Investmentgesellschaften organisiert sein (z. B. Tochtergesellschaften deutscher Kreditinstitute in Luxemburg). Es sind allerdings häufig auch andere Formen üblich. Je nach Herkunftsland können große Unterschiede in der gesetzlichen Grundlage und der Rechtskonstruktion bestehen.

5.2.3 Deutsche Bestimmungen für ausländische Investmentgesellschaften am deutschen Markt
Ausländische Investmentgesellschaften, die Produkte in Deutschland öffentlich vertreiben, unterliegen besonderen Vorschriften des Investmentgesetzes. Sie müssen die Absicht zum öffentlichen Vertrieb ihrer Produkte der Bundesanstalt für Finanzdienstleistungsaufsicht (BaFin) schriftlich anzeigen und bestimmte organisatorische und rechtliche Voraussetzungen erfüllen. Zum Beispiel müssen das Fondsvermögen von einer Depotbank verwahrt und ein oder mehrere inländische Kreditinstitute als Zahlstellen benannt werden, über die von den Anteilsinhabern geleistete oder für die Anteilsinhaber bestimmte Zahlungen geleitet werden können. In jedem Fall hat zum Schutz der Anleger – wie bei deutschen Investmentgesellschaften – die BaFin die Einhaltung der spezifischen deutschen Vorschriften und Voraussetzungen durch die ausländische Investmentgesellschaft zu prüfen.

5.3 Allgemeine Merkmale offener Investmentfonds in Deutschland
5.3.1 Offene Investmentfonds

Offene Investmentfonds: Bei offenen Investmentfonds ist die Zahl der Anteile (und damit der Teilhaber) von vornherein unbestimmt. Die Fondsgesellschaft gibt je nach Bedarf neue Anteile aus und nimmt ausgegebene Anteile zurück.

Bei den in Deutschland angebotenen Investmentfonds handelt es sich **regelmäßig** um **offene Fonds**. Von einem offenen Fonds können Sie im Prinzip jederzeit neue Anteile erwerben. Die Fondsgesellschaft hat aber die Möglichkeit, die Ausgabe von Fondsanteilen zeitweise zu beschränken, auszusetzen oder endgültig einzustellen.

Im Rahmen der vertraglichen Bedingungen ist die Gesellschaft Ihnen gegenüber verpflichtet, Ihre Anteilscheine zu Lasten des Fondsvermögens zum jeweiligen offiziellen **Rücknahmepreis** zurückzunehmen. Damit ist für Sie als Anleger die Liquidierbarkeit Ihrer Anteilscheine grundsätzlich gewährleistet. Oftmals sind Anteilscheine von Investmentfonds zusätzlich an einer Börse notiert und werden dort gehandelt. Als Anleger können Sie börsengehandelte Investmentfonds während der Börsenzeit fortlaufend an der Börse ohne Ausgabeaufschlag bzw. Rückgabeabschlag kaufen und verkaufen.

Investmentfonds, bei denen die Kapitalanlagegesellschaft von vornherein vorsieht, dass sie in speziellen Handelssegmenten einer oder mehrerer Börsen gehandelt werden, werden **Exchange Traded Funds (ETF)** genannt (vgl. Kapitel B 5.6.2). Auch ETF-Anteilscheine können in der Regel täglich zum Rücknahmepreis bei der Kapitalanlagegesellschaft zurückgegeben werden; in Deutschland ist dies gesetzlich verpflichtend.

Bitte beachten Sie: ETF sind von so genannten **Exchange Traded Commodities** (ETC) abzugrenzen, die Rohstoff-Indices oder einzelne Rohstoff-Preisentwicklungen nachbilden. Diese ETC sind börsengehandelte Schuldverschreibungen, die teilweise besichert sein können. Informationen zu ETC finden Sie in den Kapiteln B 1.4.6 und D 1.5.9.

5.3.2 Aufgaben der Fondsgesellschaft
Die Aufgabe einer Fondsgesellschaft besteht darin, die ihr anvertrauten Gelder in einem Sondervermögen (Investmentfonds) anzulegen, und zwar nach Maßgabe der gesetzlichen und vertraglichen **Anlagegrundsätze**. Über das Fondsvermögen gibt die Investmentgesellschaft Anteilscheine aus. Das Sondervermögen kann sich – neben Guthaben bei Kreditinstituten – zusammensetzen aus den erworbenen Wertpapieren, Derivaten, Geldmarktinstrumenten, Immobilien und Beteiligungen an Immobiliengesellschaften, Anteilen

an anderen Investmentvermögen, stillen Beteiligungen sowie Edelmetallen, Warenterminkontrakten und Unternehmensbeteiligungen. Eine Kapitalanlagegesellschaft darf mehrere Sondervermögen (Investmentfonds) auflegen. Diese müssen sich durch ihre Bezeichnung unterscheiden und sind getrennt voneinander zu führen.

- **Vermögensanlage nach dem Prinzip der Risikomischung**

Das Fondsvermögen ist von der Fondsgesellschaft nach dem Grundsatz der Risikomischung anzulegen. Der **Mindestgrad der Risikomischung** ist im Investmentgesetz festgelegt. Dieses Gesetz sowie die jeweiligen Fonds-Vertragsbedingungen enthalten zudem spezifische Vorschriften über zulässige Anlagewerte und zu beachtende Anlagegrenzen.

- **Publizität/Rechenschaftslegung**

Die Kapitalanlagegesellschaft veröffentlicht folgende Unterlagen:

- Wesentliche Anlegerinformationen,
- einen Verkaufsprospekt,
- Jahresberichte,
- Halbjahresberichte.

5.3.3 Vertriebsprovision

Kreditinstitute und sonstige Vermittler erhalten für den Vertrieb von Investmentanteilen in der Regel **Vertriebsprovisionen sowie ggf. weitere Zahlungen und Sachleistungen** von der Fondsgesellschaft. Diese werden aus den von den Fondsgesellschaften erhobenen Ausgabeaufschlägen und den Verwaltungsentgelten geleistet. Nähere Einzelheiten erhalten Sie bei Ihrer depotführenden Bank.

5.3.4 Funktion der Depotbank

Mit der **Verwahrung** der zum Sondervermögen gehörenden Vermögensgegenstände muss die Kapitalanlagegesellschaft ein Kreditinstitut (Depotbank) beauftragen. Der Depotbank obliegt auch die **Berechnung der Anteilspreise** sowie die **Ausgabe und Rücknahme** der Investmentanteile; sie überwacht die **Einhaltung der Anlagegrenzen**. Die inländischen Depotbanken stehen unter der Aufsicht der Bundesanstalt für Finanzdienstleistungsaufsicht (BaFin).

5.4 Preisbildung

5.4.1 Preisbildung bei Erwerb und Rücknahme über ein Kreditinstitut oder die Kapitalanlagegesellschaft

Sofern Sie Investmentanteilscheine über ein Kreditinstitut erwerben, das sich die Anteilscheine selbst verschafft und an Sie weiterveräußert, geschieht dies im Rahmen eines Festpreisgeschäfts zum so genannten Ausgabepreis. Der **Ausgabepreis** setzt sich zusammen aus dem **Anteilspreis** und dem **Ausgabeaufschlag**. Während der eine Bestandteil des Festpreises, der Anteilspreis, dem Sondervermögen zufließt, wird der zweite Bestandteil, der Ausgabeaufschlag, in der Regel ganz oder zum Teil vom veräußernden Kreditinstitut vereinnahmt. Investmentanteile können mit oder ohne Ausgabeaufschlag angeboten werden.

Der Anteilspreis richtet sich nach dem Gesamtwert (Inventarwert) des Sondervermögens. Dieser wird von der Depotbank unter Mitwirkung der Fondsgesellschaft oder von der Fondsgesellschaft – unter Prüfung durch die Depotbank – börsentäglich wie folgt berechnet: Zunächst wird der Wert des Wertpapierbestands ermittelt. Aus der Multiplikation des Wertpapierbestands mit den aktuellen Kursen ergibt sich der Kurswert des Sondervermögens. Für solche Wertpapiere des Sondervermögens, die weder an einer Börse zum Handel zugelassen noch in einen anderen organisierten Markt einbezogen sind, ist – anstelle des aktuellen Kurses – der angemessene Verkehrswert zu Grunde zu legen. Zu dem so ermittelten Wert des Wertpapierbestands werden Barguthaben, Forderungen und sonstige Rechte addiert und aufgenommene Kredite und sonstige Verbindlichkeiten abgezogen.

Der **Rücknahmepreis** eines Investmentanteilscheins entspricht dem Anteilspreis, bei manchen Fonds wird allerdings ein **Rücknahmeabschlag** berechnet.

Sofern Investmentanteile ohne Ausgabeaufschlag angeboten werden, entspricht der Ausgabepreis dem Rücknahmepreis. Diese Fonds werden z. B. Trading Funds oder **No-load-Funds** genannt.

Anteilkäufe und -verkäufe der Anleger beeinflussen den Anteilspreis nicht: Die Preisbildung erfolgt nicht durch Angebot und Nachfrage am Markt. Die Geldein- und -auszahlungen bei Ausgabe und Rücknahme von Anteilen verändern zwar den Inventarwert insgesamt, sie sind aber automatisch mit einer Erhöhung oder Verminderung der Zahl der umlaufenden Anteilscheine verbunden: Dadurch bleibt der Inventarwert pro Anteil gleich.

Ausgabepreise und Rücknahmepreise der einzelnen Investmentfonds werden regelmäßig zusammen veröffentlicht.

Bitte beachten Sie folgende Besonderheiten bei Erwerb und Rücknahme über ein Kreditinstitut oder die Kapitalanlagegesellschaft:
Kapitalanlagegesellschaften legen – ggf. in Abstimmung mit ihrer Depotbank – für jeden Fonds einen festen Zeitpunkt für einen **Orderannahmeschluss** fest. Bei inländischen Fonds liegt dieser Zeitpunkt häufig um die Mittagszeit. Die Preisermittlung findet regelmäßig nach dem Orderannahmeschluss statt. Für nach diesem Zeitpunkt erteilte Aufträge ist die nächstfolgende Preisermittlung, meist am folgenden Geschäftstag, maßgeblich. Nähere Informationen zur Preisermittlung sind im Verkaufsprospekt des jeweiligen Fonds zu finden.

5.4.2 Preisbildung bei börsengehandelten Investmentfonds und Exchange Traded Funds

Für börsengehandelte Investmentfonds steht mit dem fortlaufenden Börsenhandel – neben der täglichen Anteilspreisfeststellung – ein zweites Preisbildungssystem zur Verfügung. Fondsanteile können dabei von Anlegern während der gesamten Börsenzeit zu aktuellen Preisen gekauft und verkauft werden. Auch die börsenüblichen Limitierungen sind möglich.

In Anlehnung an den von der Kapitalanlagegesellschaft veröffentlichten Rücknahmepreis ergibt sich der Preis eines Fondsanteils im Börsenhandel aus **Angebot und Nachfrage**. Es ist durchaus möglich, dass der an der Börse festgestellte Kurs von dem durch die Depotbank gleichzeitig ermittelten Anteilspreis abweicht. Ein Ausgabeaufschlag fällt beim Kauf über die Börse nicht an (zu den Transaktionskosten bei Börsenaufträgen siehe Kapitel C 11).

Bei **Exchange Traded Funds**, den passiv gemanagten Indexfonds, entspricht zum Zeitpunkt der Emission des ETF der Preis für einen Anteil einem vom Emittenten festgelegten Bruchteil des entsprechenden Referenzindex. Im weiteren Verlauf kann es jedoch zu Abweichungen von diesem Index kommen.

5.5 Gestaltungsmöglichkeiten bei offenen Investmentfonds

Bei Investmentfonds haben Sie als Anleger die Auswahl unter einer Vielzahl von Angeboten. Die einzelnen Fonds unterscheiden sich dabei vor allem darin, wie das von den Anteilsinhabern eingebrachte Kapital angelegt wird. Das Investmentgesetz differenziert insoweit zwischen Investmentfonds, die das Fondsvermögen in herkömmliche Finanzanlagen (Wertpapiere, Bankguthaben u. Ä.) anlegen, und besonderen Arten von Investmentfonds (z. B. Immobilienfonds). Dies ist aber nur eine sehr grobe Unterscheidung; in der Praxis wird sie durch **schwerpunktmäßige Festlegung auf bestimmte Anlagen bzw. Anlagestrategien** weiter verfeinert.

Nachfolgend werden die typischen Gestaltungsformen von am Kapitalmarkt angebotenen (Standard-) Investmentfonds, die herkömmliche Finanzanlagen wie Wertpapiere oder Geldmarktinstrumente erwerben, näher beschrieben. Erläuterungen zu den besonderen Arten von Investmentfonds finden Sie im anschließenden Kapitel B 5.6.

Investmentfonds für Finanzanlagen können das Kapital der Anteilsinhaber in folgende Vermögensgegenstände anlegen:

- Wertpapiere,
- Geldmarktinstrumente,
- Bankguthaben,
- Investmentanteile,
- Derivate (z. B. Optionen).

Für die einzelnen Anlagen gibt es **im Gesetz verschiedene allgemeine Vorschriften**, um eine ausreichende Diversifizierung sicherzustellen und das Risiko zu begrenzen. Der konkrete Charakter eines Investmentfonds ergibt sich aus den **Vertragsbedingungen**.

Die folgenden Kriterien erlauben eine nähere Beschreibung der spezifischen Eigenschaften eines Investmentfonds in Finanzanlagen:

- Schwerpunkt der Zusammensetzung,
- geographischer Anlagehorizont,
- zeitlicher Anlagehorizont,
- Garantie oder Wertsicherung,
- Ertragsverwendung.

Die unterschiedlichen Gestaltungsmöglichkeiten dieser Merkmale werden im Folgenden näher beleuchtet.

5.5.1 Schwerpunkt der Zusammensetzung
Differenzierungsmerkmal ist hier die Zusammensetzung des Fondsvermögens nach Anlageinstrumenten.

■ **Standard-Rentenfonds**

Standard-Rentenfonds investieren überwiegend in **verzinsliche Wertpapiere mit unterschiedlichen Zinssätzen und Laufzeiten**, und zwar fast ausschließlich in solche mit guter bis sehr guter Bonität des Emittenten.

■ **Spezielle Rentenfonds**

Spezielle Rentenfonds konzentrieren sich auf **bestimmte Ausschnitte des Rentenmarktes**, z. B. auf niedrig verzinsliche Anleihen oder Wertpapiere mit kurzen Restlaufzeiten.

■ **Standard-Aktienfonds**

Typisch für Standard-Aktienfonds ist die Anlage in Aktien, und zwar meist solchen, die wegen allgemein anerkannter Qualität als **Standardwerte** gelten (so genannte „**blue chips**"). Das Fondsvermögen ist breit gestreut, ohne Begrenzung auf bestimmte Branchen.

■ **Spezielle Aktienfonds**

Spezielle Aktienfonds konzentrieren sich auf **bestimmte Ausschnitte des Aktienmarktes**, z. B. auf Aktien bestimmter Branchen oder auf Aktien kleiner und mittlerer Unternehmen.

■ **Mischfonds**

Mischfonds können in **unterschiedlichste Arten von Wertpapieren oder sonstige Anlageformen** investieren. Sie können bei der Zusammensetzung des Fondsvermögens unterschiedlichste **Schwerpunkte** bilden.

■ **Spezialitätenfonds**

Spezialitätenfonds weisen von der Konzeption her nicht selten ein von vornherein geringeres Maß an Risikostreuung auf, indem sie ihre Anlagen auf **ganz bestimmte Märkte, Instrumente oder Kombinationen daraus** konzentrieren, z. B. auf Rohstoffe, Zertifikate oder Genussscheine.

- **Dachfonds**

Dachfonds legen das bei ihnen angelegte Geld überwiegend in **Anteilen anderer deutscher Fonds oder in ausländischen Investmentanteilen** an. Darüber hinaus kann in **Bankguthaben, Geldmarktinstrumente und Derivate** investiert werden. Es handelt sich um ein standardisiertes Produkt der fondsbezogenen Vermögensverwaltung. Einzelheiten zu den Anlageschwerpunkten sind den Vertragsbedingungen zu entnehmen.

- **Geldmarktfonds**

Geldmarktfonds legen das ihnen übertragene Anlagekapital in **Tages- und Termingeldern** sowie in **Geldmarktpapieren** und **Wertpapieren mit kurzer Restlaufzeit** an.

5.5.2 Geographischer Anlagehorizont

Nach der Eingrenzung des geographischen Anlagehorizonts lassen sich unterscheiden:

- **Länderfonds**, die nur in Finanzanlagen investieren, deren Emittenten in einem bestimmten Land ihren Sitz haben. So konzentriert sich beispielsweise ein Japan-Fonds auf die Wertpapiere japanischer Emittenten.
- **Regionenfonds**, die nur Anlagewerte bestimmter Regionen enthalten, z. B. aus Europa, Nordamerika oder aus Emerging Markets (den so genannten Schwellenländern).
- **Internationale Fonds**, die weltweit an den Kapitalmärkten anlegen.

5.5.3 Zeitlicher Anlagehorizont

Investmentfonds können **ohne eine Laufzeitbegrenzung oder** als Fonds **mit einer festen Laufzeit (Laufzeitfonds)** aufgelegt werden. Bei Letzteren ist die Laufzeit von vornherein durch einen festgesetzten Termin befristet. Nach Ablauf der Laufzeit wird das vorhandene Fondsvermögen im Interesse der Anteilinhaber verwertet und der Erlös an diese ausgezahlt.

5.5.4 Garantie- und Wertsicherungsfonds

Die Fondsgesellschaft kann Investmentfonds **mit oder ohne Garantie** auflegen. Wird eine Garantie gewährt, so kann sie für eine bestimmte Laufzeit hinsichtlich der Ausschüttungen gelten oder auf die Rückzahlung des investierten Kapitals oder auf die Wertentwicklung gerichtet sein. Es gibt solche Fonds **mit und ohne feste Laufzeit**. Bei Garantiefonds wird die **Garantie formal ausgesprochen** und **in einer Urkunde verbrieft**, so dass der Anleger einen Anspruch gegen den Garantiegeber hat.

Daneben gibt es **Wertsicherungsfonds**. Ein solcher Fonds – für den es am Markt unterschiedliche Bezeichnungen gibt – verfolgt eine **Anlagestrategie, die darauf zielt, den Wert des Fondsvermögens zum Laufzeitende hin abzusichern**. Die Strategie sieht vor, dass der Fondsmanager z. B. Optionen kauft, die als Risikopuffer dienen sollen. Es kann vorkommen, dass diese Instrumente bereits während der Laufzeit an Wert gewinnen, was sich entsprechend in dem täglich festzustellenden Rücknahmepreis widerspiegelt. Der Wert der Absicherung kann aber auch wieder sinken. Die Gesellschaft gibt – im Gegensatz zu einem Garantiefonds – **keine Garantie** ab, dass die Absicherung auch zum Laufzeitende greift.

5.5.5 Ertragsverwendung

Ein weiteres wichtiges Kriterium für die Beurteilung eines Investmentfonds vor dem Hintergrund individueller Vermögensanlageziele ist das **Ausschüttungsverhalten** bzw. die **Ertragsverwendung** eines Fonds. Ob und in welchem Umfang die Erträge eines Fonds ausgeschüttet werden sollen, hängt von der Anlagepolitik und dem Charakter des Fonds ab und ist in den jeweiligen Fonds-Vertragsbedingungen dokumentiert. Die Ausschüttung setzt sich z. B. aus vom Sondervermögen erwirtschafteten Zinsen und Dividenden sowie realisierten Kursgewinnen zusammen.

- **Ausschüttungsfonds**

Bei Ausschüttungsfonds erhalten Sie als Anteilsinhaber **in der Regel jährlich eine Ausschüttung**. Der Anteilspreis des Investmentfonds vermindert sich am Tag der Ausschüttung um diesen Betrag.

- **Thesaurierende Fonds**

Bei thesaurierenden Investmentfonds, auch akkumulierende Fonds genannt, werden die **Erträge nicht ausgeschüttet**. Das Fondsmanagement verwendet sie zum Erwerb weiterer Vermögenswerte. Typischerweise werden Laufzeitfonds und Garantiefonds in Form akkumulierender Fonds angeboten.

- **Fonds mit und ohne Ausgabeaufschlag**

Fondsanteilscheine können mit oder ohne Ausgabeaufschlag angeboten werden. Bei Fonds ohne Ausgabeaufschlag wird jedoch dem Sondervermögen in der Regel eine vergleichsweise höhere unterjährige Verwaltungsgebühr als bei Fonds mit Ausgabeaufschlag belastet; zum Teil kommt eine erfolgsbezogene Vergütung für die Gesellschaft hinzu.

5.5.6 Währung

Die Preise der Investmentanteilscheine, die von deutschen Fondsgesellschaften öffentlich angeboten werden, lauten in den meisten Fällen auf Euro. Daneben werden aber auch Investmentanteilscheine angeboten, deren Ausgabe- und Rücknahmepreise in einer fremden Währung festgesetzt werden.

5.5.7 Zusammenfassender Überblick

Die nachfolgende Abbildung gibt Ihnen einen zusammenfassenden Überblick über die fast unbegrenzten Gestaltungsmöglichkeiten von Investmentfonds: Danach kann ein Aktienfonds, ein Rentenfonds, ein Mischfonds, Spezialitätenfonds, ein Geldmarktfonds oder ein Dachfonds sein Sondervermögen z. B. in einem bestimmten Land (Länderfonds) oder in einer bestimmten Region (Regionenfonds) oder auch weltweit (internationaler Fonds) anlegen. Er kann dabei mit fester oder unbegrenzter Laufzeit ausgestattet sein, Ihnen entweder keine Garantie oder aber eine Garantie auf die Ausschüttung oder auf die Wertentwicklung gewähren (Garantiefonds). Er kann Erträge ausschütten (Ausschüttungsfonds) oder sofort wieder anlegen (thesaurierender Fonds). Der Preis seiner Anteile kann in Euro oder in Fremdwährung festgesetzt werden.

Investmentfonds und ihre Gestaltungsmöglichkeiten

Rentenfonds	Aktienfonds	Mischfonds	Spezialitäten-Fonds
- Standard-Rentenfonds - Spezielle Rentenfonds	- Standard-Aktienfonds - Spezielle Aktienfonds	- Standard-Mischfonds - Spezielle Mischfonds	

Länderfonds	Internationale Fonds	Regionenfonds

mit fester Laufzeit	ohne Laufzeitbegrenzung
mit Garantie oder Wertsicherung	ohne Garantie oder Wertsicherung
Ausschüttungsfonds	Thesaurierungsfonds
in Euro	in Fremdwährung

Bitte beachten Sie: Über die mit der Anlage in Investmentfonds verbundenen Risiken informiert Sie diese Broschüre in Kapitel C (Basisrisiken) und Kapitel D 5 (Spezielle Risiken).

5.6 Besondere Arten von Investmentfonds

5.6.1 Offene Immobilienfonds

Offene Immobilienfonds investieren die ihnen von den Anlegern zufließenden Gelder nach dem Grundsatz der Risikomischung in überwiegend gewerblich genutzte **Grundstücke, Gebäude, eigene Bauprojekte** und halten daneben liquide Finanzanlagen wie **Wertpapiere** und **Bankguthaben**. Die Liquiditätsanlagen dienen dazu, die anstehenden Zahlungsverpflichtungen des Fonds (beispielsweise auf Grund des Erwerbs von Liegenschaften) sowie Rücknahmen von Anteilscheinen zu gewährleisten. Für die Rückgabe der Anteilscheine an die Fondsgesellschaft gelten besondere gesetzliche Bestimmungen. **Anleger müssen offene Immobilienfonds mindestens 24 Monate halten**; gleichzeitig müssen sie **Rückgaben mit einer Frist von 12 Monaten ankündigen. Ausgenommen** sind lediglich Anteilrückgaben von **bis zu 30.000 Euro pro Kalenderhalbjahr**. Die **Vertragsbedingungen** der offenen Immobilienfonds können zudem vorsehen, dass die Fondsanteile nur zu bestimmten Terminen an die Fondsgesellschaft zurückgegeben werden können (mindestens einmal jährlich).

5.6.2 Exchange Traded Funds (ETF)

Exchange Traded Funds (ETF) verfolgen in aller Regel eine **passive Anlagestrategie** und haben zum Ziel, die Wertentwicklung bestimmter Indices so exakt wie möglich abzubilden („**Tracking**") und dem Anleger die Gesamtrendite des betreffenden Index abzüglich laufender Kosten zu liefern. In Betracht kommen sowohl marktbreite bekannte **Indices wie der DAX®** als auch **vom Emittenten oder Dritten selbst entwickelte Indices**. ETF können sich auf Indices wichtiger Vermögensklassen (Aktien, Anleihen, Geldmarkt, Immobilien, Rohstoffe, Währungen) sowie auf spezielle Indices beziehen, die z. B. Volatilitäten oder Inflationsentwicklungen abbilden. ETF weisen eine **unbegrenzte Laufzeit** auf.

Das **Tracking** der Zielindices erreichen ETF entweder durch eine **physische oder** durch eine **synthetische Nachbildung** (Replikation) der Indices.

- **Physische Replikation**

Bei der **physischen Replikation** kauft der Fonds alle im abzubildenden Index enthaltenen Wertpapiere in identischer Form nach Art und Gewichtung. Bei Änderungen in der Zusammensetzung des Index passt der Fondsmanager das Portfolio entsprechend an. Alternativ zur vollständigen Nachbildung des Index kann der ETF auch einen alternativen Ansatz verfolgen. Dabei erwirbt er eine repräsentative Auswahl an Wertpapieren des Index oder an Wertpapieren mit einem ähnlichen Rendite-Risiko-Profil, um ein Portfolio zu konstruieren, welches dem zu replizierenden Index in den Performance- und Risiko-Eigenschaften nahekommt.

- **Synthetische Replikation**

Bei der **synthetischen Replikation** werden **Swaps** zur Abbildung der Wertentwicklung des Index eingesetzt. Swaps sind außerbörsliche Derivate. Der ETF geht eine Swap-Vereinbarung (Tauschgeschäft) mit einem Kreditinstitut ein, durch die der ETF die Zahlungsströme seiner Vermögenswerte auf das Kreditinstitut überträgt. Im Gegenzug garantiert das Kreditinstitut dem ETF dieselben Erträge wie die des Index und damit die Wertentwicklung des Index. Das mit der Index-Nachbildung einhergehende Risiko wird so an eine Drittpartei – den Swap-Kontrahenten – ausgelagert. Zwei Formen synthetisch replizierender ETF werden unterschieden:

Bei **swapbasierten ETF mit Portfoliopositionen** erwirbt der Fonds mit dem von den Fondskäufern investierten Kapital einen **Korb von Wertpapieren**. Diese Wertpapiere entsprechen in Teilen den Werten des Index, können aber auch vollständig von den Werten des Index abweichen. **Für den Wert des ETF ist die Swapvereinbarung maßgeblich**, nicht der des Wertpapierkorbes. Denn der ETF hat durch den vereinbarten Swap die Wertentwicklung des Wertpapierkorbes gegen die des nachzubildenden Index getauscht.

ETF mit Portfoliopositionen

```
Anleger  --Geld-->    ETF           --Wertentwicklung des-->   Swap-
         <-Anteile--  auf einen Index  Wertpapierkorbes        Kontrahent
                     Fondsbestand   <--Wertentwicklung---      (Kreditinstitut)
                     Wertpapierkorb     des Index
```

Bei **ETF ohne Portfoliopositionen** legt der Fonds das von den Fondskäufern investierte Kapital ausschließlich in **eine oder mehrere Swap-Transaktionen** an. Auf diese Weise tauscht er das von den Fondskäufern investierte Kapital gegen die Wertentwicklung des nachzubildenden Index ein. Der Swap-Kontrahent ist zum einen verpflichtet, dem ETF die Performance des Index zu zahlen. Zum anderen muss der Swap-Kontrahent diese Zahlungsverpflichtung mit Sicherheiten unterlegen. Die Anforderungen an die hinterlegten Sicherheiten werden mit dem Swap-Kontrahenten vereinbart (Collateral Agreement) und sind von lokalen Zulassungsbehörden im Hinblick auf gesetzliche Vorgaben zu bestätigen. Der Besicherungsgrad des Swaps liegt regelmäßig zwischen 100 % und 130 %.

Swapbasierte ETF ohne Portfoliopositionen

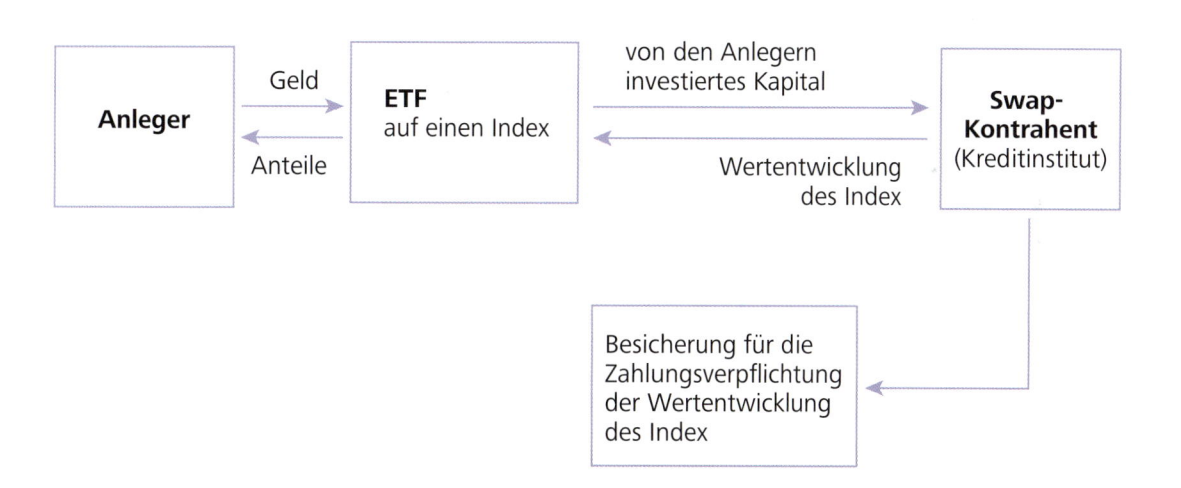

```
Anleger  --Geld-->    ETF           --von den Anlegern-->      Swap-
         <-Anteile--  auf einen Index  investiertes Kapital    Kontrahent
                                    <--Wertentwicklung---      (Kreditinstitut)
                                        des Index
                                                                    |
                                    Besicherung für die             |
                                    Zahlungsverpflichtung     <-----+
                                    der Wertentwicklung
                                    des Index
```

5.6.3 Altersvorsorge-Sondervermögen

Altersvorsorge-Sondervermögen legen das bei ihnen eingelegte Geld **mindestens zur Hälfte** in **sachwertbezogenen Anlagen**, d.h. Aktien oder Anteilscheinen an Immobilien-Sondervermögen, mit dem Ziel des langfristigen Vorsorgesparens an. Der Anleger hat die Möglichkeit, einen Vertrag mit einer **Laufzeit von mindestens 18 Jahren oder mit einer Laufzeit bis mindestens zur Vollendung seines 60. Lebensjahres** abzuschließen. Er verpflichtet sich dadurch, während der Vertragslaufzeit in regelmäßigen Abständen Geld bei der Kapitalanlagegesellschaft zum Bezug weiterer Anteilscheine einzulegen (**Altersvorsorge-Sparplan**). Nach Ablauf von spätestens 3/4 der vereinbarten Vertragslaufzeit hat der Anleger die Möglichkeit, die Anteilscheine ohne Berechnung eines Ausgabeaufschlages oder sonstiger Kosten in andere Anteilscheine, z.B. einen Rentenfonds, zu tauschen.

5.6.4 Gemischte Sondervermögen

Gemischte Sondervermögen legen das bei ihnen eingelegte Geld in herkömmlichen Finanzanlagen, Anteilen an Grundstücks-Sondervermögen, Hedgefonds oder in Anteilen an ausländischen Sondervermögen an. Weitere Einzelheiten zu den Vermögensgegenständen und dem Anlageschwerpunkt sind den jeweiligen **Vertragsbedingungen** zu entnehmen.

Wenn die Vertragsbedingungen des gemischten Sondervermögens erlauben, dass mehr als die Hälfte des Fondsvermögens in Immobilienanlagen investiert werden kann, gelten auch für diese Investmentfonds die Mindesthalte- und Rückgabefristen für offene Immobilienfonds (vgl. Kapitel B 5.6.1).

Wichtiger Hinweis: Über die konkrete Anlagepolitik eines einzelnen Fonds geben Ihnen nur der jeweilige Verkaufsprospekt und die Vertragsbedingungen verbindliche Auskunft.

Bitte beachten Sie: Über die mit der Anlage in Investmentanteilscheinen verbundenen Risiken informiert Sie diese Broschüre in Kapitel C (Basisrisiken) und Kapitel D 5 (Spezielle Risiken).

6 Optionsscheine

Optionsscheine sind die **klassische Variante verbriefter Termingeschäfte**. Je nach Emittent können auch Optionsscheine trotz vergleichbarer Ausstattung unterschiedliche Namen führen. Ebenso kann es vorkommen, dass unterschiedlich ausgestaltete Optionsscheine gleiche oder ähnliche Produktbezeichnungen tragen. Neben den Optionsscheinen spielen Zertifikate im Bereich verbriefter Termingeschäfte eine wesentliche Rolle (vgl. Kapitel B 4 und D 4). Einige Zertifikate sind in ihrer Funktionsweise Optionsscheinen sehr ähnlich.

6.1 Grundlagen

Optionsscheine, auch „Warrants" genannt, verbriefen in der Regel das Recht, nicht aber die Verpflichtung, eine bestimmte Menge eines Basiswerts zu kaufen (Call-Optionsscheine) oder zu verkaufen (Put-Optionsscheine).

6.1.1 Basiswerte
Als Basiswerte kommen vor allem in Frage: Aktien, Anleihen, Währungen, Rohstoffe und Indices.

6.1.2 Basispreis
Der **Basispreis** ist der **im Voraus festgelegte Preis**, zu dem Sie bei Ausübung Ihres Optionsrechts den Basiswert kaufen bzw. verkaufen können. Sehen die Emissionsbedingungen stattdessen einen **Barausgleich** vor, so dient der Basispreis zur Berechnung des Differenzbetrags, der ggf. an Sie als Optionsscheininhaber auszuzahlen ist.

6.1.3 Barausgleich statt Lieferung
Anstelle des Bezugs oder der Lieferung des Basiswerts bei Ausübung des Optionsrechts sehen die Emissionsbedingungen der Optionsscheine **im Regelfall** einen Ausgleich in Geld vor. Bei einem **Barausgleich** findet mit der Optionsausübung kein Erwerb (und umgekehrt auch keine Veräußerung) des Basiswerts statt; vielmehr wird der Differenzbetrag zwischen vereinbartem Preis und aktuellem Marktwert des Basiswerts ermittelt und an den Optionsscheininhaber ausgezahlt.

Die Bedingungen können vorsehen, dass die Rückzahlung erst mehrere Wochen nach Fälligkeit des Optionsscheins erfolgt.

6.1.4 Laufzeit
Die Laufzeit eines Optionsscheins ist der Zeitraum vom Tag seiner Begebung bis zu dem Tag, an dem das Optionsrecht erlischt. Der börsliche Handel der Optionsscheine und die Möglichkeit, das Optionsrecht auszuüben, enden üblicherweise einige Tage vor Laufzeitende. Zur **Ausübung** des Optionsrechts bedarf es in der Regel einer ausdrücklichen Ausübungserklärung des Kunden. Die Emissionsbedingungen können aber auch eine automatische Ausübung für den Fall vorsehen, dass die Optionsscheine am Laufzeitende werthaltig sind.

6.1.5 Ausübungsmöglichkeit bei amerikanischem und bei europäischem Typ
Bei Optionsscheinen amerikanischen Typs („**American style**"/amerikanische Option) können Sie das Optionsrecht **an jedem Bankarbeitstag während der Laufzeit** des Optionsscheins ausüben. Bei Optionsscheinen europäischen Typs („**European style**"/europäische Option) ist dies **nur am Ende der Laufzeit** möglich. Daneben können die Emissionsbedingungen **weitere Ausübungsbeschränkungen** vorsehen. So kann die Ausübung des Optionsrechts nur innerhalb ganz bestimmter Zeiträume während der Laufzeit oder nur bei einer Mindeststückzahl gleichzeitig ausgeübter Optionsscheine möglich sein.

6.1.6 Optionsverhältnis

Das Optionsverhältnis (oft auch **Bezugsverhältnis** genannt) drückt aus, wie viele Einheiten des Basiswerts Sie als Inhaber des Optionsscheins durch Ausübung der Option kaufen (Call) bzw. verkaufen (Put) können. Ist ein Barausgleich vorgesehen, so gibt das Optionsverhältnis an, wie viele Einheiten des Basiswerts bei der Berechnung des Barausgleichs zu Grunde zu legen sind.

6.2 Funktionsweise

Nachfolgend sollen die wichtigsten Grundzüge der Funktionsweise von Optionsscheinen, insbesondere die hinter der Entscheidung für den Kauf eines Call- bzw. Put-Optionsscheins stehenden Motivationen, erläutert werden.

6.2.1 Hebelwirkung

Für das im Optionsschein verbriefte Recht haben Sie als Käufer einen Preis zu zahlen, der sich nach den mathematischen Parametern der einzelnen Einflussgrößen (Basiswert, Volatilität, Laufzeit) sowie durch Angebot und Nachfrage ergibt. Der aktuelle Preis des Optionsscheins steht dabei in enger Beziehung zu dem des Basiswerts, wobei allerdings der Preis des Optionsscheins im Verhältnis zu dem des Basiswerts in der Regel sehr gering ist. Als Konsequenz daraus **löst jede Preisveränderung beim Basiswert in der Regel eine prozentual stärkere Veränderung im Preis des Optionsscheins aus** (Hebelwirkung oder „Leverage-Effekt"). Mit anderen Worten: Als Inhaber eines Optionsscheins partizipieren Sie überdurchschnittlich sowohl an Kursgewinnen als auch Kursverlusten eines Basiswerts.

6.2.2 Unterschiedliche Erwartungen

Käufer von Call-Optionsscheinen und Käufer von Put-Optionsscheinen haben unterschiedliche Erwartungen hinsichtlich der Preisentwicklung des Basiswerts. Normalerweise bestehen folgende Zusammenhänge:

- **Kauf eines Calls: Erwartung steigender Preise**

Der Käufer eines Call-Optionsscheins erwartet, dass während der Laufzeit des Optionsscheins der Preis des Basiswerts steigt. Tritt diese Marktentwicklung ein, gewinnt das Optionsrecht in der Regel an Wert. Der Käufer des Call-Optionsscheins hofft, dass sich diese Wertsteigerung in einem höheren Preis seines Optionsscheins niederschlägt.

- **Kauf eines Puts: Erwartung sinkender Preise**

Der Käufer eines Put-Optionsscheins erwartet, dass während der Laufzeit des Optionsscheins der Preis des Basiswerts sinkt. Tritt diese Marktentwicklung ein, gewinnt das Optionsrecht in der Regel an Wert. Der Käufer des Put-Optionsscheins hofft, dass sich diese Wertsteigerung in einem höheren Preis seines Optionsscheins niederschlägt.

Der Käufer eines Optionsscheins ist in aller Regel weniger daran interessiert, sein Optionsrecht auszuüben (und darüber den Basiswert zu erwerben bzw. zu veräußern); vielmehr kommt es dem Käufer darauf an, den Optionsschein noch während der Laufzeit zu einem höheren Preis wieder verkaufen zu können und dadurch einen Gewinn zu erzielen.

6.3 Bewertungskriterien und Preisbildungsfaktoren

Um eine qualitative Beurteilung von Optionsscheinen vornehmen zu können, bedient man sich u. a. so genannter **statischer** und **dynamischer Kennzahlen**.

Dynamische Kennzahlen erfassen Veränderungen des Optionspreises in Abhängigkeit von veränderlichen Größen wie z. B. der Volatilität (vgl. Kapitel B 6.3.2) oder der Laufzeit. Mit ihrer Hilfe ist es möglich, zukünftige Preisentwicklungen von Optionsscheinen aus heutiger Sicht abzuschätzen. Um sie hinreichend genau bestimmen zu können, sind komplexe Optionsbewertungsmodelle erforderlich.

Zu den statischen Kennzahlen zählen

- innerer Wert,
- Zeitwert,
- Aufgeld,
- Break-even-Punkt,
- Hebel.

Diese Kennzahlen bieten Ihnen als Anleger eine Hilfestellung bei der Anlageentscheidung, wenn es um die Auswahl eines Optionsscheins und um dessen Kauf oder Verkauf geht.

Wichtiger Hinweis: Solche Kennzahlen sollten für den Vergleich von Optionsscheinen nur dann verwendet werden, wenn die Optionsscheine weitgehend gleich ausgestattet sind. Bereits geringe Veränderungen in der Ausstattung (Basiswert, Laufzeit, Basispreis, Optionstyp – Call oder Put –) können die Kennzahlen stark beeinflussen und somit deren Aussagekraft im Rahmen von Vergleichen beeinträchtigen.

6.3.1 Innerer Wert
Der innere Wert ergibt sich aus der **Differenz zwischen dem Basispreis und dem Kurs des Basiswerts**, wobei das **Optionsverhältnis als Faktor** (z. B. 0,5 bei einer Aktie für zwei Optionsscheine) **zu berücksichtigen** ist.

- „In the money"

Ein Optionsschein weist einen **inneren Wert** auf, wenn beim Call (Put) der aktuelle Kurs des Basiswerts über (unter) dem Basispreis liegt. In diesem Fall ist der Optionsschein „im Geld" oder „in the money".

- „At the money"

Sind **Basispreis und aktueller Kurs identisch**, hat der Optionsschein keinen inneren Wert. In diesem Fall ist der Optionsschein „am Geld" oder „at the money".

- „Out of the money"

Ebenfalls keinen inneren Wert hat ein Optionsschein, wenn der aktuelle Kurs des Basiswerts unter dem Basispreis des Calls bzw. über dem Basispreis des Puts liegt. Der Optionsschein ist in diesem Fall „aus dem Geld" oder „out of the money".

6.3.2 Zeitwert
Der **Zeitwert** eines Optionsscheins errechnet sich aus der **Differenz zwischen Optionsscheinkurs und innerem Wert**. Besitzt der Optionsschein keinen inneren Wert, ergibt sich sein Kurs vollständig aus seinem Zeitwert. In seltenen Fällen kann ein Optionsschein auch unter seinem inneren Wert, d. h. mit einem negativen Zeitwert, gehandelt werden.

Der Zeitwert ist der „**Unsicherheitsaufschlag**", der u. a. die Wahrscheinlichkeit von Kursschwankungen des Basiswerts bis zur Fälligkeit des Optionsscheins widerspiegelt.

Die Höhe des Zeitwerts wird wesentlich von der Restlaufzeit des Optionsscheins sowie der **Volatilität** des Basiswerts (Häufigkeit und Intensität von Kursschwankungen während eines bestimmten Zeitraumes) bestimmt: Je kürzer die verbleibende Zeit bis zum Verfalltag und je niedriger die Volatilität des Basiswerts, desto niedriger ist der Zeitwert, da mit abnehmender Restlaufzeit die Wahrscheinlichkeit einer Preisänderung beim Basiswert sinkt. Wegen der damit abnehmenden Gewinnchance für den Käufer des Optionsscheins haben Optionsscheine mit kürzeren Restlaufzeiten (bei gleichem Basiswert und gleichem Basispreis) in der Regel niedrigere Zeitwerte als solche mit längerer Laufzeit.

Jeder Optionsschein verliert unweigerlich an Zeitwert, bis dieser am Ende der Laufzeit gleich null ist. Dies geschieht – bei Konstanz aller anderen Einflussfaktoren – umso schneller, je näher der Verfalltag rückt. **Am Verfalltag selbst wird der Wert des Optionsscheins allein von seinem inneren Wert bestimmt.**

Diese Überlegung spielt für Sie als Inhaber des Optionsscheins eine wichtige Rolle. In der Regel realisieren Sie einen eventuellen Gewinn dadurch, dass Sie den Optionsschein nicht ausüben, sondern verkaufen. Durch den Verkauf vereinnahmen Sie neben dem inneren Wert den Zeitwert, der Ihnen bei einer Ausübung des Optionsscheins verloren ginge.

6.3.3 Aufgeld

Das Aufgeld gibt bei einem Call-Optionsschein an, um wie viel teurer der Erwerb des Basiswerts durch Kauf und sofortige Ausübung des Optionsrechts zum Betrachtungszeitpunkt gegenüber dem direkten Erwerb des Basiswerts ist. Bei einem Put-Optionsschein gibt das Aufgeld an, um wie viel teurer der Verkauf des Basiswerts durch Kauf und sofortige Ausübung des Optionsrechts zum Betrachtungszeitpunkt gegenüber dem direkten Verkauf des Basiswerts ist. In der Regel wird zur besseren Einschätzung des Optionsscheins das Aufgeld, bezogen auf ein Laufzeitjahr (**jährliches Aufgeld**), ausgewiesen. Ist der Optionsschein „in the money", so drückt das Aufgeld den Zeitwert des Optionsscheins in Prozent des aktuellen Kurses des Basiswerts aus.

6.3.4 Break-even-Punkt

Der Break-even-Punkt eines Optionsscheins lässt sich an einem bestimmten Kurs des Basiswerts festmachen: **Diesen Kurs muss der Basiswert erreichen, um eine Ausübung des Optionsscheins ohne Verlust zu ermöglichen.**

Dieser Kurs entspricht nicht etwa dem Basispreis, sondern liegt stets um einen gewissen Betrag darüber (bei Call-Optionsscheinen) bzw. darunter (bei Put-Optionsscheinen). Der Vorteil aus der Ausübung muss den für den Optionsschein gezahlten Preis sowie die Transaktionskosten kompensieren. Der Break-even-Punkt hat für die Ermittlung Ihrer Gewinnschwelle nur dann **Bedeutung, wenn Sie die Ausübung Ihres Optionsrechts beabsichtigen**. Wollen Sie hingegen Ihren Optionsschein verkaufen, so sagt der Break-even-Punkt noch nichts über Ihren konkreten Gewinn oder Verlust aus: Sie erzielen dann einen Gewinn, wenn der Verkaufserlös den Kaufpreis des Optionsscheins zuzüglich aller Transaktionskosten übersteigt.

6.3.5 Hebel und Preissensitivität

Hebel

Der Hebel eines Optionsscheins – als statische Kennzahl betrachtet – charakterisiert prinzipiell das Verhältnis desjenigen Kapitalbetrags, der zum Kauf des entsprechenden Basiswerts aufgewendet werden müsste (Kurs des Basiswerts), zu dem für den Kauf des Optionsscheins notwendigen Kapital (Kurs des Optionsscheins). Die Größe des Hebels bietet einen Anhaltspunkt dafür, in welchem Maße Sie als Käufer eines Optionsscheins an einer Kursveränderung des Basiswerts positiv oder negativ partizipieren.

Die Auswirkungen des Hebels können allerdings nur durch eine dynamische Betrachtung genauer quantifiziert werden. Wie bereits weiter oben beim Thema „Hebelwirkung" beschrieben: Bei einer Preisbewegung des zu Grunde liegenden Basiswerts verändert sich auch der Preis des Optionsscheins, und zwar in der Regel überproportional in Bezug auf das eingesetzte Kapital, jedoch nicht in einem starren Verhältnis. Abhängig ist dies insbesondere von seinem inneren Wert – genauer gesagt, von der damit verbundenen Wahrscheinlichkeit einer Ausübung des Optionsrechts. In der Regel gilt: Je weiter sich der Optionsschein „ins Geld" bewegt, desto stärker ist seine Wertveränderung im Vergleich zum Basiswert. Bewegt er sich umgekehrt „aus dem Geld", verliert er langsamer an Wert.

■ **Preissensitivität**

Preissensitivität (regelmäßig auch „**Delta**" genannt) bezeichnet die Veränderung des Optionsscheinpreises im Verhältnis zur Veränderung des Basiswertpreises. Die (dynamische) Kennziffer der Preissensitivität eines Optionsscheins kann beim Call Werte zwischen 0 und 1 annehmen, beim Put Werte zwischen 0 und –1.

Optionsscheine, die „weit aus dem Geld" sind, werden von Veränderungen des Basiswertpreises verhältnismäßig gering berührt und haben daher Preissensitivitäten nahe bei null. Der Wert eines Optionsscheins dagegen, der „tief im Geld" ist, besteht fast vollständig aus innerem Wert. Ein solcher Optionsschein bewegt sich quasi „im Gleichschritt" mit dem Preis des Basiswerts und hat eine Preissensitivität nahe bei 1 bzw. –1.

Damit ist es durchaus möglich, dass sich der Kurs des Basiswerts stark verändert, der Preis des Optionsscheins (insgesamt gesehen) jedoch nur unterproportional oder sogar überhaupt nicht darauf reagiert. In diesem Fall verändert die Basispreisbewegung nur das Aufgeld. Dieses Beispiel macht deutlich, dass es nicht nur auf statische Kennzahlen ankommt, sondern die dynamische Betrachtungsweise für die Beurteilung des Optionsscheins von Bedeutung ist.

Zur Bestimmung von Optionsscheinpreisen gibt es verschiedene Preisberechnungsmodelle, die darauf abzielen, unter Einbezug der oben genannten Faktoren den theoretisch richtigen Optionsscheinpreis („**fair value**") zu ermitteln: Eines der bekanntesten ist das von Fischer Black und Myron Scholes entwickelte Black-Scholes-Modell. Letztlich können sie aber nur Anhaltspunkte dafür liefern, welcher Preis tatsächlich am Markt zustande kommt.

6.3.6   Ein Beispiel

Im Zahlenbeispiel wird der Zusammenhang zwischen den einzelnen oben vorgestellten Ausstattungsmerkmalen und Bewertungskriterien transparent.

Hinweis: Bei diesem Beispiel sind anfallende Transaktionskosten nicht berücksichtigt. Diese richten sich u. a. nach den jeweils gültigen Konditionen Ihres Kreditinstituts.

Ein Call-Optionsschein hat folgende Ausstattung:

Aktueller Kurs des Optionsscheins	€ 80
Aktueller Kurs der Aktie (Basiswert)	€ 400
Basispreis	€ 350
Optionsverhältnis	1 Aktie pro 2 Optionsscheine (1 : 2 = 0,5)
Restlaufzeit	2 Jahre

Bewertungskriterien

Innerer Wert
= (aktueller Aktienkurs − Basispreis) × Optionsverhältnis
= (€ 400 − € 350) × € 0,5
= € 25

Zeitwert
= Kurs des Optionsscheins − innerer Wert
= € 80 − € 25
= € 55

Aufgeld

$$= \frac{\left(\text{Basispreis} + \dfrac{\text{Kurs des Optionsscheins}}{\text{Optionsverhältnis}} - \text{akt. Aktienkurs}\right)}{\text{aktueller Aktienkurs}} \times 100$$

$$= \frac{\left(€\,350 + \dfrac{€\,80}{0,5} - €\,400\right)}{€\,400} \times 100$$

= 27,5 %

Jährliches Aufgeld
= Aufgeld/Restlaufzeit in Jahren
= 27,5 % : 2
= 13,75 %

Hebel

$$= \frac{\text{aktueller Aktienkurs} \times \text{Optionsverhältnis}}{\text{Kurs des Optionsscheins}}$$

$$= \frac{€\,400 \times 0,5}{€\,80}$$

= 2,5

Der Hebel von 2,5 besagt, dass der Optionsschein eine 2,5-prozentige Wertsteigerung zum eingesetzten Kapital erfährt, wenn der Aktienkurs um 1 % steigt. Unterstellt wird dabei eine „idealtypische" Preissensitivität von 1; der Hebel gibt also immer nur die maximale Partizipationschance an. Das heißt, in der Regel wird die Wertsteigerung des Optionsscheins geringer sein, als der Hebel anzeigt.

Break-even-Punkt

$$= \text{Basispreis} + \frac{\text{Kurs des Optionsscheins}}{\text{Optionsverhältnis}}$$

$$= €\,350 + \frac{€\,80}{0,5}$$

= € 510

Der Käufer des Optionsscheins kann mit der Ausübung des Optionsrechts nur dann einen Gewinn erzielen, wenn der Kurs der Aktie auf über € 510 (zzgl. anteiliger Transaktionskosten) steigt.

Bei Verkauf des Optionsscheins hingegen geraten Sie dann in die Gewinnzone, wenn der Kurs des Optionsscheins € 80 zzgl. sämtlicher Transaktionskosten übersteigt.

Innerer Wert, Zeitwert und Aufgeld (ebenso das jährliche Aufgeld) ändern sich in der Regel täglich. Am Ende der Laufzeit des Optionsscheins besteht sein Kurs nur noch aus seinem inneren Wert. Der Zeitwert reduziert sich bis zu diesem Zeitpunkt – unter möglicherweise starken Schwankungen – auf null.

6.4 Arten und Anwendungsmöglichkeiten

Bei der Vielfalt der Formen und ständigen Innovationen am Markt der Optionsscheine lässt sich zunächst eine grundsätzliche Unterscheidung in **zwei Arten** treffen: **Optionsscheine aus Optionsanleihen (traditionelle Optionsscheine)** einerseits und so genannte **Naked Warrants** andererseits.

6.4.1 Traditionelle Optionsscheine

Traditionelle Optionsscheine **werden in Verbindung mit der Emission einer Optionsanleihe begeben.** Die Optionsscheine werden separat gehandelt und verbriefen im Regelfall das selbstständige Recht auf Lieferung des Basiswerts.

Wenn Sie als Käufer eines traditionellen Optionsscheins Ihr Optionsrecht ausüben, erfolgt die Gegenleistung in der Regel „physisch", d. h., der Emittent liefert den zu Grunde liegenden Basiswert, z. B. die Aktie oder Anleihe. Die in Deutschland am häufigsten anzutreffende Konstruktion ist die „Optionsanleihe auf Aktien", deren beigefügter Optionsschein das Recht verbrieft, Aktien des jeweiligen Emittenten zu beziehen.

6.4.2 Naked Warrants

Naked Warrants sind **Optionsscheine, die ohne gleichzeitige Emission einer Optionsanleihe begeben werden.** Anders als die traditionellen Optionsscheine stehen Naked Warrants in der Regel nicht in Zusammenhang mit Finanzierungsvorhaben von Unternehmen. Sie werden vor allem von Banken und Wertpapierhandelshäusern emittiert. Häufig wird anstelle der Abnahme/Lieferung des Basiswerts ein **Barausgleich** vorgesehen. Naked Warrants kommen sowohl als Call-Optionsscheine als auch als Put-Optionsscheine vor.

■ **Covered Warrants**

Eine **Untergruppe der Naked Warrants** bilden die so genannten Covered Warrants. Der Begriff Covered Warrants hat sich über die Jahre hinweg inhaltlich weiterentwickelt. Zu Beginn des Optionsscheinmarktes und auch heute noch versteht man unter diesen so genannten „Gedeckten Optionsscheinen" Aktien-Optionsscheine, die das Recht zum physischen Bezug von Aktien verbriefen, die sich während der Laufzeit des Optionsscheins in einem gesondert gehaltenen Deckungsbestand befinden. In neuerer Zeit wird immer mehr auf das Instrumentarium des Deckungsbestands verzichtet. Stattdessen stellen die Emittenten durch den Abschluss von weiteren Finanztransaktionen sicher, dass Lieferansprüche des Optionsscheininhabers bei Ausübung des Optionsrechts erfüllt werden.

Darüber hinaus werden mittlerweile auch solche Optionsscheine vom Begriff Covered Warrants erfasst, bei denen statt der physischen Lieferung ein Barausgleich möglich ist.

Gerade bei den Naked Warrants **ist die Vielfalt angebotener Produkte groß**: Da der Emittent der Optionsscheine nicht mit dem Emittenten des Basiswerts identisch sein muss und eine physische Lieferung bei Ausübung oft gar nicht vorgesehen ist, kommen unterschiedlichste Basiswerte in Frage, sofern sich für sie ein Marktpreis feststellen lässt.

■ **Aktien-Optionsscheine**

Aktien-Optionsscheine verbriefen das Recht zum Kauf (Call) oder Verkauf (Put) von Aktien bzw. zum Erhalt einer Ausgleichszahlung in bar bei Überschreiten (Call) oder Unterschreiten (Put) eines bestimmten Aktienkurses.

Als Käufer von Aktien-Optionsscheinen ist für Sie die **Kursentwicklung der Aktie entscheidend**. Als Inhaber eines Call-Optionsscheins (Put-Optionsscheins) profitieren Sie in der Regel von steigenden (fallenden) Aktienkursen des betreffenden Werts.

▪ Zins-Optionsscheine

Zins-Optionsscheine verbriefen das Recht zum Kauf (Call) oder Verkauf (Put) von Anleihen – in Deutschland in der Regel Bundesanleihen – bzw. zum Erhalt einer Ausgleichszahlung in bar bei Überschreiten (Call) oder Unterschreiten (Put) eines bestimmten Anleihekurses.

Als Käufer von Zins-Optionsscheinen ist für Sie die **Kursentwicklung der Anleihe entscheidend**, die wiederum maßgeblich von der Entwicklung des Marktzinsniveaus in dem betreffenden Land abhängig ist. Als Inhaber von Zins-Call-Optionsscheinen (Zins-Put-Optionsscheinen) profitieren Sie grundsätzlich von fallenden (steigenden) Kapitalmarktzinsen, da sinkende (steigende) Kapitalmarktzinsen steigende (sinkende) Anleihekurse bedeuten.

▪ Devisen-Optionsscheine

Devisen-Optionsscheine verbriefen das Recht zum Kauf (Call) oder Verkauf (Put) eines bestimmten Betrags einer definierten Währung bzw. zum Erhalt einer Ausgleichszahlung bei Überschreiten (Call) oder Unterschreiten (Put) eines Devisenkurses.

Devisen-Optionsscheine gibt es **auf die verschiedensten Währungen** (z. B. auf US-Dollar, Yen, britisches Pfund). Wenn Sie Inhaber eines Call-Optionsscheins (Put-Optionsscheins) sind, so profitieren Sie in der Regel von steigenden (fallenden) Wechselkursen.

▪ Rohstoff-Optionsscheine

Rohstoff-Optionsscheine verbriefen in der Regel das Recht auf Erhalt einer Ausgleichszahlung bei Überschreiten (Call) oder Unterschreiten (Put) eines bestimmten Preises eines Rohstoffes.

Die **Preisentwicklung des zu Grunde liegenden Rohstoffes bestimmt maßgeblich den Preis des Optionsscheins**: Der Preis von Call-Optionsscheinen steigt grundsätzlich bei einem Preisanstieg des Rohstoffes, Put-Optionsscheine dagegen steigen üblicherweise bei einem Preisrückgang des Rohstoffes.

Der **Begriff „Rohstoffe" umfasst gewöhnlich auch Waren** (englisch „commodities"). Rohstoffe werden in vier Hauptkategorien eingeteilt:

– Edelmetalle (z. B. Gold, Palladium und Platin),
– Industriemetalle (z. B. Aluminium und Kupfer),
– Energie (z. B. Elektrizität, Öl und Gas),
– Agrarrohstoffe (z. B. Weizen und Mais).

Rohstoffe werden an spezialisierten Börsen oder direkt zwischen Marktteilnehmern weltweit außerbörslich gehandelt. Dies geschieht vielfach mittels weitgehend standardisierter Terminkontrakte. Diese Kontrakte sehen eine Lieferung nach Ablauf einer bestimmten Frist zu dem zuvor festgelegten Preis vor.

Der Preis von Optionsscheinen auf Rohstoffe wird maßgeblich von den jeweilgen Terminkontraktkursen der Basiswerte bestimmt.

▪ Index-Optionsscheine

Index-Optionsscheine verbriefen das Recht, eine Ausgleichszahlung bei Überschreiten (Call) bzw. Unterschreiten (Put) eines bestimmten Indexstandes zu erhalten. Da ein Index als Bezugsobjekt effektiv nicht lieferbar ist, können ausschließlich Ansprüche auf Ausgleichszahlungen bestehen.

Als Basiswert von Index-Optionsscheinen kann ein **Aktienindex**, z. B. der DAX®, ein **Rentenindex oder ein anderer Index** dienen. Die Indexentwicklung bestimmt maßgeblich den Preis des Optionsscheins: Der Preis von Call-Optionsscheinen steigt grundsätzlich bei steigendem Indexverlauf und sinkt bei fallendem Indexverlauf; Put-Optionsscheine demgegenüber steigen mit einer rückläufigen Indexentwicklung und fallen mit einem Anstieg des Indexniveaus.

- **Basket-Optionsscheine und Turbo-Optionsscheine**

Sonderformen von Optionsscheinen sind die Basket-Optionsscheine und die Turbo-Optionsscheine.

- **Basket-Optionsscheine**

Sie berechtigen den Inhaber zum Kauf (Call) eines genau **definierten Korbes von Basiswerten** oder sehen einen entsprechenden Barausgleich vor. Der Korb besteht oft aus Aktien verschiedener Unternehmen einer bestimmten Branche eines oder mehrerer Länder.

- **Turbo-Optionsscheine**

Sie berechtigen den Inhaber zum **Bezug von anderen Optionsscheinen**. Auf Grund des vergleichsweise großen Hebels nennt man sie „Turbo-Optionsscheine".

- **Exotische Optionsscheine**

„Exotische" Optionsscheine unterscheiden sich von herkömmlichen Optionsscheinen („**Plain-Vanilla-Optionsscheinen**") durch die **Art des Optionsrechts und/oder das Hinzutreten zusätzlicher, den Inhalt des Optionsrechts verändernder Bedingungen.**

Bitte beachten Sie: Einheitliche Bezeichnungen haben sich am Markt bislang nicht etabliert. Je nach Emittent können Optionsscheine trotz vergleichbarer Ausstattung unterschiedliche Namen führen; mitunter können sie auch als Zertifikate bezeichnet sein (s. Kapitel B 4). Ebenso können unterschiedlich ausgestaltete Optionsscheine die gleiche Bezeichnung tragen.

Im Folgenden werden verschiedene Kategorien exotischer Optionsscheine beispielhaft dargestellt, um die Wirkungsweisen exotischer Optionen zu beschreiben. Eine abschließende Aufzählung ist wegen der Vielzahl von Ausgestaltungs- und Kombinationsvarianten weder beabsichtigt noch möglich.

- **Barrier-Optionsscheine**

Sie verbriefen Optionen, die entweder erlöschen („**Knock-out**") oder aber entstehen („**Knock-in**"), wenn der Basiswert einen im Voraus bestimmten Kurs („**Barrier**") erreicht. Knock-out- und Knock-in-Ausstattungsmerkmale sind zusätzliche Merkmale, die jeder Art von Optionsrechten hinzugefügt werden können. Dabei werden **sehr unterschiedliche Ausgestaltungen** der Barrier-Optionsscheine angeboten, bei denen nur die Beschaffung detaillierter Informationen Aufschluss über das konkrete Chance-Risiko-Profil geben kann.

So gibt es Standard-Kauf- und -Verkaufsoptionen mit Knock-out- oder Knock-in-Barrieren. Im Vergleich zu Standardoptionsscheinen ist die Gewinnchance dieser Optionsscheine damit eingeschränkt und das Verlustrisiko erhöht. Das spiegelt sich im niedrigeren Preis für Barrier-Optionsscheine wider. Sie werden häufig dann genutzt, wenn der Anleger eine sehr präzise Vorstellung über die mögliche Kursentwicklung des Basiswerts hat.

Bitte beachten Sie: Je nach der Ausgestaltung der Barrieren können sich diese auf den Börsenkurs des Basiswerts, aber auch auf den im außerbörslichen Handel erreichten Kurs beziehen.

Bitte beachten Sie auch: Viele unter der Bezeichnung „Zertifikate" angebotene Wertpapiere sind in ihrer Funktionsweise den Barrier-Optionsscheinen vergleichbar (Informationen zu Risiken von Barrier-Optionsscheinen finden Sie in dieser Broschüre insbesondere im Kapitel D 6.2).

- **Digital-Optionsscheine**

Sie verbriefen das Recht des Käufers auf Auszahlung eines im Voraus bestimmten festen Betrags, wenn der Kurs des Basiswerts den vereinbarten Basispreis am Laufzeitende (europäische Option) oder zu irgendeinem Zeitpunkt während der Laufzeit der Option (amerikanische Option) über- (Call) bzw. unterschreitet (Put). Es ist dabei unerheblich, wie weit der Kurs des Basiswerts über bzw. unter dem Basispreis liegt, die Höhe der Auszahlung wird dadurch nicht beeinflusst.

Digital-Optionsscheine werden in der Regel eingesetzt, wenn eine Prognose über den Kurs des Basiswerts bei Fälligkeit als nicht sehr verlässlich und die Kosten für einen Standardoptionsschein als zu hoch eingeschätzt werden. Gleichzeitig wird das Ertragspotenzial auf einen festen Betrag begrenzt. Darüber hinaus werden Digital-Optionen häufig mit anderen Optionen kombiniert, um spezifische Chance-Risiko-Profile zu erzeugen.

- **Range-Optionsscheine**

Bei **Bandbreiten** („Range")-Optionsscheinen erhält der Käufer am Ende der Laufzeit einen Betrag, dessen Höhe davon abhängt, ob der Kurs des Basiswerts während der Laufzeit des Optionsscheins über bzw. unter einem oder zwischen mehreren vereinbarten „Grenzwert(en)" verläuft. Range-Optionsscheine werden eingesetzt, wenn für den Kurs des Basiswerts ein Seitwärtstrend und eine sich verringernde Volatilität erwartet werden.

Es gibt verschiedene Typen von Range-Optionsscheinen, die je nach Ausgestaltung unterschiedliche Chance-Risiko-Profile aufweisen. Für die Höhe der Auszahlung und den Preis eines Optionsscheines kann es etwa entscheidend sein, ob in den Emissionsbedingungen auf Börsentage oder auf Kalendertage Bezug genommen wird. **Beispiele für Range-Optionsscheine** sind:

– **Bottom-Up/Top-Down**

Für jeden Tag, an dem der Kurs des Basiswerts über („Bottom-Up"-Variante) bzw. unter („Top-Down"-Variante) dem in den Emissionsbedingungen festgelegten Grenzwert festgestellt wird, erhält der Anleger einen festen Betrag gutgeschrieben. Die Auszahlung des „angesammelten" Gesamtbetrags erfolgt am Laufzeitende.

– **Single Range**

Für jeden Tag, an dem der Kurs des Basiswerts über dem unteren Grenzwert und unter dem oberen Grenzwert festgestellt wird, wird dem Anleger ein fester Betrag gutgeschrieben. Die Auszahlung des „angesammelten" Gesamtbetrags erfolgt am Laufzeitende.

– **Dual Range**

Für jeden Tag, an dem der Kurs des Basiswerts über dem unteren Grenzwert und unter dem oberen Grenzwert festgestellt wird, erhält der Anleger einen festen Betrag. Für jeden Tag, an dem der Kurs des Basiswerts außerhalb des Korridors liegt, wird ein entsprechender fixer Betrag abgezogen. Ein positiver Auszahlungswert ergibt sich für den Anleger erst dann, wenn die Anzahl der „Plustage" die Anzahl der „Minustage" übersteigt. Es besteht jedoch keine Nachschusspflicht für den Anleger, wenn bei Laufzeitende die Anzahl der Minustage überwiegt.

– **Knock-out Range**

Variante I

Der Käufer hat am Ende der Laufzeit Anspruch auf Zahlung eines Geldbetrags, wenn der Kurs des Basiswerts während der gesamten Laufzeit des Optionsscheins zwischen den vereinbarten Grenzwerten verläuft. Das Optionsrecht erlischt, wenn der Kurs des Basiswerts während der Laufzeit einen der Grenzwerte erreicht bzw. überschreitet.

Bitte beachten Sie: Erreicht der Kurs des Basiswerts während der Laufzeit einen der Grenzwerte, ist der Optionsschein wertlos. Ein Anspruch auf Zahlung, auch für den Zeitraum, in dem die Grenzwerte eingehalten wurden, besteht nicht.

Variante II
Für jeden Tag, an dem der Kurs des Basiswerts über dem unteren Grenzwert und unter dem oberen Grenzwert festgestellt wird, erhält der Anleger einen festen Betrag. Das Optionsrecht erlischt, wenn der Kurs des Basiswerts einen der Grenzwerte erreicht. Abweichend von Variante I erhält der Anleger am Laufzeitende den Gesamtbetrag der bis zum Erreichen des Grenzwerts angesammelten „Tagesbeträge" ausbezahlt.

■ **Komplex strukturierte Optionsscheinprodukte/Kombinationen verschiedener Optionen**
Kombinationen von Optionen werden häufig gewählt, um das Risiko des Totalverlusts zu verringern oder um risikoerhöhend die Ertragschance zu steigern. Dadurch werden neue Produkte geschaffen, die entweder aus der **Kombination von Standardoptionen und exotischen Optionen** oder aus der **Kombination mehrerer exotischer Optionen** entstehen.

Bitte beachten Sie: Konkrete Aussagen über die Einzelheiten eines Produktes, seine Funktionsweise und über die spezifischen Risiken bei komplex strukturierten Optionsscheinprodukten oder bei Kombinationen verschiedener Optionen können jeweils nur im Einzelfall auf der Grundlage einer detaillierten Beschreibung des Geschäfts getroffen werden.

Bitte beachten Sie zudem: Über die mit der Anlage in Optionsscheinen verbundenen Risiken informiert Sie diese Broschüre in Kapitel C (Basisrisiken) und Kapitel D 6 (Spezielle Risiken).

7 Geschlossene Fonds (Unternehmerische Beteiligungen)

Geschlossene Fonds sind **unternehmerische Beteiligungen**, bei denen sich Anleger in einer Gesellschaft (meist einer Personengesellschaft) **längerfristig** zusammenschließen und gemeinschaftlich bestimmte Wirtschaftsgüter, z. B. Immobilien, Schiffe oder Flugzeuge direkt oder indirekt erwerben. Geschlossene Fonds werden als Sachwertanlagen bezeichnet, wenn sie – was häufig der Fall ist – in Wirtschaftsgüter investieren, die einen Gebrauchswert verkörpern.

Das Volumen eines geschlossenen Fonds setzt sich regelmäßig zusammen aus dem bei Anlegern eingeworbenen **Eigenkapital** und dem **Fremdkapital**, das von Banken für die Finanzierung des jeweiligen Projekts zur Verfügung gestellt wird. Geschlossene Fonds werden von Anbietern, den Emissionshäusern, konzipiert und gestaltet.

Geschlossene Fonds (unternehmerische Beteiligungen) bündeln also das Kapital mehrerer Anleger längerfristig mit dem Ziel, in ein konkret definiertes Wirtschaftsgut oder in einen vorab beschriebenen Markt an Wirtschaftsgütern (z. B. Immobilien, Schiffe, Flugzeuge) zu investieren. Somit ermöglichen sie Privatanlegern die Teilhabe auch an großen Investitionsvorhaben, die sie nicht alleine finanzieren könnten.

7.1 Grundlagen

In der Regel schließen sich die Investoren in einer Kommanditgesellschaft in der Form einer GmbH & Co. KG zusammen. Mit dem Erwerb von Gesellschaftsanteilen bzw. Beteiligungen werden die **Anleger wirtschaftlich, steuerlich und haftungsrechtlich Kommanditisten und Mitunternehmer**. Je nach verfolgtem Investitionszweck können Beteiligungen auch über andere (deutsche oder ausländische) Gesellschaftsformen eingegangen werden (z. B. Gesellschaft bürgerlichen Rechts, AG, KGaA, US-amerikanische Limited Partnership), die unterschiedliche rechtliche und steuerliche Auswirkungen für den Anleger haben.

Da sich gewöhnlich mehrere Hundert oder Tausend Anleger an einem Fonds beteiligen, erfolgt die Beteiligung **in der Regel mittelbar als Treugeber über einen Treuhänder ("Treuhand-Kommanditist")**, der als Kommanditist in das Handelsregister eingetragen wird und die Gesellschafterrechte der Anleger grundsätzlich weisungsgebunden ausübt. Häufig ist vorgesehen, dass der Anleger auf Wunsch später in die Stellung des direkt beteiligten Kommanditisten wechseln kann. Teilweise ist bereits zu Beginn eine Beteiligung als Kommanditist möglich. Die typischen Vertragsbeziehungen sind in der folgenden Abbildung schematisch dargestellt.

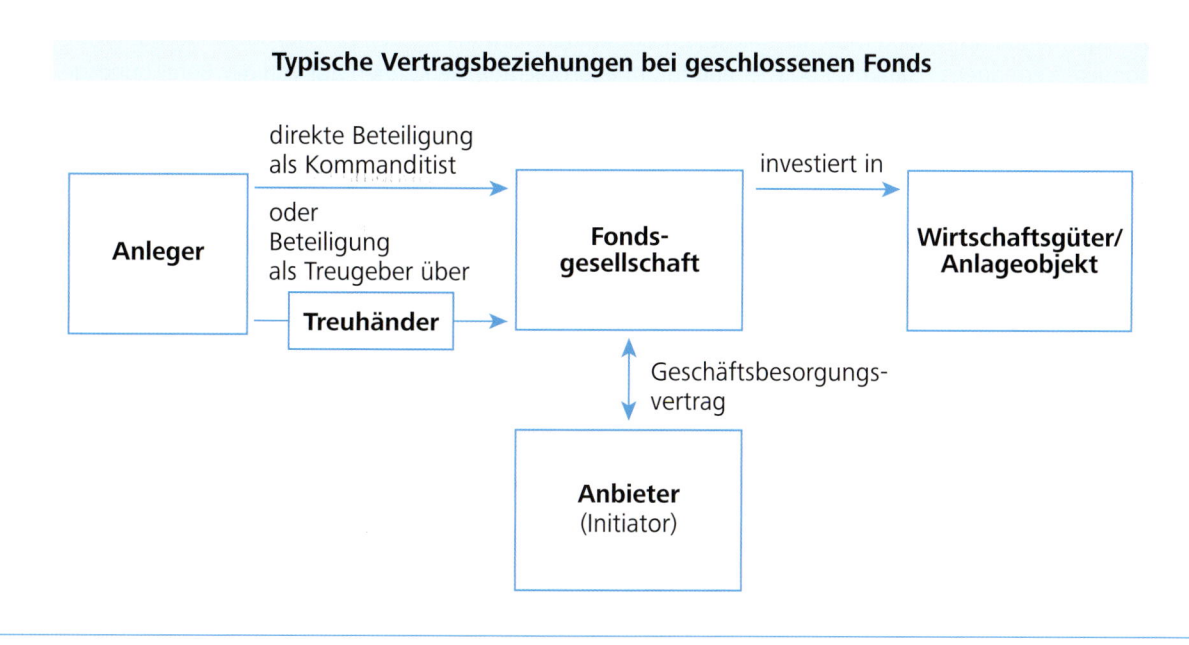

Typische Vertragsbeziehungen bei geschlossenen Fonds

Im Gegensatz zu offenen Fonds (vgl. Kapitel B 5 und D 5) zeichnen sich geschlossene Fonds durch ein **begrenztes und im Regelfall klar definiertes Anlagevorhaben** aus. Daneben gibt es Geschäftsmodelle geschlossener Fonds, bei denen das Investitionsziel noch in Planung ist (Projektentwicklung) oder die konkreten Investitionsobjekte innerhalb einer Anlageklasse bei Prospektierung noch nicht feststehen. In diesem Fall werden sie in der Regel erst nach Erreichen des prospektierten Fondsvolumens und Schließung des Fonds identifiziert und erworben (so genannte **Blind Pools**).

Typisch für unternehmerische Beteiligungen ist, dass eine projekt- und objektbezogene, zeitlich befristete Investition angestrebt wird. In der Regel sind mittels geschlossener Fonds finanzierte Investitionsvorhaben durch eine feste Anlagesumme, auch Zeichnungssumme genannt, begrenzt. Nach Erreichen des festgelegten bzw. geplanten Investitionsvolumens ist keine Beteiligung mehr möglich. Der Fonds wird geschlossen und die Ausgabe weiterer Anteile eingestellt. Dieses Verfahren gibt der Anlageform der geschlossenen Fonds ihren Namen. Die Mindestzeichnungssumme liegt häufig zwischen 10.000 und 25.000 € pro Anteil. Grundsätzlich können auch niedrigere oder höhere Mindestzeichnungsbeträge bestimmt werden. Bei der Zeichnung muss der Anleger in der Regel ein **Agio** (Aufgeld) zahlen. Das Agio berechnet sich mittels eines Prozentsatzes der Anlagesumme.

Nach der Schließung des Fonds folgt die **Bewirtschaftungsphase** des Fondsobjekts, die häufig etwa 10 bis 15 Jahre andauert. Feste Verzinsungen gibt es bei geschlossenen Fonds nicht. Der Anbieter nimmt häufig eine so genannte Prognoserechnung vor, die im Verkaufsprospekt dargestellt ist. Die Prognoserechnung stellt die für die Zukunft vermuteten Einnahmen und Ausgaben der jeweiligen Vermögensanlage dar. Dabei handelt es sich lediglich um Schätzungen. Am Ende der Laufzeit des Fonds werden die Fondsobjekte veräußert, der Verkaufserlös unter Abzug der Verbindlichkeiten unter den Anlegern verteilt und die Fondsgesellschaft liquidiert. Die Phase der **Liquidation** (Abwicklung) dauert oft mehrere Jahre, bis es zur vollständigen Beendigung der Beteiligungsgesellschaft kommt und das verbliebene Liquidationsguthaben ausgezahlt werden kann. Erst nach der Veräußerung der Investitionsobjekte und Liquidation lässt sich die Wirtschaftlichkeit einer Investition in geschlossene Fonds abschließend beurteilen.

Eine **vorzeitige Rückgabe** von Gesellschaftsanteilen an einem geschlossenen Fonds ist **grundsätzlich nicht möglich**. Die Gesellschaft ist nicht verpflichtet, die Anteile zurückzunehmen.

Anders als bei Wertpapieren gibt es auch keinen liquiden Börsenhandel. Eine Veräußerung der unternehmerischen Beteiligung ist, wenn überhaupt, nur unter sehr starken Einschränkungen möglich. Der erzielbare Preis richtet sich dann nach Angebot und Nachfrage und liegt in der Regel deutlich unter dem Erwerbspreis.

Anleger haben als Mitunternehmer Pflichten (insbesondere Einzahlung der Einlage) sowie Rechte (insbesondere Vermögens-, Stimm-, Kontroll- und Informationsrechte). Sie können auf von der Beteiligungsgesellschaft einberufenen Gesellschafterversammlungen je nach Umfang der erworbenen Gesellschaftsanteile Einfluss auf die Entscheidungen der Gesellschaft nehmen. Ordentliche **Gesellschafterversammlungen** werden gewöhnlich jährlich abgehalten; unter bestimmten Voraussetzungen können unterjährig außerordentliche Gesellschafterversammlungen stattfinden. Dies ist insbesondere der Fall, wenn Entscheidungen getroffen werden müssen, die sich auf die wirtschaftliche Situation der Beteiligungsgesellschaft auswirken (z. B. Objektverkäufe, Verlängerung oder Verkürzung der geplanten Laufzeit der Fonds). Die Gesellschafterversammlungen werden häufig auch im schriftlichen Umlaufverfahren durchgeführt. Im Übrigen wird die Beteiligungsgesellschaft von einer Geschäftsführung geleitet.

Geschlossene Fonds unterliegen der **Prospektpflicht**. Sie dürfen nur dann öffentlich vertrieben werden, wenn die Bundesanstalt für Finanzdienstleistungsaufsicht (BaFin) den Prospekt gebilligt hat. Die BaFin prüft auf Einhaltung der gesetzlichen Vorgaben und Schlüssigkeit der Prospektangaben, nimmt aber keine inhaltliche Prüfung vor. Die Verantwortung für den Inhalt und die wirtschaftliche Plausibilität liegt beim Anbieter.

Bitte beachten Sie: Über die konkrete Ausgestaltung eines geschlossenen Fonds gibt Ihnen nur der Verkaufsprospekt verbindliche Auskunft.

7.2 Anbieter

Der Anbieter, auch Initiator genannt, ist das Unternehmen, das geschlossene Fonds konzipiert und strukturiert. Anbieter können Tochtergesellschaften von Kreditinstituten sein. Die Anteile an einem geschlossenen Fonds werden von der Fondsgesellschaft selbst ausgegeben.

7.3 Vertriebsprovision

Das Kreditinstitut erhält für die Vermittlung von geschlossenen Fonds in der Regel Vertriebsprovisionen sowie ggf. weitere Zahlungen und Sachleistungen von der Fondsgesellschaft. Dazu kann die Fondsgesellschaft sowohl das vom Anleger gezahlte **Agio als auch Teile der vom Anleger investierten Beteiligungssumme** verwenden. Die Höhe der Vertriebsprovision bemisst sich üblicherweise an der Höhe des vermittelten Kapitals. Angaben dazu enthalten die Prospekte der geschlossenen Fonds; über die näheren Einzelheiten informiert Sie Ihr Kreditinstitut im Einzelfall.

7.4 Beispiele geschlossener Fonds

Geschlossene Fonds können in ganz unterschiedliche Vorhaben investieren. Exemplarisch werden nachfolgend geschlossene Immobilienfonds, Erneuerbare-Energien-Fonds, Schiffsfonds, Flugzeugfonds sowie Private-Equity-Fonds näher beschrieben.

7.4.1 Geschlossene Immobilienfonds

Geschlossene Immobilienfonds **erwerben eine oder mehrere Immobilien**. Neben offenen Immobilienfonds und REITs stellen geschlossene Immobilienfonds eine Möglichkeit der indirekten Immobilienanlage dar. Geschlossene Immobilienfonds zeichnen sich dabei durch ein im Regelfall klar definiertes Anlagevorhaben aus. Die Investition kann in in- oder ausländische Immobilienprojekte erfolgen. Je nach Zielland der Investition können sich dabei unterschiedliche steuerliche Grundvoraussetzungen ergeben, die von Anlegerseite her zu beachten sind.

Gegenstand geschlossener Fonds können Immobilien unterschiedlicher Nutzungsarten sein. So werden Beteiligungsangebote mit Wohnimmobilien, Bürogebäuden, Logistik- oder Einzelhandelsimmobilien angeboten. Vereinzelt werden auch so genannte Spezialimmobilien, d.h. Immobilien, die für spezielle Nutzer gebaut wurden – wie z.B. Flughafengebäude, Bahnhöfe –, in einen geschlossenen Immobilienfonds eingebracht. Mehrheitlich investieren geschlossene Immobilienfonds in fertiggestellte bzw. bestehende Objekte. In einzelnen Fällen werden auch Beteiligungen angeboten, deren Investitionsziel unfertige bzw. in Planung befindliche Immobilien sind. Die Verkaufsprospekte enthalten ausführliche Informationen zu den Objekten oder Projektentwicklungen.

Auszahlungen sollen in der Regel jährlich erfolgen und hängen im Wesentlichen von den erwirtschafteten Mieterträgen abzüglich der anfallenden Kosten ab (z.B. Betriebskosten, Instandhaltung, Fondsverwaltung, Investorenbetreuung). Werden Objekte aus der Beteiligung veräußert, kommt es je nach Beteiligungsangebot zu Abschlusszahlungen. Der Erfolg einer Beteiligung ist von verschiedenen Faktoren abhängig, wie beispielsweise dem Vermietungsstand des Objekts oder der Objekte, der Bausubstanz und der Marktsituation zum Veräußerungszeitpunkt sowie den Fähigkeiten der Geschäftsführung.

7.4.2 Erneuerbare-Energien-Fonds

Erneuerbare-Energien-Fonds investieren in **bestehende oder noch zu bauende Anlagen zur Gewinnung von Strom oder Wärme aus erneuerbaren Quellen** wie z.B. Sonne, Windkraft, Geothermie, Biogas oder Wasser.

Das wirtschaftliche Ergebnis von Erneuerbare-Energien-Fonds hängt unter anderem von den Herstellungskosten der einzelnen Anlagen, den Erträgen am jeweiligen Standort, den Kosten für Wartung und Reparatur, der Entwicklung einer ggf. gesetzlich festgelegten Einspeisevergütung und dem Erlös zum Zeitpunkt der Veräußerung ab.

7.4.3 Geschlossene Schiffsfonds
Geschlossene Schiffsfonds **erwerben ein Schiff oder auch ein Portfolio mehrerer Schiffe**.

Gegenstand geschlossener Schiffsfonds können unterschiedliche Schiffstypen sein. So werden Beteiligungsangebote regelmäßig mit Containerschiffen, Bulkern (Schüttgut-Frachtern) oder Tankern angeboten. Mehrheitlich investieren geschlossene Schiffsfonds in noch fertigzustellende Schiffe. In einzelnen Fällen werden aber auch Beteiligungen angeboten, deren Investitionsziel bereits in Betrieb befindliche Schiffe sind. Die Verkaufsprospekte enthalten hierzu ausführliche Informationen.

In der Regel sind jährliche Ausschüttungen vorgesehen. Werden Objekte veräußert, sind je nach Beteiligungsangebot Abschlusszahlungen vorgesehen.

Das wirtschaftliche Ergebnis von Schiffsfonds hängt im Wesentlichen von den erzielbaren Charterraten sowie dem Kaufpreis/den Herstellungskosten bzw. dem Veräußerungspreis der Schiffe ab. Diese Faktoren werden maßgeblich vom Welthandel beeinflusst. Spezielle steuerliche Bedingungen können eine Rolle spielen (Tonnagegewinnbesteuerung).

7.4.4 Geschlossene Flugzeugfonds
Geschlossene Flugzeugfonds **erwerben in der Regel ein Flugzeug**, in Einzelfällen auch mehrere Flugzeuge.

Gegenstand geschlossener Flugzeugfonds können dabei sowohl Passagier- als auch Frachtflugzeuge sein. Mehrheitlich investieren geschlossene Flugzeugfonds in bereits fertiggestellte bzw. kurz vor Inbetriebnahme befindliche Flugzeuge. Die Verkaufsprospekte enthalten hierzu ausführliche Informationen.

In der Regel sind jährliche Ausschüttungen vorgesehen. Werden Objekte des Fonds veräußert, sind je nach Beteiligungsangebot und steuerlichen Voraussetzungen Abschlusszahlungen vorgesehen.

Das wirtschaftliche Ergebnis von Flugzeugfonds hängt im Wesentlichen von den erzielbaren Leasingraten abzüglich der anfallenden Kosten (z. B. Betriebskosten, Instandhaltung, Fondsverwaltung, Investorenbetreuung) sowie dem Kaufpreis/den Herstellungskosten bzw. dem Veräußerungspreis des Flugzeugs ab. Diese Faktoren werden maßgeblich von der Weltwirtschaft beeinflusst. Zudem ist zwischen so genannten Finance Leases und Operating Leases zu unterscheiden. Bei Finance Leases trägt der Leasingnehmer (in der Regel die Fluggesellschaft bzw. das Frachtunternehmen) das Wertentwicklungsrisiko des Flugzeuges über den Leasingzeitraum, beim Operating Lease hingegen trägt der Leasinggeber, d. h. die Fondsgesellschaft, das Wertentwicklungsrisiko.

7.4.5 Private-Equity-Fonds
Private-Equity-Fonds **erwerben direkt oder indirekt Beteiligungen an Unternehmen („Zielgesellschaften")**. Der englische Fachbegriff Private Equity bezeichnet dabei die außerbörsliche („private") Bereitstellung von Eigenkapital („Equity") zur Beteiligung an einem Unternehmen.

Je nach Charakter der Zielgesellschaft lassen sich verschiedene Arten von Private-Equity-Beteiligungen unterscheiden. Am weitesten verbreitet sind unternehmerische Mehrheitsbeteiligungen, so genannte **Buy-Outs**, die in der Regel in bereits etablierte, reife Unternehmen investieren. Eine weitere wesentliche Ausprägung von Private Equity sind **Wagniskapitalbeteiligungen**, so genannte Venture Capital Fonds. Diese Fonds beteiligen sich an Unternehmen, die sich in einem sehr frühen Entwicklungsstadium befinden. Neben diesen beiden Arten existieren noch weitere Ausprägungen.

Anleger können in Private Equity indirekt durch die gesellschaftsrechtliche Beteiligung an geschlossenen Fonds investieren. Der geschlossene Fonds kann sich sowohl über Private-Equity-Zielfonds als auch direkt an den Zielgesellschaften beteiligen. Damit geht der Kapitalanleger eine indirekte unternehmerische Eigenkapitalbeteiligung an den Zielgesellschaften der Private-Equity-Zielfonds ein. Die Funktionsweise einer solchen indirekten Anlage ist in der folgenden Abbildung schematisch dargestellt.

Private-Equity-Beteiligung über Zielfonds

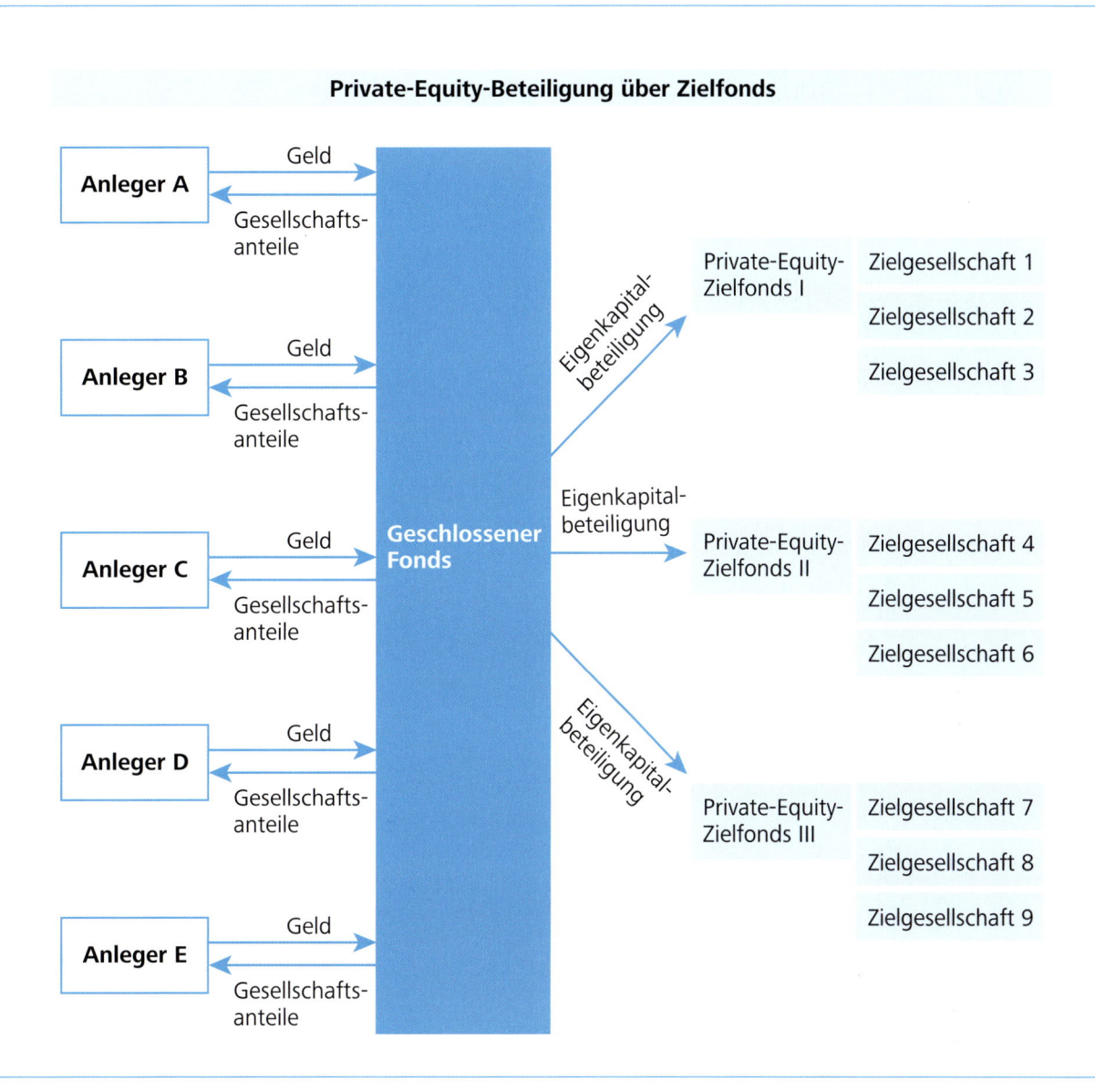

[Diagramm: Anleger A–E zahlen Geld an einen Geschlossenen Fonds und erhalten Gesellschaftsanteile. Der Geschlossene Fonds beteiligt sich mittels Eigenkapitalbeteiligung an Private-Equity-Zielfonds I (Zielgesellschaft 1, 2, 3), Private-Equity-Zielfonds II (Zielgesellschaft 4, 5, 6) und Private-Equity-Zielfonds III (Zielgesellschaft 7, 8, 9).]

Während der Laufzeit kann es bereits zu Auszahlungen aus der Beteiligung kommen. Diese Auszahlungen mindern die Rückzahlungen am Laufzeitende. Sofern die Investitionen der Private-Equity-Zielfonds erfolgreich waren und am Laufzeitende eine Rückzahlung der vom Anleger in den geschlossenen Fonds geleisteten Einlage ggf. verbunden mit einer Gewinnausschüttung erfolgt, kann dies unter Umständen auch in mehreren Raten geschehen. Die Höhe eines möglichen Gewinns ist insbesondere abhängig vom Erfolg und damit der Wertsteigerung der Zielgesellschaften, an denen sich die Private-Equity-Zielfonds beteiligt haben.

Bitte beachten Sie: Über die mit der Anlage in geschlossenen Fonds verbundenen Risiken informiert Sie diese Broschüre in Kapitel C (Basisrisiken) und Kapitel D 7 (Spezielle Risiken).

8 Hedgefonds

Hedgefonds zählen zu den so genannten „Alternativen Investments", welche sich nicht den traditionellen Anlageformen zuordnen lassen. An einem Hedgefonds beteiligt sich der Investor durch den Erwerb von Anteilen. Dabei ist direkte Beteiligung nur unter bestimmten Bedingungen möglich. So gelten beispielsweise häufig hohe Mindestanlagesummen von 1 Mio. US-$.

> **Bitte beachten Sie:** Wie bei traditionellen Anlageformen auch, besteht neben der Direktanlage die Möglichkeit der indirekten Anlage in Hedgefonds – zum Beispiel über Dachfonds (Investmentanteilscheine) oder Zertifikate. Über diese Wertpapiere können auch Privatanleger in diese Vermögensanlagen investieren. Über die Anlage in Dachfonds und Zertifikaten und die damit verbundenen Risiken informiert Sie diese Broschüre in den Kapiteln B 4 und B 5 sowie in Kapitel C (Basisrisiken) und in den Kapiteln D 4 und D 5 (Spezielle Risiken).

Bei Hedgefonds gibt es die gleiche Rollenverteilung wie bei herkömmlichen Investmentfonds: Die Anleger vertrauen einer Fondsgesellschaft Geld an, die das Geld mit dem Ziel anlegt, den Wert des Fonds und damit den Wert des Anteils für den Anleger zu erhöhen.

> **„Hedge"** bedeutet Absicherung von Preisrisiken. Der Begriff **Hedgefonds** geht zurück auf Anlagestrategien, bei denen die Absicherung der Gesamtposition gegen negative Marktentwicklungen im Vordergrund stand. Heutige Hedgefonds sind nicht auf diese namensgebende Strategie beschränkt, sondern nutzen unterschiedlichste Strategien und Anlagetechniken: Hedgefonds-Manager können die volle Bandbreite an Finanzinstrumenten einsetzen, einschließlich Futures-Kontrakten, Optionen und Wertpapieren verschiedener Anlageklassen. Die meisten Manager konzentrieren sich auf ganz bestimmte Anlagestrategien und -prozesse. Bei einigen Strategien stehen ehrgeizigen Renditezielen auch hohe Verlustrisiken gegenüber, während andere eine sehr kontinuierliche und moderate Wertentwicklung im Zeitverlauf anstreben. Grundlage der Tätigkeit eines Hedgefonds-Managers sind in der Regel vorher festgelegte spezifische Fondsstrategien, die sich bei den einzelnen Fonds sehr stark voneinander unterscheiden können.

Man unterscheidet zwischen Dach-Hedgefonds und Single-Hedgefonds. Dach-Hedgefonds legen das Kapital in mehreren einzelnen Hedgefonds (Single-Hedgefonds) mit unterschiedlicher Ausrichtung an, um so das Einzelrisiko zu mindern. Eine Beteiligung an der Wertentwicklung von Hedge-Fonds ist auch über Zertifikate möglich.

Nachfolgend sollen fünf Kategorien von Anlagestrategien exemplarisch dargestellt werden.

8.1 Anlagestrategien

- **Relative Value**

Nutzung von Preisverzerrungen und sich verändernden Preisrelationen zwischen verwandten Wertpapieren (Convertible Bond Arbitrage, Fixed Income Arbitrage, Statistical Arbitrage).

- **Event Driven**

Kauf und Leerverkauf von Wertpapieren solcher Unternehmen, die tief greifenden Veränderungen unterworfen oder daran beteiligt sind (Merger Arbitrage, Distressed Debt und Special Solutions).

- **Global Macro**

Analyse der Veränderung makroökonomischer Trends mit dem Ziel, Aufwärts- und Abwärtsbewegungen auf verschiedenen Märkten und bei unterschiedlichen Anlagekategorien und Finanzinstrumenten zu nutzen.

- **Equity Hedge**

Gewinne durch Eingehen von Long- und gegenläufigen Short-Positionen in unter- oder überbewerteten Aktien, wobei eine fixe oder variable Netto-Long- oder Netto-Short-Ausrichtung zu Grunde liegt.

- **Managed Futures**

Weltweiter Handel von Futures und Derivaten auf Finanzwerte und Waren (systematisch langfristige Trendfolgemodelle und kurzfristig ausgerichtete aktive Handelsansätze).

8.2 Prime Broker

Hedgefonds bedienen sich zur Umsetzung ihrer Anlagestrategien häufig als Prime Broker bezeichneter Unternehmen. Diese führen für den Hedgefonds nicht nur die Wertpapiergeschäfte aus, sondern bieten neben dem Risikomanagement für den Hedgefonds Dienstleistungen wie die Vergabe von Krediten zur Finanzierung der Hebelwirkung (Leverage) und die Wertpapierleihe zur Durchführung von Leerverkäufen an.

Bitte beachten Sie: Über die mit der Anlage in Hedgefonds verbundenen Risiken informiert Sie diese Broschüre in Kapitel C (Basisrisiken) und Kapitel D 8 (Spezielle Risiken).

C Basisrisiken bei der Vermögensanlage

Dieser Teil der Broschüre soll Sie als Anleger insbesondere für die wirtschaftlichen Zusammenhänge sensibilisieren, die unter Umständen zu gravierenden Veränderungen des Wertes Ihrer Vermögensanlage führen können.

Im folgenden Abschnitt werden zunächst typische Risiken beschrieben, die für alle Formen der in dieser Broschüre behandelten Anlageinstrumente gleichermaßen zutreffen (Basisrisiken). In Teil D schließt sich eine Darstellung der speziellen Risiken der einzelnen Wertpapieranlageformen an.

Bitte beachten Sie insbesondere, dass mehrere Risiken kumulieren und sich gegenseitig verstärken können, was zu besonders starken Veränderungen des Wertes Ihrer Vermögensanlage führen kann.

1 Konjunkturrisiko

Unter dem **Konjunkturrisiko** wird die Gefahr von Kursverlusten verstanden, die dadurch entstehen, dass der Anleger die Konjunkturentwicklung nicht oder nicht zutreffend bei seiner Anlageentscheidung berücksichtigt und dadurch zum falschen Zeitpunkt eine Wertpapieranlage tätigt oder Wertpapiere in einer ungünstigen Konjunkturphase hält.

1.1 Der Konjunkturzyklus

Die Konjunktur stellt sich als **zyklische Wellenbewegung um den langfristigen ökonomischen Wachstumspfad** dar. Der typische Konjunkturzyklus dauert zwischen drei und acht Jahren, die sich in die folgenden vier Phasen aufteilen lassen:

1. Ende der Rezession/Depression
2. Aufschwung, Erholung
3. Konjunkturboom, oberer Wendepunkt
4. Abschwung, Rezession

Die **Dauer und das Ausmaß** der einzelnen wirtschaftlichen Auf- und Abschwungphasen **variieren**, und auch die Auswirkungen auf die einzelnen Wirtschaftsbereiche sind unterschiedlich. Zu beachten ist außerdem, dass der Konjunkturzyklus in einem anderen Land vorlaufen oder nachlaufen kann.

1.2 Auswirkungen auf die Kursentwicklung

Die Veränderungen der wirtschaftlichen Aktivität einer Volkswirtschaft haben stets Auswirkungen auf die Kursentwicklung der Wertpapiere. Die Kurse schwanken in etwa (meist mit einem zeitlichen Vorlauf) im Rhythmus der konjunkturellen Auf- und Abschwungphasen der Wirtschaft.

Für Sie als Anleger bedeutet das: Anlageformen, die in bestimmten Konjunkturphasen empfehlenswert sind und Gewinne erwarten lassen, sind in einer anderen Phase weniger geeignet und bringen möglicherweise Verluste ein. Bitte beachten Sie also: Bei jeder Anlageentscheidung spielt das „**Timing**" – die Wahl des Zeitpunktes Ihres Wertpapierkaufs oder -verkaufs – eine entscheidende Rolle. Sie sollten daher ständig Ihre Kapitalanlage unter dem konjunkturellen Aspekt auf Zusammensetzung nach Anlagearten und Anlageländern überprüfen (und einmal getroffene Anlageentscheidungen ggf. korrigieren).

Die Wertpapierkurse (und auch die Währungskurse) reagieren insbesondere auf beabsichtigte und tatsächliche Veränderungen in der staatlichen Konjunktur- und Finanzpolitik. Zum Beispiel üben binnenwirtschaftliche Maßnahmen, aber auch Streiks einen starken Einfluss auf die gesamtwirtschaftliche Situation eines Landes aus. Deshalb können selbst dort Rückschläge an Kapital- und Devisenmärkten auftreten, wo die Entwicklungsaussichten ursprünglich als günstig zu betrachten waren.

2 Inflationsrisiko (Kaufkraftrisiko)

> Das **Inflationsrisiko** beschreibt die Gefahr, dass der Anleger infolge einer Geldentwertung einen Vermögensschaden erleidet. Dem Risiko unterliegt zum einen der Realwert des vorhandenen Vermögens, zum anderen der reale Ertrag, der mit dem Vermögen erwirtschaftet werden soll.

2.1 Realverzinsung als Orientierungsgröße

Tatsache ist: Eine Inflationsrate von beispielsweise 4 % bis 5 % pro Jahr würde in nur sechs Jahren zu einem Geldwertschwund von rund einem Viertel, in zwölf Jahren zu einer Halbierung der Kaufkraft des Geldvermögens führen.

Als Anleger sollten Sie deshalb auf die **Realverzinsung** achten. Darunter versteht man bei festverzinslichen Wertpapieren die Differenz zwischen der Rendite und der Inflationsrate. In den meisten Konjunktur- und Zinsphasen der Vergangenheit war in Deutschland bislang ein positiver Realzins bei Anleihen zu beobachten. Berücksichtigt man jedoch zusätzlich die Versteuerung der Einkommen aus Kapitalvermögen, so konnte nicht immer ein Ausgleich des Kaufkraftverlustes erzielt werden.

Aktien als so genannte Sachwerte bieten ebenfalls keinen umfassenden Schutz gegen die Geldentwertung. Der Grund dafür: Der Käufer sucht in der Regel nicht den Substanzwert, sondern den Ertragswert der Aktie. Je nach Höhe der Inflationsrate und dem realisierten Ertrag in Form von Dividendeneinnahmen und Kursgewinnen (oder Kursverlusten) kann sich eine negative oder eine positive Realverzinsung ergeben.

2.2 Inflationsbeständigkeit von Sachwerten gegenüber Geldwerten

Darüber, inwieweit eine Anlage wertbeständig, d.h. sicher vor Geldwertschwund ist, kann keine generelle Aussage getroffen werden. Langfristige Vergleiche haben ergeben, dass Sachwerte bessere Anlageergebnisse erzielten und damit wertbeständiger waren als Geldwerte. Auch in den extremen Inflationen und Währungsumstellungen nach den beiden Weltkriegen (1923, 1948) erwiesen sich Sachwerte beständiger als nominell gebundene Gläubigeransprüche. Dazwischen gab es durchaus längere Phasen, in denen umgekehrt Geldwertanlagen den Sachwertanlagen überlegen waren.

3 Länderrisiko und Transferrisiko

> Vom **Länderrisiko** spricht man, wenn ein ausländischer Schuldner trotz eigener Zahlungsfähigkeit auf Grund fehlender Transferfähigkeit und -bereitschaft seines Sitzlandes seine Zins- und Tilgungsleistungen nicht fristgerecht oder überhaupt nicht leisten kann.

Das Länderrisiko umfasst zum einen die Gefahr einer **wirtschaftlichen**, zum anderen die Gefahr einer **politischen Instabilität**. So können Geldzahlungen, auf die Sie einen Anspruch haben, auf Grund von Devisenmangel oder Transferbeschränkungen im Ausland ausbleiben. Bei Wertpapieren in Fremdwährung kann es dazu kommen, dass Sie Ausschüttungen in einer Währung erhalten, die auf Grund eingetretener Devisenbeschränkungen nicht mehr konvertierbar ist.

Eine **Absicherungsmöglichkeit gegen** dieses **Transferrisiko gibt es nicht**. Destabilisierende Ereignisse im politischen und sozialen System können zu einer staatlichen Einflussnahme auf die Bedienung von Auslandsschulden und zur Zahlungseinstellung eines Landes führen. Politische Ereignisse können sich auf dem weltweit verflochtenen Kapital- und Devisenmarkt niederschlagen: Sie können dabei kurssteigernde Impulse geben oder aber Baissestimmung erzeugen. Beispiele für solche Ereignisse sind Änderungen im Verfassungssystem, in der Wirtschaftsordnung oder den politischen Machtverhältnissen, nationale und internationale Krisensituationen, Revolutionen und Kriege sowie durch Naturgewalten ausgelöste Ereignisse. Auch Wahlaussichten und Wahlergebnisse haben gelegentlich – je nach den Wirtschaftsprogrammen der an die Regierung gelangenden Parteien – Auswirkungen auf die Währung und das Börsengeschehen in dem betreffenden Land.

4 Währungsrisiko

Anleger sind einem **Währungsrisiko** ausgesetzt, wenn sie auf eine fremde Währung lautende Wertpapiere halten und der zu Grunde liegende Devisenkurs sinkt. Durch die Aufwertung des Euro (Abwertung der Auslandswährung) verlieren die in Euro bewerteten ausländischen Vermögenspositionen an Wert. Zum Kursrisiko ausländischer Wertpapiere kommt damit das Währungsrisiko hinzu – auch wenn die Papiere an einer deutschen Börse in Euro gehandelt werden. Ebenso sind die Anleger dem Währungsrisiko bei sonstigen Fremdwährungsengagements wie beispielsweise Tages- oder Termingeldern in fremder Währung ausgesetzt.

Einfluss auf den Devisenkurs eines Landes haben **langfristig-strukturelle Faktoren** wie Inflationstrends der jeweiligen Volkswirtschaften, Produktivitätsunterschiede, langfristige Entwicklungen der Nettowährungsreserven und -verbindlichkeiten und dauerhafte Trends in der Relation zwischen Export- und Importpreisen. Diese Faktoren bestimmen die langfristige Entwicklung der Währungsrelationen.

Zyklische Einflussfaktoren können mittelfristig Abweichungen des Wechselkurses von der langfristigen Gleichgewichtsrelation bewirken. Dadurch können sich erhebliche Schwankungen in beide Richtungen ergeben, die teilweise über einen längeren Zeitraum vorherrschen. Diese mittelfristigen Trends werden beispielsweise von der Entwicklung realer Zinsdifferenzen, Handels- und Leistungsbilanzzahlen oder geld- und fiskalpolitischen Entscheidungen beeinflusst.

Auch **kurzfristige Faktoren** wie aktuelle Marktmeinungen, Kriegshandlungen oder andere politische Konflikte können sowohl Kursniveau als auch Liquidität im Handel bestimmter Währungen beeinflussen.

Ist die weltpolitische Gesamtlage angespannt, profitieren hiervon meist Währungen, die als besonders sicher gelten (**Safe-Haven-Argument**).

Als Anleger sollten Sie Ihr Augenmerk vor allem auf den Währungsaspekt lenken: Denn die Währungsentwicklung kann einen möglichen Renditevorsprung schnell aufzehren und die erzielte Rendite so stark beeinträchtigen, dass im Nachhinein betrachtet die Anlage in der Heimatwährung vorteilhafter gewesen wäre.

Auch bei einem Investment im Devisenmarkt (z. B. auf Kassakursbasis, als Devisentermingeschäft oder als Devisenoption) sollten Sie die oben genannten Faktoren beachten.

5 Volatilität

Die **Kurse von Wertpapieren weisen im Zeitablauf Schwankungen auf**. Das Maß dieser Schwankungen innerhalb eines bestimmten Zeitraums wird als Volatilität bezeichnet. Die Berechnung der Volatilität erfolgt anhand historischer Daten nach bestimmten statistischen Verfahren. Je höher die Volatilität eines Wertpapiers ist, desto stärker schlägt der Kurs nach oben und unten aus. Die Vermögensanlage in Wertpapieren mit einer hohen Volatilität ist demnach riskanter, da sie ein höheres Verlustpotenzial mit sich bringt.

6 Liquiditätsrisiko

Die Liquidität einer Kapitalanlage beschreibt die Möglichkeit für den Anleger, seine Vermögenswerte jederzeit zu marktgerechten Preisen zu verkaufen. Dies ist üblicherweise dann der Fall, wenn ein Anleger seine Wertpapiere verkaufen kann, ohne dass schon ein (gemessen am marktüblichen Umsatzvolumen) durchschnittlich großer Verkaufsauftrag zu spürbaren Kursschwankungen führt und nur auf deutlich niedrigerem Kursniveau abgewickelt werden kann.

Grundsätzlich sind **Breite und Tiefe eines Marktes entscheidend** für schnelle und problemlose Wertpapiertransaktionen: Ein Markt besitzt Tiefe, wenn viele offene Verkaufsaufträge zu Preisen unmittelbar über dem herrschenden Preis und umgekehrt viele offene Kaufaufträge zu Preisen unmittelbar unter dem aktuellen Kursniveau im Markt vorhanden sind. Als breit kann ein Markt dann bezeichnet werden, wenn diese Aufträge nicht nur zahlreich sind, sondern sich außerdem auf hohe Handelsvolumina beziehen.

6.1 Angebots- und nachfragebedingte Illiquidität

Für Schwierigkeiten beim Kauf oder Verkauf von Wertpapieren können **enge und illiquide Märkte** verantwortlich sein. In vielen Fällen kommen tagelang Notierungen an der Börse zu Stande, ohne dass Umsätze stattfinden. Für solche Wertpapiere besteht zu einem bestimmten Kurs **nur Angebot (Briefkurs)** oder **nur Nachfrage (Geldkurs)**. Unter diesen Umständen ist die Durchführung Ihres Kauf- oder Verkaufsauftrages nicht sofort, nur in Teilen **(Teilausführung)** oder nur zu ungünstigen Bedingungen möglich. Zusätzlich können Ihnen hieraus höhere Transaktionskosten entstehen.

Besondere Schwierigkeiten bei der Ausführung Ihres Auftrages zum Kauf oder Verkauf können sich insbesondere dann ergeben, wenn die betroffenen Wertpapiere überhaupt nicht an der Börse oder an einem organisierten Markt gehandelt werden.

6.2 Illiquidität trotz Market Making

Bei vielen Wertpapieren stellt der Market Maker (der Emittent oder ein Dritter) in der Regel zwar während der gesamten Laufzeit täglich fortlaufend **An- und Verkaufskurse. Er ist hierzu aber nicht in jedem Fall verpflichtet**. Daher kann Illiquidität auch in Märkten mit Market Making vorkommen. Sie gehen dann das Risiko ein, das Wertpapier nicht zu dem von Ihnen gewünschten Zeitpunkt verkaufen zu können.

6.3 Illiquidität auf Grund der Ausgestaltung des Wertpapiers oder der Marktusancen

Die Liquidität kann auch aus anderen Gründen eingeschränkt sein:

– Bei Wertpapieren, die auf den Namen des Eigentümers lauten, kann die **Umschreibung** zeitaufwendig sein.
– Die usancebedingten **Erfüllungsfristen** können mehrere Wochen betragen, so dass Ihnen, wenn Sie der Verkäufer der Wertpapiere sind, der Verkaufserlös entsprechend spät zufließt.
– **Mitunter** ist nach dem Erwerb von Wertpapieren ein **kurzfristiger Verkauf nicht möglich**.

Haben Sie einen kurzfristigen Liquiditätsbedarf, so müssen Sie eventuell eine Zwischenfinanzierung in Anspruch nehmen – mit entsprechenden Kosten.

7 Psychologisches Marktrisiko

Auf die allgemeine Kursentwicklung an der Börse wirken sehr oft **irrationale Faktoren** ein. Stimmungen, Meinungen und Gerüchte können einen bedeutenden Kursrückgang verursachen, obwohl sich die Ertragslage und die Zukunftsaussichten der Unternehmen nicht nachteilig verändert haben müssen. Das psychologische Marktrisiko wirkt sich besonders auf Aktien aus und wird in dieser Broschüre daher im Kapitel D 2.4.1 näher behandelt.

8 Risiko bei kreditfinanzierten Wertpapierkäufen

Die Beleihung Ihres Wertpapierdepots ist eine Möglichkeit, wie Sie als Anleger in Wertpapieren handlungsfähig und liquide bleiben können. Je nach Art des Wertpapiers kann das Depot in unterschiedlicher Höhe beliehen werden. Bei festverzinslichen Wertpapieren ist der Beleihungswert grundsätzlich höher als bei Aktien.

Aber beachten Sie: Kreditfinanzierte, spekulative Engagements sollten, selbst wenn Sie sehr risikofreudig sind, einen bestimmten Teil der Anlage nicht übersteigen. Nur so bleibt gewährleistet, dass Sie Wertpapiere nicht in ein Börsentief hinein verkaufen müssen, weil Sie das Geld benötigen oder die Börsenlage unsicher geworden ist. Auch wenn sich der Markt entgegen Ihren Erwartungen entwickelt, müssen Sie nicht nur den eingetretenen Verlust hinnehmen, sondern auch die **Kreditzinsen zahlen und den Kreditbetrag zurückzahlen**. Prüfen Sie deshalb vor Geschäftsabschluss Ihre wirtschaftlichen Verhältnisse darauf, ob Sie zur Zahlung der Zinsen und ggf. kurzfristigen Tilgung des Kredits auch dann in der Lage sind, wenn statt der erwarteten Gewinne Verluste eintreten. Im Einzelnen bestehen insbesondere folgende Risiken:

- Veränderung des Kreditzinssatzes,
- Beleihungswertverlust des Depots durch Kursverfall,
- Nachschuss aus anderen Liquiditätsmitteln, um die Deckungsrelation wiederherzustellen und weitere Kreditkosten zu begleichen (insbesondere Sollzinsen, die durch die beliehenen Wertpapiere nicht gesichert werden),
- Verkauf (von Teilen) der Depotwerte mit Verlust durch Sie oder den Kreditgeber, soweit Nachschuss nicht erfolgt oder nicht ausreicht,
- Verwertung des gesamten Depotbestands bei Pfandreife,
- Verpflichtung zur Tilgung der Restschulden bei nicht ausreichendem Erlös aus der Verwertung des Depots.

Machen Sie sich bewusst, dass auch bei einem reinen Anleihendepot eine Beleihung mit Risiken für Sie verbunden ist: Besonders bei langlaufenden Anleihen kann ein starker Anstieg des Kapitalmarktzinsniveaus zu Kursverlusten führen, so dass die kreditgebende Bank wegen Überschreitung des Beleihungsrahmens **weitere Sicherheiten** von Ihnen nachfordern kann. Wenn Sie diese Sicherheiten nicht beschaffen können, so ist das Kreditinstitut möglicherweise zu einem Verkauf Ihrer Depotwerte gezwungen.

9 Steuerliche Risiken
Auch steuerliche Risiken können auf eine Kapitalanlage einwirken.

9.1 Besteuerung beim Anleger
Als Anleger, der auf Rendite und Substanzerhaltung ausgerichtet ist, sollten Sie die steuerliche Behandlung Ihrer Kapitalanlage beachten. Letztlich kommt es für Sie auf den Nettoertrag an, d.h. den Ertrag nach Abzug der Steuern.

Wichtiger Hinweis: Kapitalerträge sind einkommensteuerpflichtig. Informieren Sie sich vor einer Investition über die steuerliche Behandlung Ihrer beabsichtigten Anlage, und vergewissern Sie sich, ob diese Anlage auch unter diesem individuellen Aspekt Ihren persönlichen Erwartungen gerecht wird. Wenden Sie sich hierzu bei Bedarf an Ihren steuerlichen Berater. Bitte beachten Sie auch, dass die steuerliche Behandlung von Kursgewinnen und Wertpapiererträgen – in der Höhe und nach der Art – vom Gesetzgeber geändert werden kann.

9.2 Auswirkungen am Kapitalmarkt
Änderungen im Steuerrecht eines Landes, die die Einkommenssituation der Anleger und/oder die Ertragslage von Unternehmen betreffen, können positive wie negative Auswirkungen auf die Kursentwicklung am Kapitalmarkt haben.

10 Sonstige Basisrisiken

Im Folgenden werden einige weitere Risiken angesprochen, deren Sie sich bei der Anlage in Wertpapieren generell bewusst sein sollten. Nicht immer geht es dabei nur um mögliche finanzielle Einbußen. In Einzelfällen müssen Sie auch mit anderen Nachteilen rechnen. So kann es Sie unerwartet viel Zeit und Mühe kosten, bestimmten mit dem Wertpapierengagement verbundenen Pflichten und notwendigen Dispositionen nachzukommen.

10.1 Informationsrisiko

Das Informationsrisiko meint die **Möglichkeit von Fehlentscheidungen infolge fehlender, unvollständiger oder falscher Informationen**. Mit falschen Informationen können Sie es entweder durch den Zugriff auf unzuverlässige Informationsquellen, durch falsche Interpretation bei der Auswertung ursprünglich richtiger Informationen oder auf Grund von Übermittlungsfehlern zu tun haben. Ebenso kann ein Informationsrisiko durch ein Zuviel oder ein Zuwenig an Informationen oder auch durch zeitlich nicht aktuelle Angaben entstehen.

10.2 Übermittlungsrisiko

Wenn Sie Wertpapierorders erteilen, so muss sich das nach festen Regeln vollziehen, damit Sie vor **Missverständnissen** bewahrt werden und einen eindeutigen Anspruch auf Auftragsausführung erlangen. Jeder Auftrag eines Anlegers an die Bank muss deshalb bestimmte, unbedingt erforderliche Angaben enthalten. Dazu zählen insbesondere die Anweisung über Kauf oder Verkauf, die Stückzahl oder der Nominalbetrag und die genaue Bezeichnung des Wertpapiers.

> **Bitte beachten Sie:** Inwieweit das Übermittlungsrisiko eingegrenzt oder ausgeschlossen werden kann, hängt entscheidend auch von Ihnen ab – je präziser Ihr Auftrag, desto geringer das Risiko eines Irrtums.

10.3 Auskunftsersuchen ausländischer Aktiengesellschaften

Gleichgültig, ob Sie Ihre ausländischen Wertpapiere von der Bank im Inland oder im Ausland erwerben, veräußern oder verwahren lassen: Die **ausländischen Papiere unterliegen der Rechtsordnung des Staates, in dem der Erwerb, die Veräußerung oder die Verwahrung stattfindet**. Sowohl Ihre Rechte und Pflichten als auch die der Bank bestimmen sich daher nach der dortigen Rechtsordnung, die auch die Offenlegung Ihres Namens vorsehen kann. So sind beispielsweise Aktiengesellschaften häufig berechtigt oder sogar verpflichtet, über ihre Aktionäre Informationen einzuholen. Gleiches gilt auch regelmäßig für ausländische Kapitalmarktaufsichtsbehörden, Börsen und andere zur Überwachung des Kapitalmarkts befugte Stellen. Hintergrund solcher Auskunftsersuchen staatlicher Stellen sind beispielsweise Insiderverdachtsfälle oder Sachverhalte der Kurs- und Marktpreismanipulation. Es handelt sich dabei um Sachverhalte, wie sie auch in Europa und Deutschland auf Anforderungen der Bundesanstalt für Finanzdienstleistungsaufsicht (BaFin) oder anderer Finanzmarktaufsichtsbehörden hin zu behandeln sind. Soweit Ihre depotführende Bank hiernach im Einzelfall zur Auskunftserteilung unter Offenlegung Ihres Namens verpflichtet ist, wird sie Sie benachrichtigen.

10.4 Risiko der Eigenverwahrung

Wenn Sie Ihre Wertpapiere in Eigenverwahrung halten (wollen), sollten Sie bedenken, dass im Falle des **Verlustes** dieser Urkunden – beispielsweise durch Brand oder Entwendung – für die Wiederherstellung der Rechte ein gerichtliches Aufgebotsverfahren eingeleitet werden muss, das erhebliche Kosten verursachen kann. Die Beschaffung der neuen Urkunden kann von der Einleitung der ersten Maßnahmen – Meldung des Verlustes – über die Kraftloserklärung bis zu ihrer ersatzweisen Ausstellung mehrere Jahre dauern. Sollte ein Dritter die Stücke gutgläubig erworben haben, so müssen Sie unter Umständen mit einem endgültigen Verlust rechnen.

- **Nachteile durch mangelnden Überblick über wichtige Termine**

Von einem Verlust abgesehen, können Sie jedoch auch andere finanzielle Einbußen erleiden. So erfahren Selbstverwahrer sehr oft erst nach Jahren zufällig bei der Vorlage von Zinsscheinen, dass die Anleihe bereits seit längerer Zeit infolge **Verlosung** oder **vorzeitiger Kündigung** zur Rückzahlung fällig geworden ist – ein Zinsverlust ist die Folge. Ferner wird häufig beobachtet, dass Dividendenscheine vorgelegt werden, die ein **inzwischen abgelaufenes Bezugsrecht** verkörpern. Nicht selten wäre durch die rechtzeitige Verwertung eines solchen Rechtes ein Mehrfaches der Jahresdividende erlöst worden.

- **Ausländische Namenspapiere** sollten grundsätzlich nicht in Eigenverwahrung genommen werden. Bei dieser Verwahrart wird der Inhaber mit Namen und Anschrift im Aktienregister eingetragen. Die unmittelbare Folge ist, dass alle Gesellschaftsinformationen sowie alle Ausschüttungen direkt an ihn gelangen – unter Ausschluss einer Verwahrbank. In Erbschaftsfällen ist die jederzeitige Verkaufsmöglichkeit solcher Papiere nicht immer sichergestellt. Unter Umständen wird der Eigenverwahrer auch mit den auf ihn zukommenden fremdsprachlichen Unterlagen, Informationen, Anforderungen etc. überfordert sein.

10.5 Risiken bei der Verwahrung von Wertpapieren im Ausland

Die Bank lässt im Ausland angeschaffte Wertpapiere von einem Dritten im Ausland verwahren. Dabei kommt grundsätzlich eine Verwahrung in den Ländern in Betracht, in denen der Emittent des Wertpapiers oder die Börse, über die das Wertpapier erworben worden ist, ihren Sitz haben. Die **Haftung der Bank** beschränkt sich dabei auf die **sorgfältige Auswahl und Unterweisung** des Verwahrers.

Die Wertpapiere unterliegen hinsichtlich der Verwahrung der Rechtsordnung und den Usancen ihres jeweiligen Verwahrungsortes. Ihre Bank verschafft sich das Eigentum, Miteigentum oder eine im jeweiligen Lagerland vergleichbare Rechtsstellung an den Wertpapieren. Sie trägt Sorge, dass ein Pfand-, Zurückbehaltungs- oder ähnliches Recht an den Kundenwerten nur geltend gemacht wird, wenn es sich aus der Anschaffung, Verwaltung oder Verwahrung der Papiere ergibt. Die Wertpapiere hält Ihre Bank treuhänderisch für Sie und erteilt Ihnen eine so genannte Gutschrift in Wertpapierrechnung (WR-Gutschrift). Sie gibt dabei den ausländischen Staat an, in dem sich die Wertpapiere befinden.

Durch die Verwahrung im Ausland **kann es zu höheren Kosten und längeren Lieferfristen kommen**. Dies gilt insbesondere dann, wenn die Wertpapiere umgelagert werden müssen. Überträgt beispielsweise ein Kunde sein Depot zu einer anderen Bank, kann dies längere Zeit in Anspruch nehmen.

Sollte der ausländische Verwahrer zahlungsunfähig sein, bestimmen sich die Folgen nach der dort geltenden Rechtsordnung und der Ihrer Bank eingeräumten Rechtsposition. Um einen Zugriff auf Ihre Wertpapiere zu vermeiden, auch wenn diese ungetrennt von den Wertpapieren anderer Kunden oder Ihrer Bank verwahrt werden, hat Ihre Bank oder ein von ihr betrauter Dritter mit den Lagerstellen vereinbart, die dortigen Depots mit dem Zusatz „Kundendepot" zu führen. Bei Pfändungen, sonstigen Zwangsvollstreckungsmaßnahmen oder anderen Eingriffen bezüglich der Kundenwerte hat Ihre Bank mit der Lagerstelle eine unverzügliche Unterrichtung vereinbart, um die erforderlichen Maßnahmen zur Wahrung Ihrer Rechtsposition einleiten zu können. **Pfändungen, Zwangsvollstreckungsmaßnahmen oder andere Eingriffe gegen den ausländischen Verwahrer können jedoch zur Folge haben, dass Ihnen bis zu einem Abschluss des Verfahrens der Zugriff auf Ihre Wertpapiere nur eingeschränkt oder gar nicht möglich ist.** Auch bleiben Prozessrisiken bei der Durchsetzung Ihrer Ansprüche.

Bei einer Verwahrung im Ausland können weitere Beeinträchtigungen durch höhere Gewalt, Krieg oder Naturereignisse oder Zugriffe Dritter vorkommen. Für Verluste aus solchen Ereignissen übernimmt die Bank keine Haftung.

> **Bitte beachten Sie:** Mit dem Wandel der gesellschaftlichen Strukturen in so genannten Schwellenländern ist oftmals eine tief greifende Änderung der jeweiligen Rechtsordnung verbunden. Eine verlässliche Bewertung der Rechtsstellung der mit der Verwahrung betrauten Lagerstellen kann nicht in jedem Falle vorgenommen werden. Es besteht daher das Risiko, dass es bei der Durchsetzung Ihrer Rechte als Anleger zu Schwierigkeiten kommen kann.

11 Einfluss von Nebenkosten auf die Gewinnerwartung

Beim Kauf und Verkauf von Wertpapieren fallen neben dem aktuellen Preis des Wertpapiers verschiedene Nebenkosten (**Transaktionskosten, Provisionen**) an. So stellen die Kreditinstitute in aller Regel ihren Kunden eigene Provisionen in Rechnung, die entweder eine feste Mindestprovision oder eine anteilige, vom Auftragswert abhängige Provision darstellen. Die Konditionengestaltung ist hierbei zwangsläufig unterschiedlich, da die Kreditinstitute untereinander im Wettbewerb stehen. Soweit in die Ausführung Ihres Auftrags weitere – in- oder ausländische – Stellen eingeschaltet sind, wie insbesondere inländische Skontroführer oder Broker an ausländischen Märkten, müssen Sie berücksichtigen, dass Ihnen auch deren Courtagen, Provisionen und Kosten (fremde Kosten) weiterbelastet werden.

Neben diesen Kosten, die unmittelbar mit dem Kauf eines Wertpapiers verbunden sind (direkte Kosten), müssen Sie auch die Folgekosten (z. B. **Depotentgelte**) berücksichtigen. Verschaffen Sie sich daher vor Kauf oder Verkauf eines Wertpapiers Klarheit über Art und Höhe aller eventuell anfallenden Kosten – nur so können Sie Ihre Chancen, durch Ihre Anlageentscheidung einen Gewinn zu realisieren, verlässlich einschätzen.

Bei bestimmten Wertpapieren fallen auch **laufende Kosten** an. So ist bei Investmentfondsanteilen regelmäßig vorgesehen, dass die ausgebende Kapitalanlagegesellschaft jährlich Verwaltungsentgelte einbehält. Je nach Konstruktion des Wertpapiers können für Sie als Anleger auch **Kosten auf mehreren Ebenen** entstehen. Dies gilt beispielsweise für Dachfonds, Zertifikatefonds oder Zertifikate, die in Fonds investieren. So können insbesondere Verwaltungsentgelte sowohl bei dem von Ihnen erworbenen Wertpapieren als auch bei den Zielwertpapieren, in die investiert wird, anfallen.

> **Bitte beachten Sie:** Je höher die Kosten sind, desto länger müssen Sie warten, bevor sich ein Gewinn einstellen kann.

D Spezielle Risiken bei der Vermögensanlage

1 Spezielle Risiken bei verzinslichen Wertpapieren

Neben den zuvor dargestellten Basisrisiken haben Sie es bei verzinslichen Wertpapieren mit einer Reihe von speziellen Risiken zu tun. Dazu zählen das Bonitätsrisiko, das Zinsänderungsrisiko, das Kündigungsrisiko, das Auslosungsrisiko sowie weitere spezifische Risiken einzelner Anleiheformen. Sie sollten sich mit den einzelnen Risikoquellen und -ausprägungen vertraut machen, um zu einer verlässlichen Einschätzung Ihrer Ertragschancen zu kommen und auch alternative Anlagemöglichkeiten in verzinslichen Wertpapieren möglichst sachgerecht beurteilen zu können.

1.1 Bonitätsrisiko

Unter dem **Bonitätsrisiko** versteht man die **Gefahr der Zahlungsunfähigkeit oder Illiquidität des Schuldners**, d.h. eine mögliche, vorübergehende oder endgültige Unfähigkeit zur termingerechten Erfüllung seiner Zins- und/oder Tilgungsverpflichtungen. Alternative Begriffe für das Bonitätsrisiko sind das Schuldner- oder **Emittentenrisiko**.

1.1.1 Ursachen von Bonitätsveränderungen

Die Bonität eines Emittenten kann sich auf Grund von Entwicklungen im gesamtwirtschaftlichen oder unternehmensspezifischen Umfeld während der Laufzeit einer Anleihe ändern. Ursachen hierfür können drei Faktoren sein:

- **Konjunkturelle Veränderungen**, die die Gewinnsituation und die Zahlungsfähigkeit von Emittenten nachhaltig beeinträchtigen können. Der Druck verstärkt sich, je länger eine Konjunkturerholung auf sich warten lässt.
- Veränderungen, die ihre **Ursache in einzelnen Unternehmen, Branchen oder Ländern** haben. Beispiele hierfür sind hohe Staatsdefizite und wirtschaftliche Krisen.
- **Politische Entwicklungen** mit starken wirtschaftlichen Auswirkungen, die die Zahlungsfähigkeit eines Landes beeinflussen.

Eine Bonitätsverschlechterung des Emittenten wirkt sich entsprechend ungünstig auf die Kursentwicklung der betreffenden Wertpapiere aus (**Risikoabschlag**). Das Bonitätsrisiko liegt tendenziell umso höher, je länger die Restlaufzeit der Anleihe ist. Bei Zero Bonds sollten Sie der Bonität des Anleiheschuldners besondere Aufmerksamkeit widmen, um die Sicherheit der Einlösung zu erhöhen, da bei dieser Anleiheform Zinsen gestundet und erst bei Endfälligkeit gemeinsam mit dem Kapital gezahlt werden (zu weiteren spezifischen Risiken dieser Anlageform siehe Kapitel D 1.5.3).

Bei Anleihen zählt die **Bonität** des Emittenten – neben der Werthaltigkeit der für die Anleihe eventuell bestellten Sicherheiten – zu den wichtigsten Entscheidungskomponenten eines Anlegers. Eine fortwährend gute Bonität sichert die Erfüllung der vertraglichen Pflichten des Schuldners – die Zins- und Tilgungszahlung. Allerdings kann sich die Bonität des Emittenten während der Laufzeit der Anleihe derart verschlechtern, dass die Zins- und Tilgungszahlungen nicht nur gefährdet sind, sondern sogar ausfallen.

1.1.2 Rendite als Bonitätsmaßstab

Eine erstklassige Schuldnerbonität ist in der Regel mit einer geringeren Rendite verbunden. Eine solche Anleihe wird von vornherein mit einer niedrigeren Nominalverzinsung ausgestattet als gleichzeitig emittierte Anleihen bonitätsmäßig geringer eingestufter Schuldner.

Der Renditeaufschlag gegenüber so genannten risikofreien Anlagen wird auch als **Credit Spread** bezeichnet. Dieser wird in **Basispunkten** (1 Basispunkt = 0,01%-Punkt) angegeben. **Je höher der Credit Spread, desto höher ist das Risiko** der Anleihe einzuschätzen.

Als Anleger müssen Sie abwägen, ob Sie für ein höheres Sicherheitsniveau eine geringere Rendite in Kauf nehmen oder eine höhere Rendite bei gleichzeitig höherem Risiko erzielen wollen. Als Faustregel gilt: Je stärker die Rendite des Einzelwerts von der üblichen Marktrendite nach oben abweicht, desto größer ist das Risiko für den Anleger.

Emittenten mit niedriger Bonitätseinschätzung und damit vergleichsweise höherer Rendite eignen sich nur für den risikobewussten Anleger. Bei den so genannten **Junk Bonds** (wörtlich: Ramschanleihen), auch **High Yield Bonds** genannt, ist die Bonität meist sehr gering und die Gefahr eines Totalverlustes in Zeiten des wirtschaftlichen Niedergangs in besonderem Maße gegeben.

1.1.3 Rating als Entscheidungshilfe

Mit Hilfe des **Ratings** wird die Wahrscheinlichkeit bewertet, dass ein Schuldner die mit den von ihm emittierten Wertpapieren verbundenen Zins- und Tilgungszahlungen rechtzeitig und in vollem Umfang erfüllen wird.

Ratingagenturen veröffentlichen ihre Ratings in Form einer Bonitäts- oder Einstufungsnote für den Schuldner bzw. für seine Emissionen. Jede Ratingagentur verwendet dabei ihre eigenen Ratingsymbole. Die Bewertungen der bekanntesten Agenturen – Standard & Poor's, Moody's und Fitch – zeigt die nachfolgende Tabelle.

Die Ratingsysteme tragen sowohl quantitativen als auch qualitativen Beurteilungskriterien Rechnung. Die Analyse umfasst die gesamtwirtschaftliche Situation des Landes, in dem der Emittent seinen Sitz hat, und reicht über die Analyse des Branchentrends sowie der individuellen Situation des Emittenten bis hin zur wirtschaftlichen und juristischen Beurteilung der Ausstattung der Emission. Zudem enthält das Rating in der Regel ergänzend zu der Bonitätsbewertung einen positiven oder negativen Ausblick auf die weitere Entwicklung.

Bitte beachten Sie: Die Ratingagenturen sind abhängig von den **Informationen des Emittenten**. Darüber hinaus können ihnen **Fehler in der Analyse** unterlaufen. Zudem passt die Ratingagentur ihre Bewertung oft erst dann an, wenn sich die Bonität des Emittenten schon verändert hat.

Das Rating, das einem Emittenten bzw. dessen Anleihen zugemessen wird, wirkt sich auf die Konditionengestaltung noch zu begebender Anleihen aus, insbesondere auf die Höhe der Rendite. Eine Anleihe mit erstklassigem Rating bietet Ihnen als Anleger also regelmäßig eine niedrigere Rendite als Anleihen mit niedrigerem Rating.

Bitte beachten Sie: Veränderungen des Ratings während der Laufzeit der Anleihe können Kursänderungen der Anleihe bewirken. Bitte beachten Sie auch, dass nicht alle Emittenten über ein Rating verfügen und die Qualität einer Anleiheemission ohne Rating durchaus besser sein kann als die einer Emission mit Rating.

Die Ratingsymbole der Firmen Standard & Poor's (S & P), Moody's und Fitch:

Bonitätsbewertung	S & P	Moody's	Fitch
Sehr gute Anleihen			
Beste Qualität, geringstes Ausfallrisiko	AAA	Aaa	AAA
Hohe Qualität, aber etwas größeres Risiko als die Spitzengruppe	AA+ AA AA −	Aa1 Aa2 Aa3	AA+ AA AA −
Gute Anleihen			
Gute Qualität, viele gute Investmentattribute, aber auch Elemente, die sich bei veränderter Wirtschaftsentwicklung negativ auswirken können	A+ A A−	A1 A2 A3	A+ A A−
Mittlere Qualität, aber mangelnder Schutz gegen die Einflüsse sich verändernder Wirtschaftsentwicklung	BBB+ BBB BBB −	Baa1 Baa2 Baa3	BBB+ BBB BBB −
Spekulative Anleihen			
Spekulative Anlage, nur mäßige Deckung für Zins- und Tilgungsleistungen	BB+ BB BB −	Ba1 Ba2 Ba3	BB+ BB BB −
Sehr spekulativ, generell fehlende Charakteristika eines wünschenswerten Investments, langfristige Zinszahlungserwartung gering	B+ B B −	B1 B2 B3	B+ B B −
Junk Bonds (hoch verzinslich, hoch spekulativ)			
Niedrigste Qualität, geringster Anlegerschutz in Zahlungsverzug oder in direkter Gefahr des Verzugs	CCC CC C	Caa Ca C	CCC CC C
Sicherer Kreditausfall, (fast) bankrott	D	-	D

Quelle: Handelsblatt

Wichtiger Hinweis zum Umgang mit Ratings: Das **Rating ersetzt nicht Ihre Urteilsbildung** als Anleger und ist nicht als Kauf- oder Verkaufsempfehlung für bestimmte Wertpapiere zu verstehen. Das Rating soll Sie lediglich bei einer Anlageentscheidung unterstützen und ist nur ein Faktor neben anderen.

1.2 Zinsänderungsrisiko/Kursrisiko während der Laufzeit

Das Zinsänderungsrisiko ist **eines der zentralen Risiken** des verzinslichen Wertpapiers. Schwankungen im Zinsniveau sind am Geldmarkt (kurz- bis mittelfristig) und Kapitalmarkt (langfristig) an der Tagesordnung und können den Kurswert Ihrer Wertpapiere täglich ändern.

Das Zinsänderungsrisiko ergibt sich aus der **Ungewissheit über die zukünftigen Veränderungen des Marktzinsniveaus**. Der Käufer eines festverzinslichen Wertpapiers ist einem Zinsänderungsrisiko in Form eines Kursverlustes ausgesetzt, wenn das Marktzinsniveau steigt. Dieses Risiko wirkt sich grundsätzlich umso stärker aus, je deutlicher der Marktzinssatz ansteigt, je länger die Restlaufzeit der Anleihe und je niedriger die Nominalverzinsung ist.

Stark steigende Kapitalmarktzinsen führen bei festverzinslichen Wertpapieren zu erheblichen Kursverlusten. Diese negativen Kursveränderungen realisieren sich dann, wenn Sie die Anleihen nicht bis zum Ende der Laufzeit behalten. Andernfalls erfolgt spätestens am Laufzeitende – Zahlungsfähigkeit des Emittenten vorausgesetzt – die Einlösung zum Nennwert.

1.2.1 Zusammenhang zwischen Zins- und Kursentwicklung

Die Kursbildung verzinslicher Wertpapiere vollzieht sich in Abhängigkeit von Angebot und Nachfrage. Diese beiden Faktoren richten sich in erster Linie nach dem Verhältnis der Nominalverzinsung der Anleihe zum jeweiligen Zinsniveau am Geld- und Kapitalmarkt (= **Marktzinssatz**).

- Der Nominalzins einer festverzinslichen Anleihe ist der in Prozent vom Nennwert einer Anleihe angegebene Zinssatz (**Kupon**). Er wird grundsätzlich in Anlehnung an das zum Emissionszeitpunkt herrschende Marktzinsniveau für die Dauer der Laufzeit festgesetzt. Während der Laufzeit der Anleihe kann jedoch der Kurs erheblich vom Einstandskurs abweichen. Das Ausmaß der Kursabweichung ist insbesondere abhängig von den jeweiligen Veränderungen des Marktzinsniveaus.

- Das **Marktzinsniveau** wird weitgehend durch die staatliche Haushaltspolitik, die Politik der Notenbank, die Entwicklung der Konjunktur, die Inflation sowie das ausländische Zinsniveau und die Wechselkurserwartungen beeinflusst. Die Bedeutung der einzelnen Faktoren ist allerdings nicht direkt quantifizierbar und schwankt im Zeitablauf.

Notenbanken wie z. B. die Europäische Zentralbank (EZB) nehmen regelmäßig Interventionen vor, um die Konjunktur abzubremsen oder anzukurbeln. Leitzinsen werden gesenkt, um neue Investitionen zu fördern und das Wirtschaftswachstum anzufachen und zu beschleunigen. Zinserhöhungen hingegen werden eingesetzt, wenn die Wirtschaft zu schnell wächst oder die Inflation unter Kontrolle gehalten werden soll. Die Geldpolitik der Notenbanken kann allerdings nur die kurzfristigen Zinsen direkt beeinflussen. Somit haben Zinsschritte der Notenbanken Auswirkungen auf die Kosten zur Aufnahme von Krediten mit kurzer Laufzeit.

Die Finanzmärkte reagieren häufig vor **Zinsentscheidungen der Notenbanken**, da die Marktteilnehmer versuchen, wahrscheinliche Änderungen der Leitzinsen vorherzusehen und diesen Rechnung zu tragen. Die längerfristigen Zinssätze werden tendenziell stärker von den Erwartungen für das Wirtschaftswachstum beeinflusst. Besonders günstige Konjunkturprognosen führen meist zu höheren längerfristigen Zinssätzen und umgekehrt.

Wie an jedem Markt haben Angebot und Nachfrage Einfluss auf die Preise. Beabsichtigt beispielsweise ein Staat, Kapital von Anlegern für einen ungewöhnlich langen Zeitraum zu entleihen, wird er möglicherweise höhere Zinsen bieten müssen, um genügend Anleger anziehen zu können. Der Mangel an Liquidität wegen ansonsten unzureichender Nachfrage wird dann durch besonders attraktive Renditen kompensiert.

Eine **Veränderung des Marktzinsniveaus** nach der Begebung eines festverzinslichen Wertpapiers beeinflusst dessen Kursentwicklung in jeweils entgegengesetzter Richtung: Bei einer Erhöhung des Marktzinsniveaus sinkt in der Regel der Kurs der Anleihe, bis ihre Rendite (siehe nachfolgender Kasten) in etwa dem Marktzinssatz entspricht. Bei sinkendem Marktzinsniveau steigt umgekehrt der Kurs des festverzinslichen Wertpapiers, bis seine Rendite in etwa dem Marktzinssatz entspricht.

Der Grund liegt darin, dass festverzinsliche Anleihen mit einem Kupon ausgestattet sind, der einem festen Prozentsatz ihres ursprünglichen Nennwerts entspricht. Bei steigenden Zinsen verliert der auf eine bestehende Anleihe gezahlte feste Zinssatz vergleichsweise an Attraktivität, wodurch es im Markt zu Verkäufen kommt. Aus diesem Grund kann der Kurs einer bestehenden Anleihe unter ihren Nennwert fallen. Bei sinkenden Zinsen tritt in der Regel das Gegenteil ein – die auf eine Anleihe gezahlten Zinsen gewinnen im Vergleich an Attraktivität, was zu einem Anstieg des Anleihekurses führt.

> Unter der **Rendite eines festverzinslichen Wertpapiers** ist seine effektive Verzinsung zu verstehen, die vom nominalen Zinssatz, dem Ausgabe- bzw. Kaufkurs, dem Rückzahlungskurs und der (Rest-)Laufzeit des festverzinslichen Wertpapiers bestimmt wird.

1.2.2 Zinsänderungsempfindlichkeit: Abhängigkeit von Restlaufzeit und Kupon

Die Heftigkeit, mit der eine festverzinsliche Anleihe auf Veränderungen des Marktzinssatzes reagiert, ist im Wesentlichen von zwei Faktoren abhängig: von der (Rest-)Laufzeit und von der Höhe des Nominalzinssatzes (Kupon) der Anleihe.

Das Ausmaß, in dem der Kurs einer Anleihe auf Zinsänderungen reagiert, ist messbar. Eine häufig verwendete Messgröße zur Darstellung der Sensitivität einer bestimmten Anleihe in Bezug auf Zinsänderungen ist die so genannte **modifizierte Duration**. Die modifizierte Duration einer Anleihe gibt den Prozentsatz an, um den sich der Kurs der Anleihe ändern wird, wenn sich die Zinsen um einen Prozentpunkt ändern. Das heißt, je höher die Duration, umso stärker reagiert der Kurs der Anleihe auf Zinsänderungen.

Verschiedene Anleihen weisen eine unterschiedliche Zinssensitivität auf. Anleihen mit längeren **Laufzeiten** haben eine höhere Duration als solche mit kürzeren Laufzeiten, da der relative Vor-/Nachteil eines hohen/niedrigen Kupons für langfristige Anleihen ausgeprägter ist als für kurzfristige Papiere. Dies gilt jedoch auch für ein und dieselbe Anleihe. Im Laufe der Zeit wird aus einer Anleihe mit langer Laufzeit eine Anleihe mit kurzer Laufzeit. Dies bedeutet, dass sich die Zinssensitivität der Anleihe allmählich rückläufig entwickelt.

Ein weiterer Faktor, der Auswirkungen auf die Duration der Anleihe hat, ist die **Höhe des Kupons** der Anleihe im Vergleich zum jeweils gültigen Marktzinsniveau in dem betreffenden Währungsraum. Eine Anleihe mit von vornherein vergleichsweise hohem Kupon zeigt eine eher geringere Sensitivität in Bezug auf Zinsänderungen als eine Anleihe mit vergleichsweise niedrigem Kupon. Der Grund hierfür ist, dass bei der Anleihe mit vergleichsweise hohem Kupon der Anleger schneller einen Betrag ausgezahlt bekommt, der dem eingesetzten Nominal der Anleihe entspricht und den er dann erneut anlegen kann.

1.3 Kündigungsrisiko

In den Emissionsbedingungen, die im Verkaufsprospekt enthalten sind, kann sich der Schuldner einer Anleihe ein **vorzeitiges Kündigungsrecht** vorbehalten. Mit einem solchen einseitigen Kündigungsrecht werden Anleihen oft in Hochzinsphasen ausgestattet. Sinkt das Marktzinsniveau, so steigt für Sie als Anleger das Risiko, dass der Emittent von seinem Kündigungsrecht Gebrauch macht. Der Emittent kann auf diese Weise seine Verbindlichkeiten abbauen oder sich durch Ausgabe einer neuen Anleihe billiger refinanzieren und damit seine Zinslast verringern.

Häufig sind länger laufende Rentenpapiere am Euromarkt mit diesem – auch Call-Recht genannten – einseitigen Kündigungsrecht des Emittenten ausgestattet. Für Sie als Anleger kann eine vorzeitige Kündigung zu Abweichungen von der erwarteten Rendite führen. Vorteilhaft für Sie ist andererseits, dass solche Anleihen in der Regel von vornherein gewisse Renditeaufschläge im Vergleich zu Anleihen ohne Kündigungsrecht aufweisen. Im Gegenzug besteht das Risiko, dass im Falle einer vorzeitigen Rückzahlung einer Anleihe wegen der Ausübung des Emittentenkündigungsrechts auf Grund der veränderten Marktbedingungen eine neue Anlage weniger vorteilhaft sein kann als die bisherige Anlage (**Wiederanlagerisiko**).

1.4 Auslosungsrisiko

Tilgungsanleihen, die nach einem Auslosungsverfahren zurückgezahlt werden, sind für Sie mit besonderen Risiken verbunden. Denn die für Sie unsichere rechnerische Laufzeit bei derartigen Tilgungsanleihen kann zu Renditeveränderungen führen. Wenn Sie eine Anleihe zu einem Kurs von über 100 % kaufen und die Rückzahlung Ihrer Papiere dann auf Grund der Auslosung zu einem unerwartet frühen Termin zu pari erfolgt, verursacht diese Laufzeitverkürzung für Sie eine Renditeverschlechterung.

1.5 Risiken bei einzelnen Anleiheformen

Bei einzelnen Anleiheformen lassen sich zum Teil abweichende, zum Teil zusätzliche Risiken ausmachen.

1.5.1 Anleihen mit variablem Zinssatz (Floating Rate Notes)

Der Unterschied gegenüber den Festzins-Anleihen besteht im **unsicheren Zinsertrag**. Auf Grund der schwankenden Zinserträge können Sie die endgültige Rendite von Floating Rate Notes zum Kaufzeitpunkt nicht feststellen, so dass auch ein Rentabilitätsvergleich gegenüber Anlagen mit längerer Zinsbindungsfrist nicht möglich ist. Sehen die Anleihebedingungen häufigere Zinszahlungstermine in kürzeren Zeitabständen vor, so tragen Sie ein entsprechendes **Wiederanlagerisiko**, wenn die Marktzinsen fallen. Das heißt, Sie können die Ihnen zufließenden Zinserträge dann nur zu dem jeweils herrschenden niedrigeren Zinsniveau wieder anlegen. Floater können während der Laufzeit **Kursschwankungen** unterliegen, deren Ausmaß insbesondere von der Bonität des Emittenten abhängt.

1.5.2 Stärkere Kursausschläge bei Reverse Floatern

Bei Reverse Floatern entwickelt sich der Zinsertrag in entgegengesetzter Richtung zum Referenzzinssatz. Bei steigendem Referenzzinssatz sinkt Ihr Zinsertrag als Anleger, während er bei fallendem Referenzzinssatz steigt.

Anders als bei gewöhnlichen Floatern bewegt sich der Kurs der Reverse Floater **stark in Abhängigkeit vom Renditeniveau der von der Laufzeit vergleichbaren festverzinslichen Anleihen**. Die Kursausschläge von Reverse Floatern verlaufen gleich gerichtet, sind **jedoch wesentlich stärker** ausgeprägt als bei festverzinslichen Anleihen mit entsprechender Laufzeit. Das Risiko für den Anleger ist hoch, wenn sich ein Anstieg der langfristigen Marktzinsen anbahnt, auch wenn die kurzfristigen Zinsen fallen. Der steigende Zinsertrag ist in diesem Fall kein adäquater Ausgleich für die eintretenden Kursverluste des Reverse Floaters, da diese überproportional ausfallen.

1.5.3 Nullkupon-Anleihen (Zero Bonds)

Bei Zero Bonds haben **Veränderungen des Marktzinsniveaus** wegen der stark unter pari liegenden Emissionskurse, die durch die Abzinsung zu Stande kommen, wesentlich **stärkere Auswirkungen** auf die Kurse als bei üblichen Anleihen. Steigen die Marktzinsen, so erleiden Zero Bonds höhere Kursverluste als andere Anleihen mit gleicher Laufzeit und Schuldnerbonität. Bitte beachten Sie also: Der Zero Bond ist wegen seiner **Hebelwirkung** auf den Kurs eine Anleiheform mit besonderem Kursschwankungsrisiko. Handelt es sich um **Zero Bonds in Fremdwährung**, so ergibt sich außerdem ein **erhöhtes Währungsrisiko**, da die Zinszahlungen nicht über die Laufzeit der Anleihe verteilt, sondern zu einem einzigen Termin, nämlich zusammen mit der Rückzahlung des Kapitals bei Endfälligkeit, erfolgen.

1.5.4 Fremdwährungsanleihen und Doppelwährungsanleihen

Als Käufer von Fremdwährungsanleihen sind Sie dem **Risiko schwankender Devisenkurse** ausgesetzt. Bei einer Doppelwährungsanleihe können sich die Devisenkursschwankungen auch auf den Kurs der Anleihe auswirken, sofern die Anleihebedingungen nicht eine Währungsanpassungsklausel für den Anleger vorsehen. Im letzten Fall, einer so genannten **Quanto-Struktur**, entfällt das Währungsrisiko, da der Kupon in der Währung des Nennwerts unabhängig von der Entwicklung der Währung des Referenzzinssatzes ausgezahlt wird. Ohne eine solche Klausel wirken sich Devisenkursänderungen umso stärker auf den Anleihekurs aus, je höher der Fremdwährungsanteil der Anleihe ist.

1.5.5 Wandelanleihen

Der Kurs einer Wandelanleihe wird wesentlich vom Kurs der zu Grunde liegenden Aktie bestimmt. Steigt der Aktienkurs, erhöht sich grundsätzlich auch der Anleihekurs. Ist der Aktienkurs rückläufig, so sinkt auch der Kurs der Wandelanleihe.

Die Wandelanleihe nimmt eine **Zwischenstellung zwischen Anleihe und Aktie** ein. Das Kursrisiko von Wandelanleihen ist wegen der Anbindung an eine bestimmte Aktie grundsätzlich höher als bei Anleihen ohne Wandlungsrecht, gleichzeitig aber niedriger als bei einer Direktanlage in der betreffenden Aktie. Durch die feste Verzinsung der Anleihe ist das Kursrisiko der Wandelanleihe nämlich nach unten begrenzt. Der Kurs fällt maximal bis zu dem Punkt, wo die Rendite der Wandelanleihe dem Marktzinsniveau für in ihrer Bonität vergleichbare Anleiheschuldner entspricht. Etwas anderes gilt für die Pflichtwandelanleihe. Hier ist in erster Linie der Kurs der Aktie entscheidend, mithin ist das Kursrisiko erheblich höher.

Der Nominalzins einer Wandelanleihe ist gewöhnlich niedriger als bei einer Anleihe ohne Wandlungsrecht, so dass die laufenden Zinserträge vergleichsweise gering sind.

Bitte beachten Sie: Wenn Sie als Anleger von Ihrem **Wandlungsrecht** Gebrauch machen und die jeweilige Aktie beziehen, so wechselt Ihr Status vom Gläubiger zum Aktionär, und Sie unterliegen den üblichen **Risiken eines Aktionärs**. Dies gilt insbesondere, wenn die Bedingungen der Wandelanleihe einen Pflichtumtausch vorsehen (vgl. Kapitel D 2 „Spezielle Risiken bei Aktien").

1.5.6 Optionsanleihen

Wie bei der Wandelanleihe ist die Kapitalanlage in einer Optionsanleihe in der Regel mit niedrigeren laufenden Zinserträgen verbunden. Der Zinssatz liegt üblicherweise unter den Sätzen für Anleihen ohne Optionsrecht; es kann sich aber auch um einen Zero Bond handeln, der keine laufende Verzinsung bietet.

Der Kurs der **Anleihe mit Optionsschein („Optionsanleihe cum")** wird bei einer günstigen Entwicklung dem Kursverlauf der Aktie (bzw. dem des betreffenden Basiswerts) folgen. Nach unten ist das Kursrisiko der Optionsanleihe wegen der Verzinsung der Anleihe begrenzt: Der Kurs einer Optionsanleihe fällt maximal bis zu dem Punkt, wo ihre Rendite dem aktuellen Marktzins für vergleichbare Anleiheschuldner entspricht.

Die **Anleihe ohne Optionsschein („Optionsanleihe ex")** ist ein reines verzinsliches Wertpapier; ihr Kurs richtet sich in erster Linie nach dem Kapitalmarktzins. Die mit dem Optionsschein allein – ohne Optionsanleihe – verbundenen Risiken werden in Kapitel D 6 „Spezielle Risiken bei Optionsscheinen" beschrieben.

1.5.7 Hybridanleihen

Ein spezifisches Risiko erwächst für den Anleger aus der **Nachrangigkeit** einer Hybridanleihe. Im Falle der Insolvenz des Emittenten werden die Gläubiger einer Hybridanleihe nachrangig bedient. Dabei ist zu berücksichtigen, dass Hybridanleihen **unter den nachrangigen Verbindlichkeiten zuletzt** bedient werden. Als nachrangige Verbindlichkeiten nehmen Hybridanleihen zudem an etwaigen **Bilanzverlusten** des Emittenten teil. Dies kann dazu führen, dass eine Zinszahlung für ein oder mehrere Jahre ausbleibt. Ausgefallene Zinszahlungen werden nicht nachgeholt.

Wegen der **unbegrenzten Laufzeit** wirken sich Änderungen im allgemeinen Zinsniveau des Emittenten stärker negativ auf das Kursverhalten der Anleihe aus, als dies bei herkömmlichen verzinslichen Wertpapieren der Fall ist. Aus demselben Grund wirkt sich auch eine Rating-Herabstufung des Emittenten stärker negativ auf den Kurs einer Hybridanleihe aus als auf Anleihen desselben Emittenten, die vorrangig zu bedienen sind.

Ein weiteres spezifisches Risiko liegt in der **geringen Liquidität** von Hybridanleihen. Trotz einer möglichen Börsennotierung kann fehlende Liquidität im Sekundärmarkt dazu führen, dass die Hybridanleihe nicht oder nur mit Kursabschlägen verkauft werden kann. Da zudem ein Rückzahlungstermin für den Anlagebetrag nicht fixiert ist, kann dies dazu führen, dass Sie über Ihr Anlagekapital über einen längeren Zeitraum hinweg nicht verfügen können.

Der Anleger erlangt trotz des eigenkapitalähnlichen Charakters einer Hybridanleihe zudem **keine Mitgliedschaftsrechte** oder sonst eine dem Aktionär vergleichbare Stellung.

1.5.8 Strukturierte Anleihen

Der Vergleich von Anleihen mit indexorientierter Verzinsung und Standardanleihen macht Folgendes deutlich: Während Sie als Anleger bei Standardanleihen in der Regel – abhängig von der Bonität des Emittenten – eine feste, am Kapitalmarktzinsniveau orientierte Verzinsung erhalten, **bewegt sich die Rendite von Anleihen mit indexorientierter Verzinsung in einer bestimmten Bandbreite**. Die Untergrenze liegt in der Regel zwischen 0 % und einer unter dem Marktniveau liegenden Mindestverzinsung. Je nach der Höhe der Rückzahlungsquote **kann die Rendite auch negativ sein**. Nach oben hin ist eine in der Regel begrenzte, jedoch über dem Marktniveau von Standardanleihen liegende Rendite möglich.

Während Anleihen mit indexorientierter Verzinsung die Chance auf eine über dem Marktniveau liegende Verzinsung ermöglichen, ist diese bei Aktienanleihen von vornherein festgelegt. Wegen der fehlenden Kapitalgarantie können sich aber auch bei Aktienanleihen auf Grund rückläufiger Aktienkurse Verluste ergeben. Dies gilt selbst dann, wenn Sie die Anleihe zum Nennwert erworben und Zinszahlungen erhalten haben.

■ Aktienanleihen

Als Käufer einer Aktienanleihe erhalten Sie regelmäßig hohe laufende Zinserträge. Der Zinssatz liegt üblicherweise deutlich über den Sätzen für Standardanleihen.

Sie sollten jedoch eine positive Einstellung zu der zu liefernden Aktie besitzen, da Sie diese am Fälligkeitstag zu den im Voraus festgelegten Konditionen ggf. abnehmen müssen. Zum festgelegten Stichtag erfolgt ein Vergleich des Kurses der Aktie mit der **Andienungsschwelle** der Aktienanleihe:

– Liegt **am Stichtag** der **Preis** der Aktie **oberhalb der Andienungsschwelle oder sind beide Preise identisch**, erhalten Sie den **Nennwert der Anleihe zurückgezahlt**. Einen Verlust erleiden Sie dann, wenn Sie während der Laufzeit die Aktienanleihe zu einem höheren Kurs als dem Rückzahlungspreis erworben haben und die Differenz auch nicht durch die während der Laufzeit vereinnahmten Zinsen ausgleichen können.
– Wird die **Andienungsschwelle am Stichtag unterschritten**, wird der Anleihe-Emittent die **Aktien liefern**. In diesem Fall wird in der Regel der aktuelle Marktwert der gelieferten Aktien geringer sein als das ursprünglich eingesetzte Kapital. Bei einer Insolvenz der Aktiengesellschaft könnten Sie im Extremfall sogar wertlose Aktien erhalten. Die Höhe eines möglichen Verlustes ergibt sich aus der Differenz zwischen dem ursprünglich für die Anleihe gezahlten Kaufpreis und dem niedrigeren Kurswert der gelieferten Aktien. Er vermindert sich um die vereinnahmten Zinszahlungen. Halten Sie die gelieferten Aktien, so tragen Sie ab dem Lieferzeitpunkt die Risiken einer Aktienanlage.

Während der Laufzeit wird der Kurs der Aktienanleihe durch folgende Faktoren beeinflusst:

- Veränderungen des Kapitalmarktzinses für vergleichbare Laufzeiten,
- Bonität des Anleihe-Emittenten,
- Wertentwicklung der zu Grunde liegenden Aktie,
- Volatilität (Schwankungsintensität) der zu Grunde liegenden Aktie.

Der **Kurs kann** daher **stärker schwanken**, als es bei einer Standardanleihe der Fall ist. Sinkende Aktienkurse führen in der Regel zu fallenden Preisen für die Aktienanleihe. Das Risiko eines Kursrückgangs während der Laufzeit ist dabei umso größer, je weiter der Aktienkurs unter die Andienungsschwelle sinkt und je geringer die Restlaufzeit der Anleihe ist. Je mehr der Kurs der Aktie unter die Andienungsschwelle fällt, umso mehr kann mangels Marktnachfrage die **Handelbarkeit** der Anleihe **eingeschränkt** sein.

Auch bei den so genannten **Multi-Asset-Aktienanleihen** erfolgt zum festgelegten Stichtag ein Vergleich der Kurse der Aktien mit den Andienungsschwellen der Aktienanleihe. Liegt einer der Aktienkurse unter der entsprechenden Andienungsschwelle, so wird der Emittent die Aktien liefern. Da mehrere Aktien zu Grunde liegen, steigt die Wahrscheinlichkeit einer Aktienlieferung. Sie erhöht sich noch, sofern einer Multi-Asset-Aktienanleihe solche Aktien zu Grunde liegen, die eine negative Korrelation aufweisen, deren Kurse sich also gegenläufig entwickeln.

Anleihen mit index- oder aktienkorborientierter Verzinsung

Bei diesen Anleihen ergibt sich die Höhe des gesamten Auszahlungsbetrags am Ende der Laufzeit aus folgenden Komponenten:

- fest zugesagter Rückzahlungsbetrag (Quote des Nominalbetrags),
- feste Mindestverzinsung (sofern vorgesehen),
- Partizipation am gestiegenen Index oder Aktienkorb, ggf. auf einen bestimmten Prozentsatz beschränkt und/oder mit einem Cap (Höchstwert) versehen.

Die **Höhe der Verzinsung lässt sich nicht im Voraus bestimmen**. Sie hängt letztlich davon ab, ob und in welchem Maße die erwartete Wertentwicklung des zu Grunde liegenden Index oder Aktienkorbs eintritt; mitunter kann sie auch einen bestimmten Maximalbetrag nicht übersteigen.

Während der Laufzeit hängt die Kursentwicklung dieser Anleihen von verschiedenen Parametern ab, die sich im Zeitablauf ändern können. Im Wesentlichen beeinflussen folgende Faktoren den Kurs:

- Wertentwicklung des Index/Aktienkorbs,
- Volatilität (Schwankungsintensität) des Index/Aktienkorbs,
- Änderung des Kapitalmarktzinses für vergleichbare Laufzeiten,
- Bonität des Anleihe-Emittenten.

Zu beachten ist: Es kann durchaus vorkommen, dass der Kurs während der Laufzeit unter den zugesagten Rückzahlungsbetrag fällt. Insbesondere dann, wenn der Festkupon über dem Marktzins liegt, kann es nach Ablauf der Festkuponphase zu besonders starken Kursrückgängen kommen (zum Beispiel bei aktienkorborientierten Anleihen).

Anleihen mit indexorientierter Verzinsung, die auf Grund einer positiven Indexentwicklung während der Laufzeit einen vergleichsweise hohen Rückzahlungsbetrag erwarten lassen, werden stärker auf Indexveränderungen reagieren. Dagegen reagieren Anleihen, die auf Grund der bisherigen Indexentwicklung keine oder nur eine geringe Rendite bringen, im Allgemeinen stärker auf Zinsänderungen.

Je geringer die Restlaufzeit der Anleihe ist, desto mehr wird sich der Kurs der Anleihe an den Nominalbetrag bzw. an die festgelegte Rückzahlungsquote annähern.

- **Sonstige strukturierte Anleihen**

Sonstige strukturierte Anleihen weisen eine **komplexe Konstruktion** auf. Diese hat unmittelbare Auswirkungen auf die Rück- und/oder Zinszahlungsverpflichtung des Emittenten und kann im Ergebnis zum Totalverlust des von Ihnen eingesetzten Kapitals führen. Konkrete Aussagen über Produktspezifika und Funktionsweise dieser Instrumente können jeweils nur im Einzelfall auf der Grundlage einer detaillierten Beschreibung des Geschäfts getroffen werden.

1.5.9 Exchange Traded Commodities (ETC)

Rohstoffpreise weisen im Allgemeinen eine **größere Schwankungsbreite** (Volatilität) auf als die Preise anderer Anlageklassen. Durch die Koppelung der Wertentwicklung von ETC an den Preis eines Rohstoffes kann der ETC-Preis daher stark steigen oder fallen. Der (etwaige) Sekundärmarktpreis für ETC kann deutlich unter dem vom Anleger gezahlten Preis liegen. Anleger erhalten daher unter Umständen ihren ursprünglichen Anlagebetrag nicht in voller Höhe oder gar nicht zurück.

Für ETC besteht **weder ein Kapitalschutz noch eine Rückzahlungsgarantie**. Der Emittent ist eine Zweckgesellschaft ohne eigenes Vermögen, mit Ausnahme der im Rahmen der Besicherung eingesetzten Vermögenswerte. Wird der Emittent insolvent, können diese Vermögenswerte unter Umständen nicht zur Befriedigung aller Zahlungsansprüche ausreichen. **Im schlimmsten Fall** kann das Recht auf Auszahlung wertlos verfallen und damit ein **Totalverlust** eintreten.

Durch die **laufenden Entgelte** kommt es zu Renditeunterschieden zwischen ETC und dem zu Grunde liegenden Index oder dem physischen Rohstoff.

Bei Industriemetall-ETC erfolgt die Nachbildung des Index über Terminkontrakte. Terminkontrakte weisen grundsätzlich feste Laufzeiten auf und werden regelmäßig kurz vor Ablauf ausgetauscht. Bei einer langfristigen Teilnahme an den Basiswerten muss es in periodischen Abständen zum Schließen der alten Positionen und dem Eingehen neuer Positionen kommen („**Rollvorgang**"). Dadurch kann eine – mitunter starke – Abweichung zwischen Indexentwicklung und Kassakursen entstehen. Zudem weisen ETC auf Industriemetalle ein Bonitätsrisiko in Bezug auf den Swap-Kontrahenten auf. Hierunter versteht man die Gefahr der Zahlungsunfähigkeit, d.h. eine mögliche vorübergehende oder endgültige Unfähigkeit zur termingerechten Erfüllung von Zahlungsverpflichtungen.

Es kann zu einer **Kündigung und vorzeitigen Rückzahlung** der ETC kommen, u.a. dann, wenn der Emittent oder der Swap-Kontrahent (bei Industriemetallen) von seinem jeweiligen einseitigen Kündigungsrecht in Bezug auf die ETC bzw. den Swap Gebrauch macht.

1.5.10 Sonstige Bankschuldverschreibungen

Soweit bei (nachrangigen) Namensschuldverschreibungen ein variabler Zinssatz vereinbart ist, besteht ein **Zinsänderungsrisiko**. Die Verzinsung der Namensschuldverschreibung ist dann während ihrer Laufzeit Anpassungen auf Grund der Veränderungen von Referenzwerten unterworfen.

Während der Laufzeit der Namensschuldverschreibung sind **Verfügungen nicht möglich**. Die Namensschuldverschreibung ist grundsätzlich weder für den Anleger noch das emittierende Kreditinstitut während der Laufzeit kündbar. Unter Umständen kann sich das Kreditinstitut ein nach den Bestimmungen des Kreditwesengesetzes ausgestaltetes außerordentliches Kündigungsrecht vorbehalten.

2 Spezielle Risiken bei Aktien

Prägend für das spezielle Risikoprofil der Aktie als Anlageform ist, dass ihre Preisbildung in starkem Maße auch von Einflussfaktoren abhängt, die sich einer rationalen Kalkulation entziehen. Neben den unter D 2.1 bis D 2.3 dargestellten Risikokomponenten spielt die unter D 2.4 behandelte „Psychologie der Marktteilnehmer" eine bedeutende Rolle. Auch die Methoden, die zur Bewältigung der Flut von Informationen zur Objektivierung einer Anlageentscheidung entwickelt wurden (Kapitel D 2.5), bergen Interpretationsrisiken. Machen Sie sich die verschiedenen, zum Teil miteinander verflochtenen Risikokomponenten klar, bevor Sie eine Anlage in Aktien tätigen.

2.1 Unternehmerisches Risiko (Insolvenzrisiko)

Als Käufer einer Aktie sind Sie kein Gläubiger, sondern **Eigenkapitalgeber und damit Mitinhaber** der Aktiengesellschaft. Mit dem Erwerb der Aktie beteiligen Sie sich an der wirtschaftlichen Entwicklung der Gesellschaft. Sie werden quasi Unternehmer und eröffnen sich die damit verbundenen Chancen, tragen aber zugleich auch die Risiken.

Das unternehmerische Risiko enthält für Sie die Gefahr, dass sich das Investment anders entwickelt als ursprünglich erwartet. Auch können Sie nicht mit Sicherheit davon ausgehen, dass Sie das eingesetzte Kapital zurückerhalten. Im Extremfall, d.h. bei **Insolvenz** des Unternehmens, kann ein Aktieninvestment einen vollständigen Verlust des Anlagebetrags bedeuten, zumal die Aktionäre im Insolvenzfall erst nach Befriedigung aller Gläubigeransprüche am Liquidationserlös beteiligt werden.

2.2 Kursänderungsrisiko

Aktienkurse weisen **unvorhersehbare Schwankungen** auf. Kurz-, mittel- und langfristige Aufwärtsbewegungen und Abwärtsbewegungen lösen einander ab, ohne dass ein fester Zusammenhang für die Dauer der einzelnen Phasen herleitbar ist.

Langfristig sind die Kursbewegungen durch die Ertragslage der Unternehmen bestimmt, die ihrerseits durch die Entwicklung der Gesamtwirtschaft und der politischen Rahmenbedingungen beeinflusst werden. Mittelfristig überlagern sich Einflüsse aus dem Bereich der Wirtschafts-, Währungs- und Geldpolitik. Kurzfristig können aktuelle, zeitlich begrenzte Ereignisse wie Auseinandersetzungen zwischen den Tarifparteien oder auch internationale Krisen Einfluss auf die Stimmung an den Märkten und damit auf die Kursentwicklung der Aktien nehmen.

Unterscheidung zweier Risikoquellen

Aus Sicht des Aktienkäufers lassen sich grundsätzlich das allgemeine Marktrisiko und das unternehmensspezifische (und damit aktienspezifische) Risiko unterscheiden. Beide für sich genommen oder auch kumuliert beeinflussen die Aktienkursentwicklung.

2.2.1 Allgemeines Marktrisiko

Das **allgemeine Marktrisiko** einer Aktie (auch **systematisches Risiko** genannt) ist das Risiko einer Preisänderung, die der allgemeinen Tendenz am Aktienmarkt zuzuschreiben ist und die in keinem direkten Zusammenhang mit der wirtschaftlichen Situation des einzelnen Unternehmens steht. Dem Marktrisiko unterliegen also alle Aktien prinzipiell gleichermaßen. Parallel zum Gesamtmarkt kann demnach der Aktienkurs eines Unternehmens an der Börse sinken, obwohl sich aktuell an der wirtschaftlichen Lage des Unternehmens nichts geändert hat. So kann sich eine Veränderung des Marktzinsniveaus indirekt auf den Aktienmarkt auswirken. In der Regel reagiert der Aktienmarkt – meist mit einer gewissen Zeitverzögerung („time lag") – auf steigende Zinsen mit fallenden Aktienkursen, umgekehrt auf fallende Zinsen mit steigenden Kursen. Eine unmittelbare Zwangsläufigkeit – wie bei den Anleihen – ist hier aber nicht gegeben.

Die **Faktoren**, die einen solchen allgemeinen Kursrückgang auslösen können, sind äußerst vielfältig und **kaum kalkulierbar**, da sie sich gegenseitig überlagern können. Bei negativem Grundtrend an der Börse können auch erstklassige Aktien empfindliche Kurseinbußen erleiden. Als Anleger dürfen Sie nicht erwarten, dass sich eine ungünstige Kursentwicklung zwangsläufig oder umgehend wieder umkehrt. Es ist durchaus möglich, dass eine **Baisse-Periode** über Monate, auch über Jahre hinweg anhält.

Das allgemeine Marktrisiko können Sie auch durch eine breite Streuung der Aktien innerhalb eines Marktes nach Unternehmen und Branchen nicht reduzieren. Je breiter gestreut, desto exakter wird der Aktienbestand die Entwicklung des Marktes nachvollziehen.

2.2.2 Unternehmensspezifisches Risiko

> Das **unternehmensspezifische Risiko** (auch **unsystematisches Risiko** einer Aktie genannt) bezeichnet das Risiko einer rückläufigen Kursentwicklung bei einer Aktie auf Grund von Faktoren, die unmittelbar oder mittelbar die emittierende Gesellschaft betreffen. Ursachen einer solchen aktienspezifischen Kursentwicklung können in der betriebswirtschaftlichen Situation der Gesellschaft liegen und z. B. in falschen Managemententscheidungen oder der Verletzung aufsichtsrechtlicher oder gesetzlicher Pflichten begründet sein. Sie können aber auch aus externen, allgemeinen volkswirtschaftlichen Faktoren resultieren.

Unter dem Aspekt des unternehmensspezifischen Risikos können Aktienkurse einen ganz individuellen Verlauf entgegen dem allgemeinen Trend nehmen. Bitte beachten Sie, dass auch eine langjährige gute Wertentwicklung keinesfalls Gewähr für einen entsprechenden Anlageerfolg der Aktie in der Zukunft bietet. Das Ausmaß der Kursänderungen lässt sich im Voraus nicht genau beziffern und kann von Unternehmen zu Unternehmen, von Branche zu Branche und von Land zu Land unterschiedlich sein.

2.2.3 Penny Stocks

Man spricht von **Penny Stocks**, wenn es um Aktien geht, bei denen der Kurs meist weniger als beispielsweise 1 US-$ beträgt. Häufig werden Penny Stocks nur von einem einzelnen **Brokerhaus** zum Kauf bzw. Verkauf angeboten. Dies gilt z. B. für manche exotische Aktien oder Anteilszertifikate, für die ein von staatlich anerkannten Stellen geregelter und überwachter Markt (organisierter Markt) im Sinne einer Börse fehlt.

Sollten Sie Geschäfte in solchen, **häufig illiquiden Titeln ohne Börsennotiz** tätigen wollen, ist besondere Aufmerksamkeit geboten. Da es keinen organisierten Markt gibt, besteht die Gefahr, dass einmal erworbene Wertpapiere nicht oder nur zu erschwerten Bedingungen und u. U. mit erheblichen Preisnachteilen wieder verkauft werden können. Im Übrigen fehlt hier generell ein gesicherter Preisfindungsmechanismus, so dass nicht sichergestellt ist, dass der für Sie maßgebliche Kauf- bzw. Verkaufspreis der tatsächlichen Angebots-/Nachfragelage entspricht. Daher ist es möglich, dass es zu erheblichen Spannen zwischen Nachfrage- und Angebotspreisen (Geld- und Briefkurs) kommt. Zudem besteht bei Penny Stocks auf Grund der Marktenge ein **erhöhtes Risiko der Kursmanipulation** durch Marktteilnehmer.

2.3 Dividendenrisiko

Die Dividende einer Aktie richtet sich maßgeblich nach dem erzielten Gewinn der Aktiengesellschaft. In ertragsstarken Jahren kann die Dividende steigen. Bei niedrigen Gewinnen oder **bei Verlustsituationen der Gesellschaft kann die Dividende jedoch gekürzt werden oder sogar ganz ausfallen**. Bitte beachten Sie: Eine jahrelange ununterbrochene Dividendenzahlung ist keine Garantie für Dividendenerträge in der Zukunft und kann daher nicht einfach vorausgesetzt werden.

2.4 Psychologie der Marktteilnehmer

Steigende oder fallende Kurse am Aktienmarkt bzw. bei einer einzelnen Aktie sind von der **Einschätzung der Marktteilnehmer** und damit von deren Anlageverhalten abhängig. Neben objektiven Faktoren und rationalen Überlegungen wird die Entscheidung zum Kauf oder Verkauf von Wertpapieren auch durch **irrationale Meinungen** und **massenpsychologisches Verhalten** beeinflusst. So reflektiert der Aktienkurs auch Hoffnungen und Befürchtungen, Vermutungen und Stimmungen von Käufern und Verkäufern. Die Börse ist insofern ein Markt von Erwartungen, auf dem die Grenze zwischen einer sachlich begründeten und einer eher emotionalen Verhaltensweise nicht eindeutig zu ziehen ist.

Beispiele für psychologische Momente der Aktienkursbeeinflussung

Im Folgenden werden einige typische Phänomene und Faktoren dargestellt, die zu Auslösern von wirtschaftlich oft nicht begründbaren Aktienkursbewegungen werden können.

2.4.1 Börsen-/Marktstimmung

In einem aufwärts gerichteten Markt neigt das Anlagepublikum dazu, zunehmend stärkeres Vertrauen zu gewinnen, immer neue Risiken auf sich zu nehmen und an ursprünglichen, rational begründeten Entscheidungen aus emotionalen Gründen nicht mehr festzuhalten. Kursrelevante negative Ereignisse, die der allgemeinen Tendenz widersprechen, werden einfach ignoriert oder als in den Kursen bereits berücksichtigt („eskomptiert") bewertet. Das Kursniveau am Aktienmarkt steigt in solchen Phasen kontinuierlich an – es kommt zeitweise zu einer **Hausse**, auch „**Bull-Markt**" genannt.

Entsprechend – nur mit umgekehrtem Vorzeichen – zeigt sich diese emotionale Wahrnehmung bei einem anhaltenden Fallen der Aktienkurse. Kursrelevante, der allgemeinen Tendenz widersprechende positive Ereignisse werden nicht beachtet oder als in den Kursen bereits enthalten bewertet – es kommt zeitweise zu einer **Baisse-Phase** („**Bear-Markt**").

Je nach Stimmungsphase an der Börse kann ein und derselbe Umstand, der in einem freundlichen Börsenumfeld als positiv eingeschätzt wird, ein anderes Mal als negativ eingestuft werden. Der Börsentrend entfernt sich in solchen Fällen stimmungsbedingt von der Realität.

2.4.2 Meinungsführerschaft

Üblicherweise ist jeder Anleger bemüht, seinen Anlageentscheidungen möglichst viele Informationsquellen zu Grunde zu legen, um so die Ungewissheit über zukünftige kapitalmarktrelevante Entwicklungen zu reduzieren. In diesem Zusammenhang spielen z. B. **Analystenempfehlungen, Presseveröffentlichungen** und **Börsenbriefe** eine besondere Rolle. Diese Meinungsführer (**Opinion Leader**) besitzen eine Orientierungsfunktion für ein breites Anlegerpublikum und können den jeweiligen Börsentrend verstärken (**Multiplikator-** und **Mitläufereffekte**). Hierdurch können – oft wirtschaftlich nicht begründbare – Kursveränderungen ausgelöst werden, die den einzelnen Anleger zu Fehleinschätzungen verleiten können.

2.4.3 Trendverstärkende Spekulation

Wegen der Ungewissheit über künftige Entwicklungen enthält jede Anlageentscheidung spekulative Elemente. Sobald sich breite Anlegerkreise infolge der **psychologischen „Ansteckbarkeit"** zur Spekulation in eine bestimmte Richtung verleiten lassen, besteht die Gefahr, dass sich die Börsenentwicklung tendenziell von den ökonomischen Realitäten entfernt. In solchen Übertreibungsphasen können schon vergleichsweise unbedeutende wirtschaftliche oder politische Ereignisse, die den bisherigen Börsentrend nicht bestätigen oder in Frage stellen, zu einer plötzlichen Kurs- und Trendumkehr führen.

2.4.4 Markttechnik

Durch **computergestützte Handelsaktivitäten** können in Sekundenschnelle drastische Kursbewegungen ausgelöst werden. Dabei besteht die Gefahr, dass es zu sich selbst beschleunigenden Prozessen kommt – Kurssenkungen durch Verkäufe also automatisch eine Flut von weiteren Verkäufen nach sich ziehen.

2.4.5 Globalisierung der Märkte

Kursentwicklungstrends an wichtigen ausländischen Börsen haben oftmals eine Orientierungsfunktion für die heimische Börse. Wegen dieser marktpsychologischen Verflechtung können sich **Entwicklungen an Auslandsbörsen** – mit einer mehr oder weniger großen Verzögerung (time lag) und in einem unterschiedlichen Ausmaß – an der heimischen Börse niederschlagen.

2.4.6 Gesellschaftsbezogene Maßnahmen

Die offizielle Ankündigung oder schon die **verbreitete Vermutung bevorstehender gesellschaftsbezogener Maßnahmen**, zum Beispiel Kapitalerhöhungen, Unternehmensverträge, Wertpapiererwerbs- und Übernahmeangebote oder der Widerruf der Börsenzulassung, können vom Markt unterschiedlich aufgenommen werden.

Bei günstigem Börsenklima wird beispielsweise eine Kapitalerhöhung tendenziell eine Kurssteigerung bewirken, sofern der Markt davon ausgeht, dass der Bezugsrechtsabschlag rasch wieder aufgeholt wird und die Dividende trotz der breiteren Kapitalbasis konstant bleibt. Bei schlechterem Börsenklima kann der Kapitalwunsch der Gesellschaft dagegen als Schwäche des Unternehmens ausgelegt werden und somit zu Kursrückgängen führen.

2.5 Risiko der Kursprognose

Bei Aktiendispositionen ist der **richtige Zeitpunkt des Ein- und Ausstiegs** („Timing") mithin der entscheidende Faktor für den Anlageerfolg. Zahlreiche **Analysemethoden**, wie zum Beispiel die Fundamentalanalyse und die Chartanalyse, versuchen die Vielzahl der markt- und kursbeeinflussenden sowie der technischen Faktoren zu einer Aussage zu bündeln und einen Anhaltspunkt für eine erfolgversprechende Anlageentscheidung zu geben. Dabei liegt der Schwerpunkt der Fundamentalanalyse darin, aus den sich anbietenden Aktien die richtige Auswahl zu treffen, während die Chartanalyse vornehmlich die Entscheidung für den Zeitpunkt („Timing") der Transaktion unterstützt.

Fundamentalanalyse: Die fundamentale Aktienanalyse ist eine **Methode zur Bewertung von Unternehmen auf Grund unternehmensspezifischer Daten und des ökonomischen Umfelds**. Ziel der Fundamentalanalyse ist die Ermittlung des „fairen" oder „angemessenen" Preises einer Aktie. Das Verfahren basiert auf den klassischen Methoden der Analyse von Bilanz, Gewinn- und Verlustrechnung bzw. Kapitalflussrechnung sowie auf einer Reihe von aktienkursbezogenen Verhältniszahlen (Multiples), wie beispielsweise die Dividendenrendite oder das Kurs-Gewinn-Verhältnis. Als Ergebnis erhält man aus der Fundamentalanalyse Hinweise auf unter- bzw. überbewertete Aktien bzw. Unternehmen und damit Impulse für eine entsprechende Handlungsstrategie am Aktienmarkt.

Chartanalyse: Die Chartanalyse (auch „technische Analyse" genannt) ist eine **Technik zur Interpretation von Charts (= Kursbilder der Vergangenheit)**. Sie verfolgt das Ziel, Kursprognosen und Kurspotenziale abzuleiten, um so geeignete Zeitpunkte für Kauf- und Verkaufsdispositionen zu identifizieren. Das Chart stellt sich als grafische Aufzeichnung von Kursverläufen und Umsatzentwicklungen meist einer Aktie, eines Aktienindex, aber auch von Branchen und Währungen für einen ausgewählten Zeitraum dar.

Der Chartanalyst geht von der Hypothese aus, dass der Kursverlauf von Aktien bestimmte Muster bildet, die sich über die Zeit in ähnlicher Weise wiederholen und sich daher – einmal erkannt – zur Prognose voraussichtlicher Kursentwicklungen eignen. Viele Marktteilnehmer berücksichtigen charttechnische Faktoren bei ihren Anlageentscheidungen, was wiederum Auswirkungen auf den Kursverlauf im Sinne einer „**selffulfilling prophecy**" hat. Das heißt, je öfter sich die auf Grund einer bestimmten technischen Konstellation zu erwartende Kursentwicklung eingestellt hat, desto mehr Anleger handeln danach, um den erwarteten Kurseffekt in ihren Strategien entsprechend zu berücksichtigen.

Die Fundamentalanalyse basiert grundsätzlich auf den jeweils aktuell verfügbaren Informationen und entwickelt daraus Prognosen über die zukünftige Entwicklung. Diese Schlussfolgerungen müssen sich hinterher nicht immer als richtig erweisen, wenn etwa aktuelle Situationen in Wirtschaft und Politik und deren mögliche **Auswirkungen auf die Unternehmen falsch eingeschätzt** worden sind.

Bei der Chartanalyse ist zu berücksichtigen, dass **Charts subjektiv interpretierbar** sind und Aussagen aus einem Chart immer nur einen gewissen Wahrscheinlichkeitsgrad haben, aber nie als Gewissheit angesehen werden können. So können sich Prognosen auf Grund charttechnischer Formationen im Nachhinein als fehlerhaft erweisen. Aktiendispositionen bleiben somit immer Entscheidungen, die unter Unsicherheit über die zukünftige Entwicklung zu treffen sind.

2.6 Risiko des Verlusts und der Änderung von Mitgliedschaftsrechten

Die in den Aktien verbrieften Mitgliedschaftsrechte können durch verschiedene gesellschaftsbezogene Maßnahmen bis hin zum **Verlust der Aktionärsstellung** verändert oder durch andere Rechte ersetzt werden. Je nachdem, welchem Recht die Aktiengesellschaft unterliegt, kann dies zum Beispiel auf Grund von Rechtsformwechseln, Verschmelzungen, Spaltungen, Eingliederungen der Gesellschaft oder des Abschlusses von Unternehmensverträgen geschehen. Nach Wirksamwerden der Maßnahme können einzelne Mitgliedschaftsrechte wie z. B. der Dividendenanspruch entfallen. Durch Umwandlungen kann der Anleger Gesellschafter einer anderen Gesellschaft werden, die nicht notwendigerweise den Aktionärsrechten vergleichbare Mitgliedschaftsrechte gewährt. Oft ist auch der Hauptaktionär nach der jeweiligen Rechtsordnung berechtigt, das Ausscheiden der Minderheitsaktionäre zu verlangen („**Squeeze out**"). In Deutschland kann ein Großaktionär, der über 95 % oder mehr der Anteile verfügt, einen Squeeze out einleiten. Im Falle eines Squeeze out ist der Anleger nach Durchführung der Maßnahme überhaupt nicht mehr an einer Gesellschaft beteiligt.

Häufig ist den Aktionären auf Grund gesetzlicher Vorschriften eine **Abfindung** für verlorene Mitgliedschaftsrechte zu gewähren. Im Falle deutscher Aktiengesellschaften hat dies zumeist in Form einer Barabfindung zu erfolgen. Daneben können auch regelmäßige Ausgleichszahlungen (z. B. in Form von so genannten Garantiedividenden) oder Aktien anderer Gesellschaften als Abfindung angeboten werden, soweit dies für die jeweilige Maßnahme gesetzlich vorgesehen ist. Das Recht auf eine Abfindung kann dabei von weiteren Voraussetzungen, wie z. B. dem Widerspruch des Aktionärs gegen die geplante Maßnahme, abhängen.

Nicht immer ist sichergestellt, dass die Entschädigung dem Wert des verlorenen Mitgliedschaftsrechts entspricht. Bei deutschen Aktiengesellschaften kann die Angemessenheit gesetzlich vorgeschriebener Abfindungen und Umtauschverhältnisse im Wege eines Spruchverfahrens überprüft werden. Als Untergrenze für Barabfindungen gilt dabei in der Regel ein aus den Börsenkursen ermittelter Wert oder der höhere auf die Aktie entfallende tatsächliche Unternehmenswert.

Durch die vorbeschriebenen Maßnahmen können Sie tatsächlich oder auf Grund wirtschaftlicher Überlegungen **gezwungen sein, zu einem durch Dritte vorgegebenen Zeitpunkt Ihre Anlage in der Aktie aufzugeben**. Von diesem Zeitpunkt an nehmen Sie nicht mehr am wirtschaftlichen Erfolg der Gesellschaft teil. Auch kann es mitunter Jahre dauern, bis eine umstrittene Abfindung in voller Höhe zur Auszahlung kommt. Nehmen Sie eine angebotene Abfindung nicht an, sollten Sie dabei – neben etwaigen inhaltlichen Änderungen der Mitgliedschaftsrechte – auch die veränderten Rahmenbedingungen der Anlage (Gesellschafterkreis, Börsennotierung der Aktie etc.) berücksichtigen. Die jeweilige Maßnahme kann dabei insbesondere auch zu einer veränderten steuerlichen Behandlung Ihrer Kapitalanlage führen.

2.7 Risiko eines Zulassungswiderrufs („Delisting")

Durch die Zulassung der Aktien an einer Börse wird die jederzeitige freie Handelbarkeit (**Fungibilität**) erheblich gesteigert. In der Regel steht es **Aktiengesellschaften** nach Maßgabe der jeweiligen börsenrechtlichen Bestimmungen jedoch offen, die **Zulassung ihrer Aktien durch die Börse widerrufen** zu lassen. Zwar hat dies keinen unmittelbaren Einfluss auf die Mitgliedschaftsrechte des Aktionärs. Ist die Aktie jedoch an keiner Börse mehr notiert, kann es sich als außerordentlich schwierig erweisen, die Aktie zu veräußern.

Für den Zulassungswiderruf setzen die jeweiligen börsenrechtlichen Vorschriften oder das jeweils anwendbare Gesellschaftsrecht häufig das Angebot einer Barabfindung voraus. Zur Angemessenheit und Durchsetzbarkeit des Barabfindungsanspruchs gilt das unter D 2.6 Gesagte entsprechend.

2.8 Besondere Risiken bei Real Estate Investment Trusts (REITs)

Wenngleich es sich bei REITs in der Regel um Aktiengesellschaften handelt, weisen sie auf Grund ihrer Anlagestrategie ein spezifisches Risiko auf, das dem offener Immobilienfonds vergleichbar ist. Wie offene Immobilienfonds (vgl. Kapitel D 5.9) sind REITs einem Ertragsrisiko durch mögliche **Leerstände** der Objekte ausgesetzt, die sodann zu Ausschüttungskürzungen führen können. Ferner unterliegt der Preis einer REITs-Aktie **Schwankungen**, die sich aus ihrer Börsennotierung ergeben. Der Preis weicht daher in der Regel vom tatsächlichen Vermögenswert des Immobilienvermögens ab.

3   Spezielle Risiken bei Genussscheinen und Genussrechten

Als Inhaber von Genussscheinen oder Genussrechten tragen Sie mehrere grundsätzliche Risiken, die im Folgenden dargestellt werden. Da die **Ausgestaltung von Genussscheinen und Genussrechten stark variiert** und Gemeinsamkeiten zum Teil nur in Grundzügen vorhanden sein können, sollten Sie bei dieser Anlageform die Alternativen jeweils genau auf ihre spezifischen Risiken hin prüfen.

Je nach Ausstattungsmerkmalen kann die Kursbildung von Genussscheinen etwa nachhaltig vom Aktienkurs der emittierenden Gesellschaft und/oder vom Marktzins beeinflusst werden. Bei rückläufigen Kursen der betreffenden Aktie und bei ansteigenden Zinsen am Kapitalmarkt ist der Genussschein einem Kursrisiko ausgesetzt.

3.1   Ausschüttungsrisiko

Die **Verzinsung** des Genussscheins ist, soweit Ihnen keine vom Bilanzergebnis unabhängige Mindestverzinsung in den Bedingungen garantiert wird, **an das Vorhandensein eines Gewinns geknüpft**, der zur Ausschüttung ausreicht bzw. an das Vorhandensein einer Dividende. Im Fall eines Verlustes der emittierenden Gesellschaft erhalten Sie als Inhaber eines Genussscheins keine Ausschüttung.

3.2   Rückzahlungsrisiko

Bitte beachten Sie, dass ein während der Laufzeit des Genussscheins eingetretener Verlust der Gesellschaft nicht nur – wie oben dargestellt – eine Ausschüttung ausbleiben lässt, sondern auch zu einer **Reduzierung des Rückzahlungsbetrags** führen kann.

3.3   Kündigungsrisiko

Ist ein Kündigungsrecht in den Emissionsbedingungen eines Genussscheins verankert, kann dies zu einer **vorzeitigen Rückzahlung** führen. Sind die Marktzinsen gesunken, stellen sich die Wiederanlagemöglichkeiten ungünstiger dar. Sie sollten daher die Emissionsbedingungen insbesondere hinsichtlich der Kündigungsmöglichkeiten der Emittenten und des Einlösungskurses im Kündigungsfall beachten.

3.4   Haftungsrisiko

Als Genussscheininhaber werden Sie im Falle der **Insolvenz oder der Liquidation** des Emittenten meist nachrangig behandelt. Das heißt, Sie erhalten unter diesen Umständen Ihren Kapitaleinsatz allenfalls dann zurück, wenn alle anderen Gläubigeransprüche befriedigt wurden.

3.5   Liquiditätsrisiko

Ein weiteres spezifisches Risiko von Genussscheinen liegt in der **geringen Liquidität**. Trotz einer möglichen Börsennotierung kann fehlende Liquidität im Sekundärmarkt dazu führen, dass ein Genussschein nicht oder nur mit Kursabschlägen verkauft werden kann.

Bei Genussrechten kann je nach Ausgestaltung die Übertragung und damit ein **Verkauf ausgeschlossen sein**.

4 Spezielle Risiken bei Zertifikaten

Neben den im Kapitel C dargestellten Basisrisiken ist bei Zertifikaten eine Reihe spezieller Risiken zu beachten. **Das Risikoprofil von Zertifikaten wird durch sämtliche speziellen Risiken der zu Grunde liegenden Basiswerte mitbestimmt. Bitte lesen Sie daher auch die Kapitel, die sich mit dem Basiswert befassen.** Da die Ausstattung von Zertifikaten variiert, sollten Sie das einzelne Zertifikat genau auf seine spezifischen Risiken prüfen.

Bitte beachten Sie auch: Viele unter dem Produktnamen „Zertifikate" angebotene Wertpapiere weisen ähnliche Risiken wie Optionsscheine auf. Lesen Sie hierzu bitte insbesondere das Kapitel D 6.8.

4.1 Spezielle Risiken bei allen Zertifikatetypen

4.1.1 Emittentenrisiko

Das Emittentenrisiko ist das Risiko, dass der Emittent – also der Schuldner des Wertpapiers – während der Laufzeit und/oder am Ende der Laufzeit des Wertpapiers nicht in der Lage ist, seine Verpflichtungen aus dem Wertpapier zu erfüllen. Aus der Sicht des Anlegers stellt das Emittentenrisiko mithin das Risiko dar, dass der Anleger einen **Teil- oder Totalverlust** des eingesetzten Kapitals erleidet und/oder keine Ertragszahlung, z. B. in Form von Zinsen, aus dem Papier erhält, da der Schuldner des Wertpapiers sich in einer vorübergehenden oder dauerhaften Zahlungsunfähigkeit befindet.

4.1.2 Kursänderungsrisiko

Der Preis von Zertifikaten hängt in erster Linie vom Preis des zu Grunde liegenden Basiswerts ab. Alle Einflussfaktoren, positive wie negative, die zu Veränderungen der Preise des Basiswerts führen, wirken sich daher auf den Preis des Zertifikats aus.

Je volatiler der Basiswert, desto größer sind die **Preisschwankungen** des Zertifikats. Dieser Zusammenhang spielt insbesondere bei Hebelzertifikaten eine Rolle. Dies gilt auch für Zertifikate, deren Basiswert sich auf junge Aktienmärkte oder Aktienmärkte in Schwellenländern bezieht. In diesen Fällen können sich auf Grund ihrer Marktenge und geringen Liquidität größere Schwankungen ergeben, die direkten Einfluss auf den Wert der jeweiligen Zertifikate haben können.

Bitte beachten Sie: Die einzige Ertragschance besteht in der Regel in einer Steigerung des Kurswerts der Zertifikate. Mögliche Kursverluste der Zertifikate infolge eines rückläufigen Basiswerts können nicht kompensiert werden, da die Zertifikate im Regelfall keine anderen Erträge, wie z. B. Zinsen oder Dividenden, gewähren.

4.1.3 Liquiditätsrisiko

Zertifikate werden als selbstständige Wertpapiere gehandelt und unterliegen als solche den Gesetzen von Angebot und Nachfrage. Beim Kauf von Zertifikaten sollten Sie daher generell **darauf achten, ob** für das konkret ins Auge gefasste Zertifikat ein hinreichend **liquider Markt besteht** bzw. vom Emittenten oder einem Dritten jederzeit verbindliche Geld-/Brief-Kurse gestellt werden. Der Emittent stellt für das Zertifikat unter normalen Umständen zwar fortlaufend indikative An- und Verkaufspreise, er ist aber hierzu rechtlich nicht verpflichtet. Auch können gestellte An- und Verkaufskurse mitunter erheblich voneinander abweichen.

4.1.4 Risiko des Wertverfalls

Mit dem Erwerb von Zertifikaten ist **kein Anrecht auf einen schon heute feststehenden Abrechnungsbetrag** am Fälligkeitstag verbunden. Vielmehr orientiert sich der Abrechnungsbetrag ausschließlich an dem am Fälligkeitstag ermittelten Wert des Basiswerts. Daher kann auch der Abrechnungsbetrag erheblich unter dem Erwerbspreis liegen. Dies kann im Extremfall zum vollständigen Verlust des eingesetzten Kapitals führen.

4.1.5 Korrelationsrisiko

Der Preis von Zertifikaten wird die Wertentwicklung des Basiswerts während der Laufzeit im Regelfall nicht genau wiedergeben. Das Zertifikat wird zum Beispiel bei steigendem Basiswert anfänglich weniger stark steigen, da die vom Emittenten einbehaltenen Dividenden abgezinst in die Wertentwicklung des Zertifikats einfließen.

Die Veränderungen weiterer Faktoren können die Preisentwicklung der Zertifikate beeinflussen. Dazu zählen

- das Zinsniveau,
- evtl. Dividendenzahlungen oder Bezugsrechtsabschläge auf die im Index berücksichtigten Aktien,
- die Markterwartung und
- die Wechselkurse, falls bei Zertifikaten auf Basiswerte mit Notiz in Fremdwährung das Wechselkursrisiko nicht abgesichert wurde.

In Ausnahmesituationen, z. B. bei starker Volatilität des Basiswerts, kann es für einen kurzen Zeitraum vorkommen, dass der Kurs des Zertifikats dem des Basiswerts entgegenläuft.

4.1.6 Einfluss von Hedge-Geschäften des Emittenten auf die Zertifikate

Der Emittent sichert sich regelmäßig ganz oder teilweise gegen die mit den Zertifikaten verbundenen finanziellen Risiken durch so genannte Hedge-Geschäfte (Absicherungsgeschäfte) in dem Basiswert, z. B. einer dem Zertifikat zu Grunde liegenden Aktie, ab. Diese **Absicherungsgeschäfte des Emittenten können Einfluss auf den sich am Markt bildenden Kurs des Basiswerts haben**. Die Eingehung oder Auflösung dieser Hedge-Geschäfte kann einen nachteiligen Einfluss auf den Wert der Zertifikate bzw. auf die Höhe des von den Zertifikateinhabern zu beanspruchenden Einlösungsbetrags haben. Dies gilt insbesondere für die Auflösung der Hedging-Positionen am Ende der Laufzeit der Zertifikate oder, bei Hebelzertifikaten mit Stop-Loss-Barriere (vgl. Kapitel B 4.5.3, D 4.3), nach Auslösen des Knock-out-Ereignisses.

4.1.7 Währungsrisiko

Hinsichtlich des Währungsrisikos kann man **zwei Ausprägungen** unterscheiden: Zertifikate mit **Währungssicherung** (so genannte Quanto-Struktur) und **nicht währungsgesicherte Zertifikate**.

Bei Zertifikaten ohne Währungssicherung treten sowohl bei einem Verkauf vor Fälligkeit als auch bei Rückzahlung am Fälligkeitstag Währungsrisiken auf. Dies gilt auch dann, wenn das Zertifikat in Euro notiert oder die Rückzahlung in Euro erfolgt.

4.1.8 Risiko der Lieferung des Basiswerts

Bei Zertifikaten auf Einzelwerte ist regelmäßig eine **Lieferung des Basiswerts möglich**. Im Hinblick darauf sollten Sie als Anleger eine positive Einstellung zu dem Referenzgegenstand haben. Denn für den Fall, dass der Preis des Basiswerts unter dem fixierten Auszahlungsbetrag liegt, erhalten Sie diesen Basiswert. Dessen aktueller Marktpreis kann erheblich unter dem von Ihnen gezahlten Kaufpreis des Zertifikats liegen und im **Extremfall** zu einem **Totalverlust** des eingesetzten Kapitals führen. Ein Verlust wird festgeschrieben, wenn Sie den gelieferten Basiswert zu einem Preis verkaufen, der unter dem von Ihnen gezahlten Kaufpreis des Zertifikats liegt. Sollten Sie den Referenzgegenstand nicht verkaufen, so unterliegen Sie den mit dem Halten dieses Basiswerts – z. B. der Aktien – verbundenen Verlustrisiken.

4.2 Spezielle Risiken von Zertifikaten auf Grund ihrer Struktur

4.2.1 Spezielle Risiken bei Discountzertifikaten

■ **Korrelationsrisiko**

Zu beachten ist, dass die **Preisentwicklung des Discountzertifikats in der Regel die Wertentwicklung des Referenzgegenstandes nicht genau wiedergeben wird**. Dies liegt maßgeblich an der durch den Cap eingeschränkten Gewinnmöglichkeit.

4.2.2 Spezielle Risiken bei Bonuszertifikaten

■ **Risiko des Kapitalverlusts am Laufzeitende**

Sofern der Preis des Bonuszertifikats während der Laufzeit die festgelegte Barriere erreicht oder unterschreitet, entfällt der Bonus- und Kapitalschutzmechanismus, und der Anleger erhält einen Auszahlungsbetrag, der dem Schlusskurs des Basiswerts am Fälligkeitstag entspricht. Dieser kann somit erheblich unter dem von Ihnen gezahlten Kaufpreis des Bonuszertifikats liegen und im **Extremfall** zu einem **Totalverlust** des eingesetzten Kapitals führen.

■ **Korrelationsrisiko**

In der Regel steigt oder fällt der Kurs des Zertifikats im Gleichklang mit dem **Kurs des Basiswerts**, wird ihn aber **nicht genau wiedergeben**. Notiert der Basiswert nahe der Barriere, kann dies vor allem zum Laufzeitende hin zu erhöhten Preisschwankungen eines Bonuszertifikats führen, da dann geringe Kursveränderungen des Basiswerts darüber entscheiden können, ob es zur Bonuszahlung kommt oder nicht.

Bei Verkäufen während der Laufzeit haben die festgelegten Rückzahlungsszenarien nur bedingten Einfluss auf den Preis.

■ **Liquiditätsrisiko**

Bei stärkerem Absinken des Basiswerts unter die Barriere kann die generelle **Handelbarkeit** des Zertifikats während der Laufzeit **eingeschränkt** sein, so dass ggf. ausschließlich der Emittent als Handelspartner zur Verfügung steht. Der Emittent stellt für das Zertifikat unter normalen Umständen fortlaufend indikative An- und Verkaufspreise, ohne aber hierzu rechtlich verpflichtet zu sein.

4.2.3 Spezielle Risiken bei Expresszertifikaten

■ **Risiko des Kapitalverlusts am Laufzeitende**

Sofern der Preis des Basiswerts bei Fälligkeit unterhalb der festgelegten Barriere liegt, erhält der Anleger einen **Auszahlungsbetrag**, der dem Schlusskurs des Basiswerts am Fälligkeitstag entspricht. Dieser **kann** somit **erheblich unter dem von Ihnen gezahlten Kaufpreis des Expresszertifikats liegen** und im **Extremfall** zu einem **Totalverlust** des eingesetzten Kapitals führen.

■ **Korrelationsrisiko**

In der Regel steigt oder fällt der Kurs des Zertifikats im Gleichklang mit dem **Kurs des Basiswerts**, wird ihn aber **nicht genau wiedergeben**. Bei Expresszertifikaten sind die Rückzahlungsbeträge im Falle einer vorzeitigen Fälligkeit in den Produktbedingungen festgelegt. Das bedeutet, dass sehr starke Kursbewegungen des Basiswerts speziell am Laufzeitbeginn nicht linear nachvollzogen werden. Das Kurssteigerungspotenzial ist bei den Expresszertifikaten auf den festgelegten Rückzahlungsbetrag beschränkt.

Notiert der Basiswert kurz vor einem der relevanten Stichtage nahe der Tilgungsschwelle, so wird dies zu erhöhten Kursschwankungen des Expresszertifikats führen, da in dieser Situation eine kleine Bewegung des Basiswerts über eine vorzeitige Rückzahlung entscheiden kann.

- **Liquiditätsrisiko**

Bei stärkerem Absinken des Basiswerts unter die Barriere kann die generelle **Marktgängigkeit** des Zertifikats während der Laufzeit **eingeschränkt** sein, so dass ggf. ausschließlich der Emittent als Handelspartner zur Verfügung steht. Der Emittent stellt für das Zertifikat unter normalen Umständen fortlaufend indikative An- und Verkaufspreise, ohne aber hierzu rechtlich verpflichtet zu sein.

4.3 Spezielle Risiken bei Hebelzertifikaten

Bitte beachten Sie: Die Wahrscheinlichkeit von Verlusten oder gar eines Totalverlusts des eingesetzten Kapitals kann bei Hebelzertifikaten sehr hoch sein!

Einer Anlage in Hebelzertifikaten sollte stets eine eingehende Beschäftigung mit der konkreten Ausgestaltung der im jeweiligen Hebelzertifikat verbrieften Rechte und den mit dem Erwerb eines bestimmten Hebelzertifikats verbundenen Chancen und Verlustrisiken vorausgehen.

4.3.1 Totalverlustrisiko durch Knock-out

Die Zertifikatsbedingungen können vorsehen, dass **bei Eintritt eines Knock-out-Ereignisses** das Zertifikat **wertlos verfällt**, was einen Totalverlust des von dem Anleger in das Zertifikat investierten Kapitals zur Folge hat.

4.3.2 Risiko der Hebelwirkung

Typisch für Hebelzertifikate ist ihre **Hebelwirkung** (Leverage-Effekt). Hebelzertifikate reagieren grundsätzlich überproportional auf Kursveränderungen des Basiswerts und bergen daher **höhere Verlustrisiken**.

4.3.3 Der Einfluss von Nebenkosten auf die Gewinnchance

Bei allen Hebelzertifikaten können **Mindestprovisionen** oder **feste Provisionen pro Transaktion** (Kauf und Verkauf), kombiniert mit einem niedrigen Auftragswert (Preis des Hebelzertifikats mal Stückzahl), zu **Kostenbelastungen** führen, die im Extremfall den Wert der Hebelzertifikate um ein Vielfaches überschreiten können.

4.3.4 Einlösung nur bei Fälligkeit; Verkauf der Zertifikate

Als Anleger können Sie **nicht** davon ausgehen, dass es für die Zertifikate **unter allen Umständen einen liquiden Markt** geben wird und die in den Zertifikaten angelegten Vermögenswerte deshalb zu jedem Zeitpunkt durch den Verkauf der Zertifikate **realisiert** werden können. Daher ist auch **nicht gewährleistet**, dass ein **Verkauf** der Zertifikate rechtzeitig vor Auslösen der Knock-out-Schwelle **möglich** ist. Bereits beim Annähern des Basiswerts an diese Schwelle kann ein Verkauf nicht mehr möglich sein.

4.4 Spezielle Risiken bei Zertifikaten auf Rohstoffe

Die Ursachen von Preisrisiken bei Rohstoffen sind **sehr komplex**. Die Preise sind häufig größeren Schwankungen unterworfen als bei anderen Anlagekategorien. Zudem weisen Rohstoffmärkte unter Umständen eine geringere Liquidität als Aktien-, Renten- oder Devisenmärkte auf und reagieren dadurch drastischer auf Angebots- oder Nachfrageveränderungen.

Rohstoff-Indices spiegeln die Preisbewegungen und Risiken einzelner Rohstoffe nicht ausreichend wider. Die Preise der einzelnen in einem Index zusammengefassten Rohstoffe können sich sehr unterschiedlich entwickeln.

Die Einflussfaktoren auf Rohstoff-Preise sind derart vielschichtig, dass Prognosen zu Preisen von Rohstoffen schwierig zu treffen sind. Im Folgenden sind einige der Faktoren, die sich speziell in Rohstoff-Preisen niederschlagen können, kurz erläutert.

4.4.1 Kartelle und regulatorische Veränderungen

Eine Reihe von Rohstoff-Produzenten hat sich zu Organisationen oder Kartellen zusammengeschlossen, um das Angebot zu regulieren und damit den Preis zu beeinflussen. Ein Beispiel ist die OPEC, die Organisation Erdöl produzierender Länder.

Auch der Handel mit Rohstoffen unterliegt gewissen Regeln von Aufsichtsbehörden oder Börsen. Jegliche Änderung dieser Regeln kann sich auf die Preisentwicklung auswirken.

Ferner kann der Handel mit Rohstoffen dem Risiko sonstiger staatlicher Eingriffe, wie z. B. der Verstaatlichung bestimmter Industriezweige, unterliegen.

4.4.2 Zyklisches Verhalten von Angebot und Nachfrage

Landwirtschaftliche Erzeugnisse werden während einer bestimmten Jahreszeit produziert, jedoch das ganze Jahr über nachgefragt. Im Gegensatz dazu wird ununterbrochen Energie produziert, obgleich diese hauptsächlich in kalten oder sehr heißen Jahreszeiten benötigt wird. Dieses zyklische Verhalten von Angebot und Nachfrage kann starke Preisschwankungen nach sich ziehen.

4.4.3 Direkte Investitionskosten

Direkte Investitionen in Rohstoffe sind mit Kosten für Lagerung, Versicherung und Steuern verbunden. Des Weiteren werden auf Rohstoffe keine Zinsen oder Dividenden gezahlt. Die Gesamtrendite von Rohstoffen wird durch diese Faktoren beeinflusst.

4.4.4 Inflation und Deflation

Die Entwicklung der Verbraucherpreise kann starke Auswirkung auf die Preisentwicklung von – insbesondere mineralischen – Rohstoffen haben.

4.4.5 Liquidität

Nicht alle Rohstoff-Märkte sind liquide und können schnell und in ausreichendem Umfang auf Veränderungen der Angebots- und Nachfragesituation reagieren. Bei geringer Liquidität können spekulative Engagements einzelner Marktteilnehmer Preisverzerrungen nach sich ziehen.

4.4.6 Politische Risiken

Rohstoffe werden oft in Schwellenländern produziert und in Industrieländern nachgefragt. Diese Konstellation birgt politische Risiken (z. B. wirtschaftliche und soziale Spannungen, Embargo, kriegerische Auseinandersetzungen), die sich teilweise erheblich auf die Preise von Rohstoffen auswirken können.

4.4.7 Wetter und Naturkatastrophen

Ungünstige Wetterbedingungen können das Angebot bestimmter Rohstoffe für das Gesamtjahr beeinflussen. So besteht die Gefahr, dass Frost während der Blütezeit die gesamte Ernte vernichtet. Naturkatastrophen können Produktions- oder Förderanlagen, z. B. von Öl, nachhaltig beschädigen. Eine solche Angebotskrise kann, solange das gesamte Ausmaß noch nicht bekannt ist, zu starken und unberechenbaren Preisschwankungen führen.

5 Spezielle Risiken bei Investmentanteilscheinen

Wie kaum eine andere Wertpapieranlageform eröffnen Investmentanteilscheine dem Anleger die Möglichkeit, Kapital nach dem Grundsatz der Risikomischung anzulegen: durch die Einschaltung eines professionellen Fondsmanagements, das die eingelegten Gelder auf verschiedene Anlagen verteilt.

Allerdings gilt: Auch wenn Sie mit vielen speziellen Risiken anderer Vermögensanlageformen nicht direkt konfrontiert sind, so tragen Sie im Endeffekt – je nach Anlageschwerpunkt des jeweiligen Fonds – anteilig das volle Risiko der durch den Anteilschein repräsentierten Anlagen.

Es darf nicht übersehen werden, dass auch bei der Anlage in Investmentanteilscheinen spezielle Risiken auftreten, die den Wert Ihrer Vermögensanlage nachhaltig beeinträchtigen können.

5.1 Fondsmanagement

Beim Erwerb von Investmentanteilscheinen treffen Sie eine Anlageentscheidung durch die Auswahl eines bestimmten Investmentfonds. Ihre Entscheidung orientiert sich dabei an den von diesem Fonds einzuhaltenden Anlagegrundsätzen. Einfluss auf die Zusammensetzung des Fondsvermögens können Sie darüber hinaus nicht nehmen. Die konkreten Anlageentscheidungen trifft das Management der Fondsgesellschaft.

Investmentfonds, deren Anlageergebnis in einem bestimmten Zeitraum deutlich besser ausfällt als das einer Direktanlage oder eines anderen Investmentfonds, haben diesen Erfolg auch der **Eignung der handelnden Personen** und damit den richtigen **Entscheidungen ihres Managements** zu verdanken. Positive Ergebnisse des Investmentfonds in der Vergangenheit sind jedoch nicht ohne weiteres in die Zukunft übertragbar.

Ein geringes Managementrisiko besteht bei **Indexfonds**. Hier werden die eingelegten Gelder im Sondervermögen gemäß den Vertragsbedingungen mehr oder weniger genau in der prozentualen Gewichtung des betreffenden Index investiert, so dass das Anlageergebnis im Wesentlichen die Entwicklung des Index widerspiegelt.

5.2 Ausgabekosten

Ausgabeaufschläge und interne Kosten für die Verwaltung und das Management des Fonds ergeben für Sie als Anleger möglicherweise Gesamtkosten, die nicht oder nicht in dieser Höhe anfallen würden, wenn Sie die zu Grunde liegenden Wertpapiere direkt erwerben. Da die Höhe dieser Kosten nicht einheitlich ist und auch in ihrer Zusammensetzung variieren kann, sind abhängig von der Haltedauer der Fondsanteile nachteilige Auswirkungen möglich.

Bei einer kurzen Haltedauer kann insbesondere der Erwerb von Investmentfonds mit einem hohen Ausgabeaufschlag teurer sein als der Erwerb ausgabeaufschlagfreier Fonds. Bei Letzteren kann dagegen eine längere Haltedauer von Nachteil sein, da sich dann über die Zeit die höheren laufenden Verwaltungs- und Managementvergütungen bemerkbar machen. Sehen Sie daher bitte beim Kauf eines Investmentfonds immer die **Gesamtkosten** auch im Zusammenhang mit Ihrem persönlichen zeitlichen Anlagehorizont.

5.3 Risiko rückläufiger Anteilspreise

Investmentfonds unterliegen dem Risiko sinkender Anteilspreise, da sich **Kursrückgänge** bei den im Fonds enthaltenen Wertpapieren im Anteilspreis widerspiegeln.

5.3.1 Allgemeines Marktrisiko

Eine breite Streuung des Fondsvermögens nach verschiedenen Gesichtspunkten kann nicht verhindern, dass eine rückläufige Gesamtentwicklung an einem oder mehreren Börsenplätzen sich in erheblichen **Rückgängen bei den Anteilspreisen** niederschlägt. Das hierdurch bestehende Risikopotenzial ist bei Aktienfonds grundsätzlich höher einzuschätzen als bei Rentenfonds. Indexfonds, deren Ziel eine parallele

Wertentwicklung mit einem Aktienindex (z. B. Deutscher Aktienindex DAX®), einem Anleihen- oder sonstigen Index ist, werden bei einem Rückgang des Index ebenfalls einen entsprechend rückläufigen Anteilspreis verzeichnen.

5.3.2 Risikokonzentration durch spezielle Anlageschwerpunkte

Spezielle Aktien- und Rentenfonds sowie Spezialitätenfonds haben grundsätzlich ein stärker ausgeprägtes Ertrags- und Risikoprofil als Fonds mit breiter Streuung. Da die Vertragsbedingungen engere Vorgaben bezüglich der Anlagemöglichkeiten enthalten, ist auch die Anlagepolitik des Managements gezielter ausgerichtet. Das bildet zum einen die Grundvoraussetzung für höhere Kurschancen, bedeutet zum anderen aber auch ein höheres Maß an Risiko und Kursvolatilität. Durch Ihre Anlageentscheidung für einen solchen Fonds akzeptieren Sie also von vornherein eine größere Schwankungsbreite für den Preis Ihrer Anteile.

Das Anlagerisiko steigt mit einer zunehmenden Spezialisierung des Fonds:

Regionale Fonds und **Länderfonds** etwa sind einem höheren Verlustrisiko ausgesetzt, weil sie **von der Entwicklung eines bestimmten Marktes abhängig** sind und auf eine größere Risikostreuung durch Nutzung von Märkten vieler Länder verzichten.

Branchenfonds wie zum Beispiel Rohstoff-, Energie- und Technologiefonds enthalten ein erhebliches Verlustrisiko, weil eine **breite, branchenübergreifende Risikostreuung von vornherein ausgeschlossen** wird.

Bei **Investmentfonds**, die auch **in auf fremde Währung lautende Wertpapiere** investieren, müssen Sie ferner berücksichtigen, dass sich neben der normalen Kursentwicklung der Wertpapiere auch die **Währungsentwicklung** negativ im Anteilspreis niederschlagen kann und **Länderrisiken** auftreten können.

5.4 Risiko der Aussetzung und Liquidation

Jeder Anteilscheininhaber kann grundsätzlich verlangen, dass ihm gegen Rückgabe der Anteilscheine sein Anteil an dem Sondervermögen aus diesem ausgezahlt wird. Die Rücknahme erfolgt zu dem geltenden Rücknahmepreis, der dem Anteilswert entspricht.

In den Vertragsbedingungen des Investmentfonds kann allerdings vorgesehen sein, dass die **Kapitalanlagegesellschaft die Rücknahme der Anteilscheine bis maximal zweieinhalb Jahre aussetzen darf**, wenn außergewöhnliche Umstände vorliegen, die eine Aussetzung unter Berücksichtigung der Interessen der Anteilsinhaber erforderlich erscheinen lassen. In diesem Fall besteht das Risiko, dass die Anteilscheine nicht zum vom Anleger gewünschten Zeitpunkt zurückgegeben werden können.

Wenn die Fondsgesellschaft während der **Rücknahmeaussetzung** nicht genügend Liquidität aufbauen kann, um alle Rückgabewünsche der Anleger zu bedienen, kann das Sondervermögen abgewickelt und liquidiert werden. In diesem Fall kann bereits allein die **Liquidation** zu Vermögensverlusten der Anleger führen.

5.5 Risiko durch den Einsatz von Derivaten und die Nutzung von Wertpapierleihegeschäften

Investmentfonds können in Derivate investieren. Dazu zählen insbesondere Optionen, Finanzterminkontrakte und Swaps sowie Kombinationen hieraus. Diese können nicht nur zur Absicherung des Sondervermögens genutzt werden, sondern auch einen Teil der Anlagepolitik darstellen. Der **Einsatz dieser Derivate birgt Risiken**, die in bestimmten Fällen größer sein können als die Risiken traditioneller, nicht derivativer Anlageformen.

Investmentfonds können auch **Wertpapierleihegeschäfte** durchführen. Das birgt das Risiko, dass der Entleiher seinen Rückgabeverpflichtungen nicht nachkommt.

Aus beidem können sich Verluste für das Fondsvermögen und damit **Vermögensverluste** für den Anleger ergeben.

5.6 Risiko der Fehlinterpretation von Performance-Statistiken

Um den Anlageerfolg eines Investmentfonds zu messen, wird üblicherweise ein Performance-Konzept verwendet.

> **Performance-Konzept:** Darunter versteht man ein Konzept zur Beurteilung der Wertentwicklung einer Kapitalanlage, das bei Investmentfonds zur Beurteilung der Leistung des Anlagemanagements herangezogen wird. Ermittelt wird, wie viel aus einem Kapitalbetrag von 100 innerhalb eines bestimmten Zeitraums geworden ist. Dabei wird unterstellt, dass die Ausschüttungen zum Anteilswert des Ausschüttungstages wieder angelegt werden (Methode des Bundesverbandes Investment und Asset Management).

Als Anleger sollten Sie beachten: Performance-Statistiken eignen sich als Maßstab zum Vergleich der erbrachten Managementleistungen, sofern die Fonds hinsichtlich ihrer Anlagegrundsätze vergleichbar sind. Sie geben an, welche Ergebnisse die einzelnen Fondsmanagements auf Basis gleicher Anlagebeträge rechnerisch erzielt haben. Dagegen spiegelt das Performance-Kriterium den Erfolg für den Anleger nur unzureichend wider.

Performance-Ranglisten berücksichtigen vielfach nicht den Ausgabeaufschlag. Das kann dazu führen, dass Sie als Anleger auf Grund eines höheren Aufschlags trotz der besseren Managementleistung des Fonds effektiv eine geringere Rendite erzielen als bei einem schlechter gemanagten Fonds mit einem geringeren Ausgabeaufschlag.

Performance-Ranglisten unterstellen meist, dass alle Erträge inklusive der darauf anfallenden Steuern zur Wiederanlage gelangen. Durch die individuell unterschiedliche Besteuerung einzelner Investmentfonds bzw. der daraus fließenden Einkünfte können Ihnen allerdings Fonds mit niedrigerer statistischer Wertentwicklung „unter dem Strich" eine bessere Performance bieten als solche mit einer höheren Wertentwicklung.

Reine Performance-Statistiken berücksichtigen zudem nicht das wichtige Anlagekriterium, welche Risiken das Fondsmanagement eingegangen ist, um die erzielte Rendite zu erreichen. Das von dem Fondsmanagement eingegangene Risiko spiegelt sich in der Schwankungsbreite der Wertentwicklung des Fonds wider (**Volatilität**). Die Volatilität in der Wertentwicklung eines Fonds berücksichtigt zum Beispiel die so genannte **Sharpe Ratio**. Die Sharpe Ratio ist eine Kennzahl, die die Rendite einer Geldanlage in Bezug zu der Volatilität setzt, mit der die Rendite erzielt wurde. Je höher der Wert der Sharpe Ratio, desto besser war die Wertentwicklung im Vergleich zu einer risikolosen Anlage. Die Sharpe Ratio ermöglicht somit auch einen Vergleich zweier Fonds, von denen der eine zwar etwas schwächer in der Rendite, aber eben auch weniger schwankungsanfällig war. Reine Performance-Statistiken lassen Vergleiche von Fonds unter vorgenannten Gesichtspunkten nicht zu. Beachten Sie zudem: Selbst wenn Sie Kennzahlen wie die Sharpe Ratio in Ihre Anlageentscheidung einbeziehen, sollten Sie sich bewusst sein, dass es sich hierbei immer um eine Vergangenheitsbetrachtung handelt, die keine gesicherten Aussagen für die Zukunft zulässt.

Fazit: Die reinen Performance-Ergebnisse genügen den Informationsbedürfnissen eines Anlegers oft nur bedingt und sind interpretationsbedürftig. Eine Fondsrendite, die durch eine Vergangenheitsbetrachtung ermittelt wurde, bietet für eine auf die Zukunft ausgerichtete Anlageentscheidung eben nur eine begrenzte Hilfe. Dabei besteht die Gefahr, die Analyse der Börsensituation und der die Börsen bewegenden Faktoren zu übergehen. Das von dem Fondsmanagement zur Erzielung der Rendite eingegangene Risiko bleibt zudem unberücksichtigt. Daher sollten Sie, wenn Sie sich für die Anlage in Investmentanteilscheinen entscheiden, dabei immer die jeweilige Kapitalmarktsituation, die Volatilität in der Wertentwicklung des Fonds und Ihre individuelle Risikotoleranz berücksichtigen.

5.7 Risiko der Übertragung oder Kündigung des Sondervermögens

Unter bestimmten Bedingungen ist die **Übertragung eines Sondervermögens auf ein anderes Sondervermögen** derselben Kapitalanlagegesellschaft gesetzlich erlaubt. Dies setzt unter anderem voraus, dass die Anlagegrundsätze und -grenzen nicht wesentlich voneinander abweichen. Zudem kann die Kapitalanlagegesellschaft die Verwaltung eines Sondervermögens unter Beachtung der gesetzlichen Frist **kündigen**. In diesem Fall wird das Sondervermögen von der Depotbank abgewickelt, soweit die Verwaltung des Sondervermögens nicht von einer anderen Kapitalanlagegesellschaft übernommen wird.

5.8 Spezielle Risiken bei börsengehandelten Investmentfonds

Der Preis beim börslichen Erwerb von Anteilen eines Fonds, der nicht speziell für den Börsenhandel aufgelegt wurde, kann von dem Wert des Sondervermögens pro Anteil – dem Anteilwert – abweichen. Ein Grund hierfür liegt darin, dass die Preise im Börsenhandel **Angebot und Nachfrage** unterliegen. Unterschiede ergeben sich auch aus der unterschiedlichen zeitlichen Erfassung der Anteilspreise. Während bei der Kapitalanlagegesellschaft der Anteilspreis einmal täglich ermittelt wird, bilden sich an der Börse in der Regel fortlaufend aktuelle Kurse.

Je nach dem Regelwerk der einzelnen Börsen stellen die dort tätigen Makler verbindliche Offerten oder geben unverbindliche Indikationen zu Preisen. Handelt es sich um unverbindliche Indikationen, so kann es vorkommen, dass eine Order nicht ausgeführt wird.

5.9 Spezielle Risiken bei offenen Immobilienfonds

Preisschwankungen an den Immobilienmärkten können zu Wertverlusten bei Anlagen in offenen Immobilienfonds führen. Darüber hinaus sind offene Immobilienfonds einem Ertragsrisiko insbesondere durch mögliche **Leerstände** der Objekte ausgesetzt. Probleme der Erstvermietung können sich vor allem dann ergeben, wenn der Fonds eigene Bauprojekte durchführt. Leerstände, die über das normale Maß hinausgehen, können die Ertragskraft des Fonds berühren und zu Ausschüttungskürzungen führen. Zudem besteht das **Risiko gesunkener Mietpreise** im Falle einer Neuvermietung.

Immobilienfonds legen liquide Anlagemittel oft vorübergehend in anderen Anlageformen, insbesondere verzinslichen Wertpapieren, an. Diese Teile des Fondsvermögens unterliegen dann den speziellen Risiken, die für die gewählte Anlageform gelten. Wenn offene Immobilienfonds, wie vielfach üblich, in Auslandsprojekte außerhalb des Euro-Währungsraumes investieren, ist der Anleger zusätzlich **Währungsrisiken** ausgesetzt, da der Verkehrs- und Ertragswert eines solchen Auslandsobjekts bei jeder Ausgabepreisberechnung des Investmentanteils in Euro umgerechnet wird.

Bitte beachten Sie, dass bei offenen Immobilienfonds die **Rückgabe von Anteilscheinen an die Fondsgesellschaft gesetzlichen und vertraglichen Beschränkungen unterliegt** (siehe Kapitel B 5.6.1). Ferner können die Vertragsbedingungen vorsehen, dass die **Anteilscheinrückgabe für einen Zeitraum von bis zu zweieinhalb Jahren ausgesetzt werden kann**. Alle genannten Aspekte führen dazu, dass sich Anleger nicht darauf verlassen können, die Anteile an offenen Immobilienfonds stets zu einem von ihnen gewünschten Zeitpunkt an die Fondsgesellschaft zurückgeben zu können. Bei kurzfristigem Liquiditätsbedarf müssten Anleger vielmehr einen Verkauf über eine Börse versuchen, was ggf. zu erheblichen Verlusten führen kann.

5.10 Spezielle Risiken bei Exchange Traded Funds

Auch die Geldanlage in Exchange Traded Funds ist mit besonderen Risiken behaftet. Diese ergeben sich aus dem Markt, in den investiert wird, und aus der „Konstruktion" von ETF.

Alle Investmentfonds bergen ein Markt- bzw. **Kursrisiko** und werden damit von Wertschwankungen beeinflusst, die erhebliche Kursverluste nach sich ziehen können. Dies wird sich bei „klassischen" ETF unmittelbar auswirken, da sie im Unterschied zu vielen traditionellen Investmentfonds **nicht „aktiv verwaltet"** werden. Die ETF versuchen nicht, ihren Referenzindex (die „Benchmark") zu übertreffen, und gehen nicht in fallenden oder überbewerteten Märkten vorübergehend defensive Positionen ein. Vielmehr sind ETF an „ihren" Index gekoppelt. Diese starre Bindung kann bei speziellen („exotischen") Indices im Extremfall zu einem Totalverlust führen.

Die grundlegenden **Wesensmerkmale eines ETF sind nicht immer einfach und eindeutig aus dem Produktnamen abzulesen oder herzuleiten**. Es empfiehlt sich, dass Anleger sich informieren, welche Methode und ggf. welche Swap-Vereinbarungen bei einem bestimmten ETF zum Einsatz kommen.

Das Risiko aus der Konstruktion eines ETF ist weitgehend abhängig von der gewählten **Replikationsmethode**.

5.10.1 Spezielle Risiken bei Exchange Traded Funds mit physischer Replikation

Bei **physischen ETF** – die eine physische Replikation verwenden – können bestimmte Faktoren Auswirkungen auf die Wertentwicklung haben, so dass die Erträge stärker schwanken können als die des zu Grunde liegenden Index. So können **Transaktionskosten** im Zusammenhang mit Änderungen der Indexzusammensetzung auf Grund regelmäßiger Neugewichtungen und **Kapitalmaßnahmen** die Wertentwicklung physischer ETF negativ beeinflussen. Aber auch der Zeitpunkt von **Dividendenzahlungen** und die steuerliche Behandlung von Dividenden können dazu führen, dass die Erträge physischer ETF Abweichungen von denen des zu Grunde liegenden Index zeigen.

Auf Grund dieser besonderen Eigenschaften der physischen Replikation bilden ETF, die diese Methode verwenden, die tatsächlichen Ergebnisse der zu Grunde liegenden Indices nicht immer eins zu eins ab.

5.10.2 Spezielle Risiken bei Exchange Traded Funds mit synthetischer Replikation

Bei ETF, die eine synthetische Replikation verwenden, trägt der ETF das Risiko, dass der Swap-Kontrahent seinen Zahlungsverpflichtungen nicht mehr nachkommen kann (**Kontrahentenrisiko**). Dieses Risiko realisiert sich im Falle der Insolvenz des Swap-Kontrahenten. Dies kann im ungünstigsten Fall zu einem erheblichen Rückgang des Kurses des ETF führen.

Bei **swapbasierten ETF mit Portfoliopositionen** realisiert sich ein **Kontrahentenrisiko**, wenn der ETF nicht mehr den Betrag an Zahlungen erhält, der ihm vertraglich vom Swap-Partner zusteht. Das Kontrahentenrisiko ist gesetzlich auf 10 % des Nettoinventarwerts der Fonds begrenzt, bezogen auf alle Transaktionen mit derselben Gegenpartei. Das heißt, gegenüber einem einzelnen Kontrahenten darf der Wert des Swap nicht mehr als 10 % des Fondsvermögens ausmachen.

Bei **swapbasierten ETF ohne Portfoliopositionen** ergibt sich ein potenzielles **Kontrahentenrisiko** aus der gegenüber dem Swap-Kontrahenten bestehenden Forderung in Höhe des in eine oder mehrere Swap-Transaktionen investierten Gesamtnettoerlöses aus der Ausgabe von Anteilen der ETF sowie des unrealisierten Wertzuwachses/-verlusts der Swaps. Hier soll das Kontrahentenrisiko aus den Swaps durch vom Swap-Partner des ETF bei einer Depotbank hinterlegte Sicherheiten neutralisiert werden. Die Swap-Vereinbarungen legen fest, dass der Wert der Sicherheiten immer über dem aktuellen Nettoinventarwert des ETF liegen soll. Dabei ist zu beachten, dass der **Sicherheitenkorb sich von den Werten des Zielindex unterscheidet**. Risiken können insoweit entstehen aus der Werthaltigkeit, der Liquidität und der Bewertung der Sicherheiten sowie der Fähigkeit des Swap-Kontrahenten, weitere Sicherheiten zu stellen. Bei Ausfall des Swap-Kontrahenten können im ungünstigen Fall die hinterlegten Sicherheiten den Ausfall der Zahlungsverpflichtung aus dem Swap-Geschäft nicht vollends kompensieren.

6 Spezielle Risiken bei Optionsscheinen

Bitte beachten Sie: Die Wahrscheinlichkeit von Verlusten oder gar eines Totalverlusts des eingesetzten Kapitals ist bei Optionsscheinen sehr hoch!

Bitte beachten Sie auch: Viele unter dem Produktnamen „Zertifikate" angebotene Wertpapiere weisen ähnliche – unter Umständen auch identische – Risiken wie Optionsscheine auf.

6.1 Allgemeines Kursrisiko

Optionsscheine werden als selbstständige Wertpapiere gehandelt und unterliegen als solche den Gesetzen von **Angebot und Nachfrage**. Beim Kauf von Optionsscheinen sollten Sie daher generell **darauf achten, ob** für das konkret ins Auge gefasste Wertpapier **ein hinreichend liquider Markt besteht** bzw. vom Emittenten oder einem Dritten jederzeit verbindliche Geld-/Brief-Kurse gestellt werden. Auch können gestellte An- und Verkaufskurse mitunter erheblich voneinander abweichen. Bei exotischen Optionsscheinen, die neuartige und zum Teil komplexe, preislich nicht einfach zu bewertende Optionsstrukturen verbriefen, gilt dies in besonderem Maße.

Die **einzige Ertragschance**, die ein Optionsschein dem Anleger gewöhnlich bietet, besteht in einer **Steigerung seines Kurswerts**. Ein Optionsschein verbrieft weder einen Anspruch auf Zins- noch auf Dividendenzahlung und wirft daher keinen laufenden Ertrag ab. Das bedeutet auch: Mögliche Kursverluste des Optionsscheins können nicht durch andere Erträge kompensiert werden.

Wesentliche Faktoren für die Kursbildung von Optionsscheinen sind insbesondere:

- die tatsächliche wie auch die von den Marktteilnehmern erwartete zukünftige Kursentwicklung des jeweiligen Basiswerts,
- die erwartete Häufigkeit und Intensität von Kursschwankungen des Basiswerts (Volatilität) sowie
- die Laufzeit der verbrieften Option.

Auf diese Kursbildungsfaktoren soll in den folgenden drei Unterkapiteln näher eingegangen werden.

6.2 Verlustrisiko durch Kursveränderungen des Basiswerts

Eine Kursveränderung des Basiswerts, der dem in einem Optionsschein verbrieften Optionsrecht zu Grunde liegt, kann den Wert des Optionsscheins mindern. Tritt eine **Wertminderung** ein, so erfolgt sie stets **überproportional zur Kursveränderung des Basiswerts** (Hebelwirkung/Leverage-Effekt) bis hin zur Wertlosigkeit des Optionsscheins. Zu einer Wertminderung kommt es im Fall einer Kaufoption (Call) regelmäßig bei Kursverlusten, im Fall einer Verkaufsoption (Put) regelmäßig bei Kursgewinnen des Basiswerts.

Die Besonderheiten exotischer Optionsscheine können diese Zusammenhänge noch verstärken. Der Wert eines nach dem „Alles-oder-nichts-Prinzip" ausgestalteten Digital-Optionsscheins wird durch Kursschwankungen des Basiswerts um den vereinbarten Basispreis herum stärker beeinflusst als der Wert eines herkömmlichen Optionsscheins. Nähert sich der aktuelle Kurs des Basiswerts einer unterhalb des Basispreises liegenden Knock-out-Barriere an, wird dies den Wertverfall eines Knock-out-Calls drastisch beschleunigen. Gleiches gilt, wenn sich der Kurs des Basiswerts einer über dem vereinbarten Basispreis liegenden Knock-out-Barriere eines Knock-out-Puts nähert.

Andererseits können die besonderen Ausstattungsmerkmale exotischer Optionsscheine – je nach Ausgestaltung – auch abweichende Reaktionen auf Kursveränderungen des Basiswerts hervorrufen:

- So gewinnt ein Call-Optionsschein zwar bei einem Kursanstieg des Basiswerts grundsätzlich an Wert. Ist der fragliche Call-Optionsschein aber zugleich mit einer über dem vereinbarten Basispreis liegenden Knock-out-Barriere versehen, wird ein weiterer Kursanstieg des Basiswerts in Richtung Knock-out-Niveau den Wert des Optionsscheins beeinträchtigen, bei Annäherung an die Barriere zu einer drastischen Wertminderung und bei Erreichen des Knock-out-Niveaus zum Totalverlust des Einsatzes führen.

- Eine vergleichbare Konstellation ergibt sich bei einem Put-Optionsschein, der mit einer oberhalb des Basispreises liegenden Knock-in-Barriere ausgestattet ist. Zwar steigt der Wert eines Puts, wenn der Kurs des Basiswerts fällt. Im Beispiel gilt dies uneingeschränkt jedoch nur dann, wenn zuvor die vereinbarte Knock-in-Barriere berührt wird; dies setzt zunächst einen Kursanstieg voraus.

Besonderheiten gelten des Weiteren für **Range-Optionsscheine**. Der Wert eines Range-Optionsscheins wird maßgeblich davon beeinflusst, ob der Kurs des Basiswerts innerhalb der vereinbarten Bandbreite notiert. Theoretisch ist der Wert eines Range-Optionsscheins am höchsten, wenn sich der Kurs des Basiswerts in der Mitte der Bandbreite befindet. Kursbewegungen des Basiswerts in Richtung „Bandbreiten-Mitte" resultieren dementsprechend tendenziell in einer Wertsteigerung des Optionsrechts. Kursbewegungen des Basiswerts von der Mitte der jeweiligen Bandbreite in die Richtung eines Randes führen demgegenüber regelmäßig zu einer Wertminderung des Optionsrechts.

Sind die Ränder des Range-Optionsscheins zugleich als Knock-out-Barrieren ausgestattet, verstärkt dies den bei Annäherung an eine der Barrieren eintretenden Wertverfall erheblich. Dabei hängt der Umfang der Wertminderung wiederum von der konkreten Ausgestaltung des Optionsrechts ab. Sie ist am deutlichsten im Fall eines Double-Knock-out-Range-Optionsscheins, bei dem das Erreichen einer der beiden Barrieren zum vollständigen Erlöschen des Optionsrechts, d.h. zu einem Totalverlust des gesamten Optionseinsatzes führt. Sie kann tendenziell geringer sein, wenn die Knock-out-Option so konzipiert ist, dass beim Touchieren der Barrieren das Optionsrecht zwar erlischt, die über die Laufzeit bis zu diesem Zeitpunkt „angesammelten" Beträge jedoch ausbezahlt werden.

6.3 Verlustrisiko durch Veränderungen der Volatilität des Basiswerts

Veränderungen der von den Marktteilnehmern erwarteten **Häufigkeit und Intensität von Kursschwankungen des Basiswerts** (implizite – „eingepreiste" – Volatilität) **können den Wert eines Optionsscheins auch dann mindern, wenn sich der Kurs des Basiswerts nicht ändert**. Ein für den Optionsscheinwert grundsätzlich positiver Kursverlauf des Basiswerts muss keinen steigenden Kurs des Optionsscheins zur Folge haben. Der Kurs des Optionsscheins kann sogar fallen, wenn der Kursverlauf des Basiswerts durch eine für den Wert des Optionsscheins negativ wirkende, fallende Volatilität überkompensiert wird.

Die **Volatilität** des Basiswerts **spielt bei der Bewertung exotischer Optionsscheine** in der Regel **eine noch größere Rolle** als bei derjenigen herkömmlicher Optionsscheine. Sowohl die „Alles-oder-nichts-Struktur" digitaler Optionen als auch die Einschränkung des Optionsrechts durch „Nebenabreden" (Knock-in-/Knock-out-Barrieren) bedingen eine verstärkte Abhängigkeit des Optionswerts von Veränderungen in der Kursschwankungsbreite und -häufigkeit des Basiswerts. Die Zunahme der Volatilität des Basiswerts z.B. erhöht zugleich die Wahrscheinlichkeit, dass eine Knock-out-Barriere berührt wird.

Besonderen Einfluss haben Änderungen der erwarteten Volatilität auf den Wert von Range-Optionsscheinen. Diese Optionsscheine zielen auf eine stagnierende oder sich seitwärts bewegende Kursentwicklung des Basiswerts. Eine Zunahme der erwarteten Häufigkeit und Intensität von Kursschwankungen des Basiswerts kann daher, insbesondere, wenn die „Ränder" der vereinbarten Bandbreite zugleich Knock-out-Barrieren darstellen, eine drastische Wertminderung des Optionsscheins hervorrufen.

6.4 Verlustrisiko durch Zeitwertverfall

Je nach den Erwartungen, die die Marktteilnehmer bezüglich der künftigen Entwicklung des Basiswerts hegen, sind sie bereit, einen unterschiedlich hohen Betrag für einen Optionsschein zu zahlen, der von dem inneren Wert des verbrieften Optionsrechts mehr oder weniger stark abweicht. Der **Zeitwert** eines Optionsscheins, d.h. der über deren inneren Wert hinaus gezahlte Aufschlag, **ändert sich** insofern **täglich**. Mit Ablauf der Laufzeit verfällt der Zeitwert, bis er schließlich Null beträgt. Der Verlust vollzieht sich umso schneller, je näher der Verfalltag rückt.

Bei **Range-Optionsscheinen** gelten insoweit wiederum Besonderheiten. Bei diesen Optionsscheinen führt der Umstand, dass sich der Kurs des Basiswerts nicht oder jedenfalls nur innerhalb der vereinbarten Bandbreite verändert, zu einem positiven – werterhöhenden – Effekt. Insofern kann hier von einem mit der Abnahme der Laufzeit einhergehenden „Zeitwertgewinn" gesprochen werden.

6.5 Risiko der Hebelwirkung

Typisch für Optionsscheine ist ihre **Hebelwirkung (Leverage-Effekt)** auf die Ertragschancen und Verlustrisiken des eingesetzten Kapitals. Sie reagieren grundsätzlich überproportional auf Kursveränderungen des Basiswerts und bieten damit während ihrer Laufzeit höhere Chancen – bei gleichzeitig hohen Verlustrisiken. Der **Hebel wirkt** nämlich **in beiden Richtungen** – also nicht nur aufwärts in günstigen, sondern auch **abwärts in ungünstigen Kursphasen**. Der Kauf eines Optionsscheins ist **umso riskanter, je größer sein Hebel** ist. Die Hebelwirkung entfaltet sich insbesondere bei Optionsscheinen mit sehr kurzen Restlaufzeiten.

Für **exotische Optionsscheine** gelten diese Grundsätze gleichermaßen; je nach Ausgestaltung des Optionsrechts kann die Hebelwirkung jedoch wesentlich größer sein als bei herkömmlichen Optionsscheinen. Auch hier schlagen sich die „Alles-oder-nichts-Struktur" digitaler Optionsscheine und die „Ergänzung" des Optionsrechts um Nebenabreden (Barrier-Optionsscheine) verlustrisikoerhöhend nieder.

Für **Range-Optionsscheine**, die nicht auf Partizipation an einer Kursbewegung, sondern auf die Generierung eines Ertrags bei stagnierenden Märkten abzielen, ergeben sich unter dem Gesichtspunkt der Hebelwirkung zwar gewisse Besonderheiten. Jedoch reagieren auch diese Optionsscheine überproportional auf Kursveränderungen des Basiswerts. Dies gilt insbesondere dann, wenn sich der Kurs des Basiswerts einem Rand der vereinbarten Bandbreite nähert. Handelt es sich bei der Unter- und Obergrenze der Bandbreite zugleich um Knock-out-Barrieren, vergrößert dies wiederum die Hebelwirkung und das mit ihr verbundene Verlustrisiko.

6.6 Risiko der Wertminderung und des Totalverlusts

Die **Rechte** aus einem Optionsschein **können verfallen oder an Wert verlieren**, weil diese Wertpapiere stets nur befristete verbriefte Rechte und zum Teil zusätzlich an den Eintritt oder Nichteintritt einer Bedingung geknüpfte Rechte verschaffen. Je kürzer die Frist (Restlaufzeit) ist, desto größer kann Ihr Risiko eines Wertverlustes sein.

6.6.1 Wertminderung

Tritt die von Ihnen erwartete Kursentwicklung des Optionsscheins während der Laufzeit nicht ein, können Sie bei einem Verkauf einen Verlust erleiden. Wegen der begrenzten Laufzeit können Sie auch nicht darauf vertrauen, dass sich der Preis des Optionsscheins rechtzeitig vor Laufzeitende wieder erholen wird.

Bei exotischen Optionsscheinen gilt: Je näher eine Knock-out-Barriere am aktuellen Kurs des Basiswerts liegt bzw. je weiter eine Knock-in-Barriere vom aktuellen Kurs des Basiswerts entfernt ist, desto größer ist das Risiko eines Wertverlusts.

6.6.2 Totalverlust

Der Kauf von Optionsscheinen kann unabhängig von der finanziellen Leistungsfähigkeit des Emittenten allein auf Grund ungünstiger Marktentwicklungen, des Bedingungseintritts und des Zeitablaufs zu einem **Totalverlust** des von Ihnen eingesetzten Betrags führen.

Wenn sich Ihre Erwartungen bezüglich der Marktentwicklung nicht erfüllen, sei es, dass die erwartete Kursentwicklung des Basiswerts nicht eintritt oder eine Knock-out-Barriere erreicht wird bzw. eine Knock-in-Barriere nicht erreicht wird, so verfällt Ihr Optionsschein wertlos. Das Gleiche gilt, wenn Sie auf die Ausübung Ihrer Rechte aus dem Optionsschein verzichten oder aber die **Ausübung versäumen**, es sei denn, die konkreten Optionsbedingungen sehen eine automatische Ausübung vor. Sie haben dann Ihren gesamten Optionseinsatz, den Kaufpreis zuzüglich der entstandenen Kosten, verloren.

Bitte beachten Sie: Wegen der Möglichkeit eines wertlosen Verfalls sowie wegen der oft hohen Wertschwankungen von Optionsscheinen müssen Sie Ihre Position permanent überwachen.

6.7 Risiko der fehlenden Möglichkeiten zur Verlustbegrenzung

Geschäfte, mit denen die Risiken aus Optionsscheingeschäften ausgeschlossen oder eingeschränkt werden sollen (insbesondere **Verkauf** des Optionsscheins), können **möglicherweise nicht oder nur zu einem für Sie verlustbringenden Preis** getätigt werden.

6.8 Verlustrisiko infolge der Komplexität exotischer Optionsprodukte

Die einzelnen Elemente exotischer Optionsscheine eröffnen eine nahezu unbegrenzte Vielzahl von Kombinationsmöglichkeiten. Exotische Optionsscheine verbriefen dementsprechend vielfach strukturierte, aus mehreren Optionselementen bestehende Optionsstrategien. Als „Bausteine" kommen sowohl Standardoptionsscheine als auch exotische Optionsscheine in Betracht. Das Preisverhalten dieser strukturierten Produkte kann im Einzelfall schwer durchschaubar sein. Erhöhte Verlustrisiken bestehen, wenn sich die Wirkungsweisen verschiedener Optionsscheinelemente gegenseitig aufheben oder verstärken. Geschäfte in strukturierten Optionsscheinprodukten erfordern daher in besonderem Maße eine genaue Beschäftigung mit Ausstattung und Funktionsweise des verbrieften Optionsrechts bzw. der verbrieften Optionsscheinstrategie.

6.9 Emittentenrisiko

Der Emittent eines Optionsscheins muss nicht mit dem Emittenten des Basiswerts identisch sein. In diesen Fällen tragen Sie neben dem **Insolvenzrisiko der als Basiswert dem Optionsschein zu Grunde gelegten Wertpapiere zusätzlich das Risiko der Zahlungsunfähigkeit des Emittenten des Optionsscheins**.

6.10 Einfluss von Nebenkosten auf die Gewinnchance

Bei allen Optionsscheingeschäften können **Mindestprovisionen oder feste Provisionen** pro Transaktion (Kauf und Verkauf), kombiniert mit einem niedrigen Auftragswert (Kurs des Optionsscheins mal Stückzahl), zu **Kostenbelastungen** führen, die im Extremfall den Wert der Optionsscheine um ein Vielfaches überschreiten können. Im Fall der Ausübung entstehen in der Regel weitere Kosten. Diese Folgekosten können zusammen mit den Kosten, die unmittelbar mit dem Erwerb von Optionsscheinen verbunden sind, eine im Vergleich zum Preis des Optionsscheins nicht unbedeutende Größenordnung erreichen. Sämtliche Kosten verändern und verschlechtern die Gewinnerwartung deswegen, weil ein höherer Kursausschlag als der vom Markt für realistisch gehaltene erforderlich ist, um in die Gewinnzone zu kommen.

Bitte beachten Sie: Informieren Sie sich vor Erteilung eines Auftrags über alle eventuell anfallenden Kosten. Nur so können Sie errechnen, unter welchen Voraussetzungen Ihre Position die Gewinnzone erreicht (z. B. Höhe des erforderlichen Kursanstiegs des Basiswerts, „Mindestverweildauer" des Kurses des Basiswerts innerhalb der vereinbarten Bandbreite einer Single-Range-Option usw.). Hierbei gilt: Je höher die Kosten sind, desto später wird die Gewinnschwelle beim Eintreffen der erwarteten Kursentwicklung erreicht, da diese Kosten erst abgedeckt sein müssen, bevor sich ein Gewinn einstellen kann. Tritt die erwartete Kursentwicklung nicht ein, erhöhen die Nebenkosten den entstehenden Verlust.

6.11 Währungsrisiko

Wenn Sie Optionsscheine kaufen, bei denen die Gegenleistung auf eine fremde Währung lautet oder sich der Preis des Basiswerts hiernach bestimmt (z. B. bei Gold oder Aktien in Fremdwährungen), sind Sie zusätzlich dem **Währungsrisiko** ausgesetzt. In diesem Fall ist Ihr Verlustrisiko nicht nur an die Kurs- oder Preisentwicklung des zu Grunde liegenden Basiswerts gekoppelt. Vielmehr können Entwicklungen am Devisenmarkt die Ursache für zusätzliche, unkalkulierbare Verluste sein. Wechselkursschwankungen können

– den Wert der erworbenen Ansprüche verringern,
– den Basispreis, den Sie im Fall eines Put-Optionsscheins bei Ausübung zu zahlen haben, verteuern, wenn der Basispreis in ausländischer Währung zu bezahlen ist, sowie
– den Wert oder den Verkaufserlös des Ihnen gelieferten Gegenstands oder den Wert der erhaltenen Zahlung vermindern.

6.12 Einfluss von Hedge-Geschäften des Emittenten auf die Optionsscheine

Der Emittent sichert sich regelmäßig ganz oder teilweise gegen die mit den Optionsscheinen verbundenen finanziellen Risiken durch so genannte Hedge-Geschäfte (Absicherungsgeschäfte) in dem Basiswert, z. B. einer dem Optionsschein zu Grunde liegenden Aktie, ab. Diese **Absicherungsgeschäfte des Emittenten** können Einfluss auf den sich am Markt bildenden Kurs des Basiswerts haben. Das Eingehen oder die Auflösung dieser Hedge-Geschäfte kann einen nachteiligen Einfluss auf den Wert der Optionsscheine bzw. auf die Höhe des von den Optionsscheininhabern zu beanspruchenden Einlösungsbetrags haben. Dies gilt insbesondere für die Auflösung der Hedging-Positionen am Ende der Laufzeit der Optionsscheine oder, bei Barrier-Optionsscheinen, nach Auslösen des Knock-out-Ereignisses.

6.13 Spezielle Risiken bei Optionsscheinen auf Rohstoffe

Die Ursachen von Preisrisiken bei Rohstoffen sind sehr komplex. Die Preise sind häufig größeren Schwankungen unterworfen als bei anderen Anlagekategorien. Zudem weisen Rohstoff-Märkte unter Umständen eine geringere Liquidität als Aktien-, Renten- oder Devisenmärkte auf und reagieren dadurch drastischer auf Angebots- oder Nachfrageveränderungen.

Rohstoff-Indices spiegeln die Preisbewegungen und Risiken einzelner Rohstoffe nicht ausreichend wider. Die Preise der einzelnen in einem Index zusammengefassten Rohstoffe können sich sehr unterschiedlich entwickeln.

Die Einflussfaktoren auf Rohstoff-Preise sind derart vielschichtig, dass Prognosen zu Preisen von Rohstoffen schwierig zu treffen sind. Im Folgenden sind einige der Faktoren, die sich speziell in Rohstoff-Preisen niederschlagen können, kurz erläutert.

6.13.1 Kartelle und regulatorische Veränderungen

Eine Reihe von Rohstoff-Produzenten hat sich zu Organisationen oder Kartellen zusammengeschlossen, um das Angebot zu regulieren und damit den Preis zu beeinflussen. Ein Beispiel ist die OPEC, die Organisation Erdöl produzierender Länder.

Auch der Handel mit Rohstoffen unterliegt gewissen Regeln von Aufsichtsbehörden oder Börsen. Jegliche Änderung dieser Regeln kann sich auf die Preisentwicklung auswirken.

Ferner kann der Handel mit Rohstoffen dem Risiko sonstiger staatlicher Eingriffe, wie z. B. der Verstaatlichung bestimmter Industriezweige, unterliegen.

6.13.2 Zyklisches Verhalten von Angebot und Nachfrage

Landwirtschaftliche Erzeugnisse werden während einer bestimmten Jahreszeit produziert, jedoch das ganze Jahr über nachgefragt. Im Gegensatz dazu wird ununterbrochen Energie produziert, obgleich diese hauptsächlich in kalten oder sehr heißen Jahreszeiten benötigt wird. Dieses zyklische Verhalten von Angebot und Nachfrage kann starke Preisschwankungen nach sich ziehen.

6.13.3 Direkte Investitionskosten

Direkte Investitionen in Rohstoffe sind mit Kosten für Lagerung, Versicherung und Steuern verbunden. Des Weiteren werden auf Rohstoffe keine Zinsen oder Dividenden gezahlt. Die Gesamtrendite von Rohstoffen wird durch diese Faktoren beeinflusst.

6.13.4 Inflation und Deflation

Die Entwicklung der Verbraucherpreise kann starke Auswirkungen auf die Preisentwicklung von – insbesondere mineralischen – Rohstoffen haben.

6.13.5 Liquidität

Nicht alle Rohstoff-Märkte sind liquide und können schnell und in ausreichendem Umfang auf Veränderungen der Angebots- und Nachfragesituation reagieren. Bei geringer Liquidität können spekulative Engagements einzelner Marktteilnehmer Preisverzerrungen nach sich ziehen.

6.13.6 Politische Risiken

Rohstoffe werden oft in Schwellenländern produziert und in Industrieländern nachgefragt. Diese Konstellation birgt politische Risiken (z. B. wirtschaftliche und soziale Spannungen, Embargos, kriegerische Auseinandersetzungen), die sich teilweise erheblich auf die Preise von Rohstoffen auswirken können.

6.13.7 Wetter und Naturkatastrophen

Ungünstige Wetterbedingungen können das Angebot bestimmter Rohstoffe für das Gesamtjahr beeinflussen. So besteht die Gefahr, dass Frost während der Blütezeit die gesamte Ernte vernichtet. Naturkatastrophen können Produktions- oder Förderanlagen, z. B. von Öl, nachhaltig beschädigen. Eine solche Angebotskrise kann, solange das gesamte Ausmaß noch nicht bekannt ist, zu starken und unberechenbaren Preisschwankungen führen.

7 Spezielle Risiken bei geschlossenen Fonds (Unternehmerische Beteiligungen)

Je nach Investitionsobjekt und vertraglicher Gestaltung können die unterschiedlichsten Risiken relevant sein und unterschiedlich stark zum Tragen kommen. Die jeweiligen Risiken des entsprechenden Fonds sind in einem separaten Kapitel im jeweiligen Verkaufsprospekt beschrieben.

7.1 Unternehmerisches Risiko

Abhängig von der Art des erworbenen Wirtschaftsgutes können geschlossene Fonds stark von **gesamtwirtschaftlichen Entwicklungen, aber auch** von **branchenspezifischen und objektbezogenen Risiken** betroffen sein. So hängen zum Beispiel geschlossene Schiffsfonds u. a. von der konjunkturellen Entwicklung ab, da deren wirtschaftliche Entwicklung maßgeblich vom globalen Handelsaufkommen, der Entwicklung der Schiffsflotte und des Orderbuchs und den daraus resultierenden Charterraten bestimmt wird.

Beteiligungen an geschlossenen Fonds unterliegen als unternehmerische Beteiligungen einem spezifischen Verlustrisiko. Anleger sind Gesellschafter und haften mit ihrer Einlage. Sollten z. B. die vom Initiator getroffenen und im Verkaufsprospekt dargestellten Annahmen zur wirtschaftlichen Entwicklung der Beteiligung nicht eintreffen, kann es zu einem Verlust bis hin zum Totalverlust des eingesetzten Kapitals kommen. Das **Totalverlustrisiko** wird verstärkt durch die teilweise geringe Diversifikation (Streuung des Anlagekapitals).

Bei **Blind-Pool-Konzepten** entstehen zusätzliche Risiken dadurch, dass der Erwerb geeigneter Investitionsobjekte zu den vom Initiator angenommenen Preisen bei Auflage des geschlossenen Fonds noch nicht gesichert ist.

7.2 Stark eingeschränkte Verfügbarkeit des Kapitals

Anbieter und Fondsgesellschaft sind prinzipiell nicht verpflichtet, die Anteile zurückzunehmen. Anteile an geschlossenen Fonds sind zudem nur eingeschränkt handelbar oder an Dritte übertragbar. Die Suche nach einem Käufer für die Anteile sowie die Abwicklung des Verkaufs kann durchaus längere Zeit in Anspruch nehmen. Gegebenenfalls ist mangels Nachfrage eine Veräußerung der Anteile auch gar nicht oder nur unter sehr starken Einschränkungen möglich. Die Veräußerung kann ggf. mit hohen Abschlägen auf das ursprünglich eingesetzte Kapital verbunden sein. In jedem Fall ist der Abschluss eines schriftlichen Übertragungsvertrages sowie die Zustimmung der Fondsgesellschaft notwendig.

7.3 Risiko der Fremdfinanzierung

Geschlossene Fonds nehmen in der Regel zusätzlich zu dem Beteiligungskapital einen Kredit auf, entweder direkt oder über eine Beteiligungsgesellschaft, an der der geschlossene Fonds unmittelbar oder mittelbar beteiligt ist. Durch dieses **Fremdkapital** können sich Wertschwankungen des Investments relativ betrachtet stärker auf das investierte Eigenkapital auswirken (so genannte **Hebelwirkung** bzw. Leverage-Effekt). Je höher der Einsatz von Fremdkapital in Relation zum Eigenkapital ist, desto stärker wirken sich Abweichungen von der Ursprungsprognose aus. Verdeutlicht werden kann dies an folgendem (stark vereinfachtem) Beispiel:

Ein geschlossener Fonds erwirbt eine Immobilie für 100 Mio. € (einschließlich sämtlicher Kosten); zum Ende der geplanten Laufzeit wird die Immobilie mit 10 % Verlust zu 90 Mio. € veräußert.

Fremdkapital-Anteil	0 %	25 %	50 %	75 %
Investiertes Eigenkapital	100 Mio. €	75 Mio. €	50 Mio. €	25 Mio. €
Realisierter Veräußerungsverlust (absolut)	10 Mio. €	10 Mio. €	10 Mio. €	10 Mio. €
Realisierter Veräußerungsverlust (relativ, d. h. bezogen auf eingesetztes Eigenkapital)	10 %	13,3 %	20 %	40 %

Die Höhe der Fremdkapitalquote wirkt sich mithin überproportional risikoerhöhend auf die Investition aus. Darüber hinaus existieren weitere Risiken in Verbindung mit Fremdfinanzierungen.

So besteht **nach Auslaufen der Darlehenslaufzeit** das Risiko, eine Anschlussfinanzierung nicht, nicht in ausreichender Höhe oder zu höheren Zinsen als kalkuliert zu erhalten.

Die **Nichteinhaltung von Vereinbarungen aus dem Darlehensvertrag** kann dazu führen, dass der Darlehensgeber die Auszahlung von Ausschüttungen verhindern, zusätzliche Sicherheiten fordern oder sogar den Darlehensvertrag kündigen kann. In der Folge kann es zu einer kurzfristigen Verwertung des Anlageobjektes kommen, die zu hohen Verlusten für den Anleger führen kann.

7.4 Steuerliche Behandlung

Die im Verkaufsprospekt dargestellten **Steuerfolgen** der Anlage basieren auf der zum Zeitpunkt der Prospektauflage bekannten Rechtslage. Es besteht das Risiko, dass sich die Steuervorschriften ändern oder dass die Finanzverwaltung zu einer vom Prospekt abweichenden Beurteilung kommt. Dies kann sich nachteilig auf die steuerliche Situation der Fondsgesellschaft auswirken und zu einer verminderten Ausschüttung an den Anleger führen.

7.5 Risiko durch Fehlverhalten oder Ausfall der Vertragspartner

An Auflage und Vertrieb eines geschlossenen Fonds sowie am Betrieb des Fondsobjektes wirkt eine Vielzahl von Vertragspartnern mit, z. B. Initiator, Treuhänder, Beteiligungsgesellschaft und Dienstleister. Es besteht das **Risiko, dass Vertragspartner ihren Aufgaben und Pflichten nicht oder nur unzureichend nachkommen**, weil sie z. B. wegen Zahlungsunfähigkeit ausfallen. Dadurch kann es direkt zu Einnahmeausfällen kommen. Es können aber auch mittelbar Schäden für den Anleger entstehen, wenn vereinbarte Dienstleistungen nicht oder nur unzureichend erbracht werden und daraus Einnahmeverluste oder Wertverluste am Investitionsobjekt entstehen.

7.6 Wiederaufleben der Haftung

Handelt es sich bei der Fondsgesellschaft um eine Kommanditgesellschaft bzw. eine GmbH & Co. KG, haftet der Anleger in Höhe der Haftsumme (in der Regel in Höhe seiner Einlage oder eines Anteils hiervon) für Verbindlichkeiten der Fondsgesellschaft. Die persönliche Haftung des Anlegers erlischt, soweit er seine Einlage geleistet hat. Diese **Haftung lebt zu einem späteren Zeitpunkt in dem Umfang wieder auf, wie Auszahlungen der Gesellschaft an den Anleger erfolgen, ohne dass diesen Auszahlungen Gewinne gegenüberstehen**. Faktisch kommt es in diesem Fall zur Rückzahlung (eines Teils) der Haftsumme. Es besteht dann das Risiko, dass Sie als Anleger auch nach erfolgter Leistung der Einlage Zahlungen an Gläubiger der Fondsgesellschaft zu leisten haben.

7.7 Spezielle Risiken bei ausgewählten geschlossenen Fonds

7.7.1 Spezielle Risiken bei geschlossenen Immobilienfonds

Das wirtschaftliche Ergebnis einer Immobilieninvestition wird wesentlich durch die **Anschaffungs- oder Herstellungskosten**, die Konditionen und die Dauer des **Mietvertrages**, die Zahlung der **Mieten**, einer eventuell erforderlichen Anschlussvermietung sowie durch die Höhe eines eventuell erzielbaren **Veräußerungserlöses** bestimmt. Darüber hinaus bestehen weitere immobilienspezifische Risikofaktoren, z. B. hinsichtlich der **Bausubstanz** und der Notwendigkeit von **Instandhaltungs- und Erneuerungsmaßnahmen** oder nicht umlegbarer Betriebs- und Nebenkosten. Diese können das wirtschaftliche Ergebnis des Fonds negativ beeinflussen.

Die vom Initiator in der Prognoserechnung getroffenen **Annahmen**, z. B. mit Blick auf die Inflationsentwicklung, das künftige Mietniveau bei Anschlussvermietung oder die erzielbaren Erlöse aus dem Immobilienverkauf sind mit Unsicherheiten verbunden.

Es besteht insbesondere das Risiko, dass Mieter ausfallen, Mietzahlungen ausbleiben und/oder kurzfristig kein Ersatzmieter gefunden werden kann. Diese Faktoren sind u.a. von gesamtwirtschaftlichen Entwicklungen, der Standortentwicklung sowie der Immobilienpreisentwicklung abhängig und können nur eingeschränkt prognostiziert werden. Dies kann sich negativ auf die Rentabilität der Beteiligung auswirken.

Bei unfertigen bzw. in Planung befindlichen Objekten sind zusätzlich **Projekt- und Fertigstellungsrisiken** zu beachten.

7.7.2 Spezielle Risiken bei Erneuerbare-Energien-Fonds

Das wirtschaftliche Ergebnis von Erneuerbare-Energien-Fonds hängt im Wesentlichen davon ab, dass die kalkulierten **Kosten für Bau und Wartung** der Anlagen nicht überschritten werden und die **Annahmen der Anlagenhersteller über Leistungsdauer und Verschleiß** zutreffen. Es besteht das Risiko, dass Anlagen auf Grund von **Witterungs- oder Anschlussproblemen** ausfallen bzw. still stehen. Änderungen von Klima und Wetter können ebenfalls negative Auswirkungen auf den Ertrag der Anlagen haben, wenn die in der Regel durch Gutachten zu langjährigen Durchschnittswerten belegten Werte unterschritten werden.

Ebenfalls wesentlich für die Erträge der Fonds ist die **Höhe der Einspeisevergütungen** am Standort der Anlage während der Laufzeit. Es besteht das Risiko, dass sich bei einer Änderung oder Aufhebung der gesetzlichen Bestimmungen zu den Einspeisevergütungen die Höhe der Vergütungen aus dem Verkauf von Strom reduziert oder die Abnahme-/Vergütungspflicht des jeweiligen Verteilernetzbetreibers entfällt. Es kann dann zu geringeren Einnahmen als kalkuliert und damit zu geringeren Ausschüttungen an die Anleger kommen.

7.7.3 Spezielle Risiken bei Schiffsfonds

Das wirtschaftliche Ergebnis von Schiffsfonds hängt im Wesentlichen von dem Kaufpreis/den Herstellungskosten, den erzielbaren Charterraten abzüglich der anfallenden Kosten (z.B. Betriebskosten, Instandhaltung, Fondsverwaltung, Investorenbetreuung), den laufenden Schiffsbetriebskosten sowie dem Veräußerungspreis der Schiffe ab. Diese Faktoren werden maßgeblich vom Welthandel beeinflusst. So kann z.B. eine rückläufige Entwicklung des Seehandels zu sinkender **Nachfrage nach Schiffen** führen. Dies kann zur Folge haben, dass die prognostizierten Chartereinnahmen und der geplante Veräußerungserlös nicht erreicht werden und hieraus Verluste beim Anleger resultieren.

Auch die Charterraten hängen stark vom zyklischen Welthandel ab. Zwar können langfristige Charterverträge kontinuierliche Einnahmen aus dem Schiffsinvestment über einen fest vereinbarten Zeitraum ermöglichen. Allerdings besteht das **Risiko einer niedrigeren Anschlusscharter**. Hinzu tritt, dass die **Bauzeit** eines Schiffes bis zu drei Jahre in Anspruch nimmt, so dass das Angebot oft nur mit größerer Verzögerung auf einen steigenden Transportbedarf reagieren kann. Dies kann zu stark schwankenden Charterraten führen. Ferner kann die Rendite geschlossener Schifffonds durch eine mangelnde **Bonität des Charterers** beeinflusst werden.

Auch sind die vom Initiator in der Prognoserechnung getroffenen **Annahmen** mit Unsicherheiten verbunden und von verschiedenen Faktoren – wie oben beispielhaft dargestellt – abhängig, die nur eingeschränkt prognostiziert werden können.

7.7.4 Spezielle Risiken bei Flugzeugfonds

Das wirtschaftliche Ergebnis geschlossener Flugzeugfonds wird wesentlich durch die **Anschaffungs- oder Herstellungskosten**, die Konditionen und die Dauer des **Leasingvertrages**, die **Bonität** der Fluggesellschaft bzw. des Luftfrachtunternehmens als Leasingnehmer, die Konditionen eines etwaigen **Anschlussleasingvertrages**, die anfallenden Kosten (z.B. Betriebskosten, Instandhaltung, Fondsverwaltung, Investorenbetreuung) sowie durch die Höhe eines erzielbaren **Veräußerungserlöses** bestimmt.

Darüber hinaus bestehen weitere flugzeugspezifische Risiken. So trägt beispielsweise im Falle eines **Operating Lease** der Leasinggeber, d.h. die Fondsgesellschaft, das **Wertentwicklungsrisiko** (im Gegensatz zum Finance Lease). Dies bedeutet, dass beim Operating Lease besonderer Wert auf die Qualität des Asset Managements, d.h. der Verwaltung des Investitionsobjektes, zu legen ist, die u.a. für die Instandhaltung und damit wesentlich für die Werterhaltung des Flugzeuges verantwortlich ist.

Grundsätzlich sind die vom Initiator in der Prognoserechnung getroffenen **Annahmen** mit Unsicherheiten verbunden und von verschiedenen Faktoren (z.B. der gesamtwirtschaftlichen Entwicklung und speziell der Flugzeugmärkte) abhängig, die nur eingeschränkt prognostiziert werden können. Dies kann sich negativ auf die Rentabilität der Beteiligung auswirken.

7.7.5 Spezielle Risiken bei Private-Equity-Fonds

Private-Equity-Fonds sind als unternehmerische Eigenkapitalbeteiligung typischerweise einem spezifischen Verlustrisiko ausgesetzt. Da die Fonds bei Auflage häufig noch nicht oder nicht voll investiert sind, besteht das Risiko, dass zu den prognostizierten Investitionskriterien **keine oder keine ausreichenden Beteiligungen** am Markt erworben werden können. Dies kann die Ertragsaussichten entsprechend reduzieren und zu einer geringeren Risikodiversifikation (Streuung des Anlagekapitals) führen.

Bei negativer Entwicklung einer oder mehrerer Zielgesellschaften **kann es schnell zu einer vollständigen Abschreibung der jeweiligen Beteiligung an der Zielgesellschaft kommen**. Im schlimmsten Fall kann ein **Totalverlust** des gesamten Fondsvermögens und damit des gesamten darin investierten Kapitals des Anlegers eintreten.

Auf Grund der indirekten Beteiligung besteht das Risiko, dass die **Entscheidungsfindung** der Zielgesellschaft für das Fondsmanagement **nur begrenzt transparent** ist und nicht beeinflusst werden kann.

Die speziellen Charakteristika von Unternehmen, in die Private-Equity-Fonds investieren, führen dazu, dass eine Prognose über die **künftige Wertentwicklung** von Private-Equity-Anlagen mit noch größeren Unsicherheiten belastet ist, als dies bei zahlreichen anderen Vermögensanlagen der Fall ist. Inwieweit es zu Mittelrückflüssen aus Verkäufen von Beteiligungen an die Anleger kommt, ist nicht prognostizierbar. Insbesondere kann es auf Grund problematischer Wirtschafts- oder Kapitalmarktverhältnisse an **Ausstiegsmöglichkeiten** für Private-Equity-Gesellschaften fehlen. Private-Equity-Fonds sind als unternehmerische Eigenkapitalbeteiligung typischerweise einem höheren spezifischen Verlustrisiko ausgesetzt. Da die Fonds bei Auflage häufig noch nicht oder nicht voll investiert sind, besteht das Risiko, dass zu den prognostizierten Investitionskriterien keine oder keine ausreichenden Beteiligungen am Markt erworben werden können. Dies kann die Ertragsaussichten entsprechend reduzieren und zu einer geringeren Risikodiversifikation (Streuung des Anlagekapitals) führen.

8 Spezielle Risiken bei Hedgefonds

Investments in Hedgefonds werden üblicherweise durch eine indirekte Anlage vorgenommen, z. B. über Investmentanteilscheine oder Zertifikate. In diesem Fall wird das Risikoprofil zum einen durch sämtliche Risiken der indirekten Anlage bestimmt, zum anderen durch die speziellen Risiken des zu Grunde liegenden Hedgefonds.

Bitte lesen Sie ggf. das jeweilige Kapitel über die Risiken der gewählten indirekten Anlageform und in jedem Fall das nachfolgende Kapitel, das die speziellen Risiken von Hedgefonds darstellt.

8.1 Risiko der fehlenden aktuellen Bewertung

Die **Bewertung** des Anlagevermögens erfolgt **nur an bestimmten Stichtagen**. Zwischenzeitliche Bewertungen stehen daher unter dem Vorbehalt einer Korrektur am Bewertungsstichtag. Zur Bewertung illiquider Anlageaktiva nimmt der Fondsmanager Schätzungen vor. Diese sind naturgemäß mit besonderen Unsicherheiten behaftet. Je nach Zusammensetzung des Anlagevermögens kann die Bewertung längere Zeit in Anspruch nehmen. Eine aktuelle Bewertung ist daher nur zu bestimmten Zeitpunkten erhältlich. Hinzu kommt, dass einige Fonds nur sehr eingeschränkt Auskunft über die Art ihrer Investitionen und deren Wertentwicklung geben, so dass es schwierig sein kann, die Bewertungen oder die Anlagestrategien dieser Fonds über einen längeren Zeitraum nachzuvollziehen und zu überprüfen. Für Sie als Anleger resultiert daraus vor allem das Risiko, dass der Kauf- oder Verkaufspreis nicht unbedingt dem tatsächlichen Wert des Vermögens entspricht.

8.2 Risiken aus dem Vergütungssystem

Üblicherweise besteht die Vergütung eines Fondsmanagers oder einer anderen Person mit vergleichbarer Funktion aus einem fixen Gehalt und zu einem erheblichen Teil aus einem leistungsbezogenen Bonus. Diese Leistungshonorare können zu einem erheblich **aggressiveren Anlageverhalten** des Fondsmanagers führen, als es ohne einen solchen Anreiz der Fall wäre.

8.3 Liquiditätsrisiko

Hedgefonds sowie hierauf basierende Anlageprodukte investieren teilweise in illiquide **Anlageinstrumente und Beteiligungen, für die kein oder nur ein sehr enger Sekundärmarkt existiert**. Soweit für die getätigten Anlagen Marktpreise ermittelt werden, unterliegen diese in der Regel großen Schwankungen. Die Auflösung einzelner Investitionen und Risikopositionen kann dem Fonds daher im Einzelfall gar nicht oder nur unter Inkaufnahme hoher Verluste möglich sein. Die Illiquidität des Fondsvermögens beeinträchtigt auch die Handelbarkeit des vom Anleger erworbenen Fondsanteils oder sonstigen Anlageproduktes.

Das Liquiditätsrisiko schlägt sich bei Rückgabe und Übertragung wie folgt nieder:

8.3.1 Rückgabe oder Ausübung des Anlageproduktes

Charakteristisch ist es, dass bestimmte in den Vertragsbedingungen **festgelegte Fristen beachtet werden müssen**. Daher tragen Sie als Anleger zwischen Ihrer unwiderruflichen Entscheidung zur Rückgabe oder Ausübung und dem Zeitpunkt der Festlegung des Rückzahlungswerts das Marktrisiko. Zwischen der Festlegung des Rückzahlungswerts und der Auszahlung kann ein weiterer Zeitraum liegen.

8.3.2 Außerbörsliche Übertragung

Zum einen kann diese Möglichkeit vertraglich ausgeschlossen sein, zum anderen obliegt es dem Anleger, einen Kaufinteressenten zu finden.

8.4 Abhängigkeit vom Vermögensmanagement

Die **Entscheidungen über die Anlagen werden allein von den zuständigen Managern getroffen**. Der Bestand und die Entwicklung des Vermögens sind im erheblichen Maße von den Managern und deren Team abhängig. Zudem verwaltet kaum ein Fondsmanager nur einen Fonds. Auch die Möglichkeit eines kurzfristigen Wechsels im Fondsmanagement und dessen negative Auswirkungen auf die Geschäftstätigkeit des Fonds müssen in Betracht gezogen werden.

Der Manager eines Hedgefonds hat **besonders große Entscheidungsspielräume**, da er nur wenigen vertraglichen und gesetzlichen Beschränkungen unterliegt und in großem Umfang spekulative Geschäftsinstrumente wie Optionen, zusätzliche Kreditaufnahmen oder Leerverkäufe nutzen kann. Hier hängen die Chancen und Risiken der Fondsanlage also in noch stärkerem Umfang als beim herkömmlichen Fonds von den Personen und tatsächlichen Fähigkeiten des Managements der Fondsgesellschaft ab.

8.5 Hebelwirkung

Hedgefonds nehmen zur Finanzierung der von ihnen getätigten Anlagen teilweise in erheblichem Umfang **Kredite** auf. Dadurch kommt es zu einer **Hebelwirkung**, denn zusätzlich zu dem von den Anlegern bereitgestellten Kapital kann weiteres Kapital investiert werden. Entwickelt sich der Markt wider Erwarten negativ, entsteht ein erhöhtes Verlustrisiko, da die Zins- und Tilgungsleistungen in jedem Fall aus dem Fondsvermögen zu erbringen sind. Je größer der eingesetzte Hebel, desto höher ist die Wahrscheinlichkeit, dass es zu einem **Totalverlust** des eingesetzten Kapitals kommt. In diesem Fall sind die Anteilscheine wertlos.

8.6 Risikoreiche Strategien, Techniken und Instrumente der Kapitalanlage

Hedgefonds ist es erlaubt, auch hoch riskante Anlagen zu tätigen, da es **keine beschränkenden rechtlichen Vorgaben** gibt. Solche Anlagen weisen daher ein **hohes Verlust- und Totalverlustrisiko** auf. Hat der Fonds seine Anlagemittel zu einem erheblichen Teil oder komplett in ein einzelnes Risikogeschäft investiert, entsteht für den Anleger die Gefahr, dass er seine Einlage vollständig (Totalverlust) oder zu großen Teilen verliert. Ein erhöhtes Verlustrisiko besteht generell immer dann, wenn der Fonds seine Investitionen auf typischerweise risikoreiche Finanzinstrumente, Branchen oder Länder konzentriert.

Zu den Risikogeschäften, die einige Hedgefonds tätigen, zählen der Erwerb von risikobehafteten Wertpapieren, Leerverkäufe (Short Sales), alle Arten börslicher und außerbörslicher Derivategeschäfte sowie Waren- und Warentermingeschäfte. Eine abschließende Aufzählung aller in Betracht kommenden Anlagestrategien ist nicht möglich, da es hier keine aufsichtsrechtlichen Vorgaben gibt.

8.6.1 Erwerb von besonders risikobehafteten Papieren

Die Anlagestrategie einiger Hedgefonds sieht vor, **besonders risikobehaftete Wertpapiere** zu kaufen, deren Emittenten sich in wirtschaftlichen Schwierigkeiten befinden. Teilweise durchlaufen diese – typischerweise durch eine geringe Bonität gekennzeichneten – Unternehmen tief greifende Umstrukturierungsprozesse, deren Erfolg ungewiss ist. Derartige Investitionen des Hedgefonds sind daher riskant und weisen ein **hohes Totalverlustrisiko** auf. Die Einschätzung der Erfolgsaussichten wird zudem dadurch erschwert, dass es vielfach nicht oder nur eingeschränkt möglich ist, zuverlässige Informationen über den konkreten wirtschaftlichen Zustand der Unternehmen zu erhalten. Hinzu kommt, dass die Kurse der entsprechenden Wertpapiere häufig sehr hohen Schwankungen unterliegen. Dementsprechend ist die Spanne zwischen Kauf- und Verkaufspreis bei diesen Wertpapieren größer als bei marktgängigen Wertpapieren.

8.6.2 Leerverkäufe

Der Begriff des Leerverkaufs (Short Sale) steht für den Verkauf eines Wertpapiers, über das der Verkäufer im Moment des Geschäftsabschlusses nicht verfügt. Der Verkäufer geht – aus welchen Gründen auch immer – von fallenden Kursen aus und setzt deshalb darauf, das Wertpapier zu einem späteren Zeitpunkt zu einem niedrigeren Preis erwerben zu können. Er will auf diese Weise einen Differenzgewinn erzielen. Zur Erfüllung seiner Verpflichtung aus dem ursprünglichen (Leer-)Verkauf bedient sich der Verkäufer der Wertpapierleihe. Tritt die von dem „Leerverkäufer" erwartete Entwicklung nicht ein – kommt es also nicht zu fallenden, sondern zu steigenden Kursen –, besteht ein **theoretisch unbegrenztes Verlustrisiko**. Der Verkäufer muss nämlich die geliehenen Wertpapiere zu aktuellen Marktkonditionen kaufen, um sie innerhalb der vereinbarten Frist zurückgeben zu können.

8.6.3 Derivate

Teilweise setzen Hedgefonds in großem Umfang und mit unterschiedlichsten Verwendungszwecken alle Arten börslich und außerbörslich (OTC – over the counter) gehandelter Derivate ein. In diesem Fall geht der Fonds alle **Verlustrisiken** ein, **die für Derivate spezifisch sind**. Der Fonds setzt sich bei bestimmten Geschäften bei einer für ihn ungünstigen Marktentwicklung einem Verlustrisiko aus, das nicht im Voraus bestimmt werden kann. Dieses Risiko kann weit über ursprünglich geleistete Sicherheiten (Margins) hinausgehen und ist theoretisch unbegrenzt. Diese (Markt-)Verlustrisiken können sich bei der Nutzung strukturierter exotischer Derivateprodukte potenzieren. Soweit sich der Fonds – wie vielfach üblich – in außerbörslich gehandelten Derivaten engagiert, ist er zusätzlich dem Bonitätsrisiko seiner Kontrahenten ausgesetzt. Dies gilt unabhängig von der Marktentwicklung.

8.6.4 Warentermingeschäfte

Das Engagement einiger Hedgefonds erstreckt sich auch auf Warentermingeschäfte. Diese weisen **erhöhte** – von denen herkömmlicher Finanzinstrumente abweichende – **Verlustrisiken** auf. **Warenmärkte sind hoch volatil.** Sie werden von vielen Faktoren beeinflusst, so beispielsweise vom Wechselspiel von Angebot und Nachfrage, aber auch von politischen Gegebenheiten, konjunkturellen Einflüssen und klimatischen Bedingungen. Verfügen die für den Fonds handelnden Personen nicht über entsprechende spezifische Kenntnisse und Erfahrungen, wird ein Engagement mit hoher Wahrscheinlichkeit verlustbringend verlaufen. Aber auch einschlägige Spezialkenntnisse schützen nicht vor Verlusten auf diesen besonders volatilen Märkten.

8.7 Transaktionskosten

Werden – wie dies bei einigen Hedgefonds der Fall ist – Investitionen von kurzfristigen Marktaussichten bestimmt, führt dies typischerweise zu einer **erhöhten Anzahl von Geschäftsumsätzen**. Damit ist ein erheblicher Aufwand an Provisionen, Entgelten und sonstigen Transaktionskosten verbunden. Ein eventueller Gewinn, der sich in der Wertsteigerung der Anteilscheine niederschlägt, kann erst nach Abzug dieser Kosten erzielt werden.

8.8 Handels- und Risikomanagementsysteme

Die von Hedgefonds genutzten Anlage- und Handelsstrategien machen es notwendig, standardisierte, auf bestimmten Annahmen und Zusammenhängen basierende Handels- und Risikomanagementsysteme einzusetzen. **Versagen diese Systeme, kann dies zu Verlusten beim Fonds führen.** Die Ursachen für ein Versagen können vielfältig sein, z.B. konstruktionsbedingt auf Grund unzutreffender Annahmen, durch eine außergewöhnliche Marktsituation oder infolge der Veränderung von Zusammenhängen zwischen Märkten und einzelnen Finanzinstrumenten.

8.9 Prime Broker

Bedient sich ein Hedgefonds zur Umsetzung seiner Anlagestrategie eines Prime Brokers, so können durch die **Provisionen** für die Ausführung einer erheblichen Anzahl von Geschäften für den Hedgefonds Interessenkonflikte beim Prime Broker auftreten. Weiterhin kann das Risiko bestehen, dass der Prime Broker bei entsprechender Marktlage entgegen der Strategie des Hedgefonds die Rückführung der Wertpapierleihe oder von Krediten verlangt.

8.10 Rückgabe von Anteilen

Zur Rückgabe von Anteilen an **Hedgefonds nach deutschem Recht** muss gegenüber der Kapitalanlagegesellschaft eine **unwiderrufliche Rückgabeerklärung** erfolgen. Die Vertragsbedingungen von Hedgefonds können zudem bestimmen, dass die Rückgabe von Anteilscheinen nur zu bestimmten Terminen möglich ist. Zusätzlich sind bei manchen Fonds auch Kündigungsfristen zur Rückgabe zu beachten. Bei Hedgefonds nach deutschem Recht kann der Zeitraum bis zur nächstmöglichen Rückgabe bis zu einem Vierteljahr betragen. Durch Kündigungsfristen für Dach-Hedgefonds von bis zu 100 Kalendertagen kann sich dieser Zeitraum noch weiter verlängern. Bei Single-Hedgefonds sind Kündigungsfristen von bis zu 40 Kalendertagen möglich. Hierdurch kann es Ihnen als Anleger verwehrt sein, eine günstige Wertentwicklung des Hedgefonds durch eine zeitnahe Rückgabe Ihrer Anteilscheine zu realisieren. Auch im Falle eines Wertverlustes können Sie nur in Abhängigkeit von den vereinbarten Fristen reagieren.

Bei Anlageprodukten, die nicht unter das Investmentgesetz fallen (z.B. Zertifikate auf Hedgefonds(-Portfolios)), gelten jeweils die vertraglichen Bedingungen des Emittenten.

8.11 Publizität und Rechenschaftslegung

Hedgefonds unterliegen im Vergleich zu herkömmlichen Fonds **geringeren Anforderungen an Publizität und Rechenschaftslegung**. Auch wird das Fondsvermögen häufig nicht börsentäglich bewertet. So sind deutsche Hedgefonds nur zu einer vierteljährlichen Anteilswertermittlung verpflichtet.

E Was Sie bei der Ordererteilung beachten sollten

Das folgende Kapitel erläutert, welche Umstände Sie im Zusammenhang mit der Erteilung von Kauf- oder Verkaufsaufträgen über Wertpapiere kennen und beachten sollten. Gegebenheiten wie z. B.

- die Ausführungsplätze, an denen Ihre Wertpapieraufträge ausgeführt werden,
- die Mechanismen der Preisbildung und
- die Gültigkeitsdauer Ihrer Wertpapieraufträge

können den Erfolg Ihrer Anlagedisposition ganz erheblich beeinflussen.

Für die Ausführung Ihrer Order gelten zum einen die **Sonderbedingungen für Wertpapiergeschäfte**. Zudem verfügt jede Bank über **Ausführungsgrundsätze**, die ergänzend gelten. In den Ausführungsgrundsätzen legt Ihre Bank dar, welche organisatorischen Vorkehrungen sie trifft, um Ihre Orders bestmöglich auszuführen. In den Grundsätzen werden auch die wichtigsten Ausführungsplätze genannt, die die Bank nutzt.

Im folgenden Kapitel werden zunächst die zwei im Wertpapiergeschäft üblichen Dienstleistungen des Festpreis- und Kommissionsgeschäfts beschrieben. Eine kurze Darstellung der Ausführung des Wertpapierauftrags an einer deutschen Börse, Ihrer Dispositionsmöglichkeiten und der bei der Ausführung Ihrer Aufträge möglichen Risiken schließt sich an. Ergänzend werden die in Deutschland für Aktien üblichen Emissionsverfahren erläutert.

Bitte beachten Sie, dass sich das Kapitel auf die Abwicklung von Aufträgen, die an einer deutschen Börse ausgeführt werden sollen, konzentriert. Bei Aufträgen, die an anderen Ausführungsplätzen oder ausländischen Börsen zur Ausführung kommen sollen, sind die dort geltenden Rechtsvorschriften, Bedingungen und Usancen zu beachten.

1 Festpreisgeschäfte

Viele Wertpapiere können Sie direkt von Ihrer Bank kaufen bzw. an diese verkaufen. Dies gilt insbesondere für verzinsliche Wertpapiere, aber auch für Fonds, Zertifikate, Optionsscheine und Standardaktien. Es kommt dann ein Kaufvertrag zu Stande, der den Verkäufer zur Übertragung der verkauften Wertpapiere und den Käufer zur Zahlung des Kaufpreises verpflichtet. Typisches Merkmal dieser Geschäftsform ist die Vereinbarung eines festen oder bestimmbaren Preises; solche Geschäfte werden als „Festpreisgeschäfte" bezeichnet. **In der Abrechnung, die Sie von Ihrer Bank erhalten, werden Kosten und Spesen nicht gesondert in Rechnung gestellt, sondern sind in die Kalkulation des Festpreises eingegangen.**

Beim Kauf von verzinslichen Wertpapieren sind in der Regel vom Käufer über den Festpreis hinaus die so genannten „**Stückzinsen**" zu zahlen, die dem Verkäufer zustehen. Stückzinsen sind die Zinsen, die rechnerisch vom letzten Zinstermin bis zum Tag vor der Erfüllung des Geschäfts angefallen sind. Sie zahlen an die Bank zunächst die seit dem letzten Zinstermin angefallenen rechnerischen Zinsen, erhalten sie aber beim nächsten Zinstermin von dem Emittenten des betroffenen Wertpapiers zurück.

2 Kommissionsgeschäfte

Bei Kommissionsgeschäften tritt die Bank Ihnen gegenüber nicht als Käuferin bzw. Verkäuferin auf, sondern leitet Ihren Auftrag an einen Ausführungsplatz weiter, um dort das von Ihnen gewünschte Geschäft mit einer dritten Partei abzuschließen. Die Bank handelt an diesem Platz zwar im eigenen Namen (die Identität des Auftraggebers wird regelmäßig nicht offengelegt), aber für Ihre Rechnung. Das heißt, dass alle Folgen, also alle Vor- und Nachteile, die sich aus diesem Geschäft ergeben, Ihnen zugerechnet werden. Somit sind die an dem jeweiligen Ausführungsplatz geltenden Rechtsvorschriften und Geschäftsbedingungen für den Abschluss und die Erfüllung, zusammen „**Usancen**" genannt, für Sie unmittelbar von Bedeutung.

In bestimmten Fällen kann es vorkommen, dass die Bank Ihren Auftrag mit denen anderer Kunden oder mit Eigengeschäften zusammenlegt. Die anschließend erforderliche Zuteilung der Aufträge richtet sich nach den Grundsätzen der Auftragszuteilung, über die Ihre Bank für diese Fälle verfügen muss. Die Bank muss dafür Sorge tragen, dass eine Benachteiligung der betroffenen Kunden möglichst vermieden wird. Bitte beachten Sie jedoch, dass eine Zusammenlegung für einzelne Aufträge auch nachteilig sein kann.

2.1 Börsen und außerbörsliche Ausführungsplätze

Die Bank leitet Ihre Order an eine Börse oder an einen außerbörslichen Ausführungsplatz. Zu den außerbörslichen Märkten zählen der Handel unter Banken (so genannter „**Telefonverkehr**"), aber auch andere Marktformen, z. B. **multilaterale Handelssysteme**. Auf welchen Märkten Ihre Bank als Kommissionärin tätig wird, bestimmt sich nach den Ausführungsgrundsätzen, die sie mit Ihnen vereinbart hat.

2.2 Börsenhandel
2.2.1 Wertpapierbörsen

Wertpapierbörsen sind von staatlich anerkannten Stellen geregelte und überwachte Märkte zum Handel von Wertpapieren. An Wertpapierbörsen treffen in der Regel Angebot und Nachfrage vieler Marktteilnehmer zusammen.

Typische Wesensmerkmale des Börsenhandels sind:

- Er findet regelmäßig statt.
- Gehandelt werden bestimmte, bei der jeweiligen Börse zugelassene Wertpapiere.
- Handel und Preisfeststellung unterliegen bestimmten Regeln.
- Es gibt eine Vielzahl von Anbietern und Nachfragenden.
- Der Teilnehmerkreis ist begrenzt auf zum Handel zugelassene Kaufleute.

Wertpapierbörsen gibt es in vielen Ländern. Im Zuge der Internationalisierung der Wertpapiermärkte werden eine Reihe von Wertpapieren (Aktien und Rentenwerte) inzwischen nicht mehr nur an der Börse des Heimatlands des Emittenten, sondern auch oder sogar ausschließlich an der Börse eines anderen Staates gehandelt.

In Deutschland findet der börsliche Handel in Wertpapieren an folgenden Börsenplätzen statt: Berlin, Düsseldorf, Frankfurt, Hamburg, Hannover, München und Stuttgart.

2.2.2 Marktsegmente

Die an der Börse zum Handel zugelassenen Wertpapiere sind einem gesetzlich näher beschriebenen „Marktsegment" zugeordnet. Man unterscheidet an den deutschen Börsen zwischen dem **regulierten Markt** und dem **Freiverkehr**. Diese Marktsegmente unterscheiden sich insbesondere durch die Anforderungen, die erfüllt werden müssen, damit ein bestimmtes Wertpapier zum Handel zugelassen wird. Zudem gelten im regulierten Markt höhere Anforderungen an die Rechnungslegungsstandards und die Publizitätsvorschriften für die Emittenten der Wertpapiere.

Die im regulierten Markt sowie im Freiverkehr ermittelten Preise sind **Börsenpreise**. Sie müssen bekannt gemacht werden. Die Börsenpreise werden durch die staatliche Börsenaufsicht und die Handelsüberwachungsstellen der Börsen überwacht.

2.2.3 Handelsformen und Preisbildung

Man unterscheidet zwischen Präsenzbörsen, an denen sich die Börsenteilnehmer zu festen Börsenzeiten am Börsenplatz treffen, und elektronischen Börsen oder Handelssystemen, bei denen Wertpapiergeschäfte automatisch durch Computer zustande kommen. Die Festlegung der Börsenzeiten obliegt dem Betreiber der Börse; die **Handelszeiten** können daher an den einzelnen Börsenplätzen unterschiedlich sein. Der **Handel an Börsen erfolgt nach festen Regeln**, die unter Beachtung der gesetzlichen Vorgaben vom Börsenbetreiber festgelegt werden. Die Einhaltung der Regeln wird von der Börsenaufsicht überwacht.

Der an der Börse für die Ausführung Ihres Auftrages festgestellte Preis entspricht dem jeweils aktuellen Marktpreis, dem „**Kurs**". Dieser wird bei verzinslichen Wertpapieren und Genussscheinen in der Regel in Prozent vom Nennwert, bei Aktien, Zertifikaten, Fonds und Optionsscheinen in einem Geldbetrag pro Stück angegeben.

▪ Handel und Preisfeststellung im Präsenzhandel

Börsenabschlüsse und insbesondere die Börsenpreise kommen im Präsenzhandel durch Vermittlung von so genannten Skontroführern zu Stande. Aufträge zum Kauf oder Verkauf von Wertpapieren gehen entweder in den Handel zu gerechneten Kursen (Eröffnungs-, Einheits-, Schlusskurs) oder in den Handel mit fortlaufender Notierung (variabler Handel) ein. Für manche Wertpapiere wird nur einmal täglich der Einheitskurs, auch Kassakurs genannt, festgestellt. Der Skontroführer muss sich bei der Feststellung des Einheitskurses bemühen, alle ihm zugeleiteten Kauf- und Verkaufsaufträge auszuführen (**Meistausführungsprinzip**); dabei hat er die Vorgaben der Börsenteilnehmer, insbesondere deren Preisgrenzen (Limite), zu beachten. Durch das Meistausführungsprinzip soll sichergestellt werden, dass der festgesetzte Kurs die Angebots- und Nachfragelage am besten widerspiegelt.

Bestimmte Wertpapiere, in der Regel solche mit größeren Börsenumsätzen, werden auf Antrag zum variablen Handel zugelassen. Im variablen Handel stellt der Skontroführer die Kurse laufend entsprechend der jeweiligen Angebots- und Nachfragelage; die Kurse verändern sich daher regelmäßig im Laufe des Tages. Die Börsenregeln können vorsehen, dass für eine Ausführung im variablen Handel ein bestimmtes Mindestordervolumen erforderlich ist. Erreicht Ihr Auftrag diese Mindeststückzahl nicht, kann er nur zum Kassakurs ausgeführt werden. Lautet Ihr Auftrag über eine Stückzahl, die sich nicht glatt durch diese Mindeststückzahl teilen lässt, kann Ihre Order geteilt werden, so dass es zu einer Ausführung teils im fortlaufenden Handel und teils zum gerechneten Kurs kommt. Sie können jedoch auch bestimmen, dass die Order nur vollständig zur Kasse ausgeführt werden soll.

▪ Handel und Preisfeststellung in elektronischen Handelssystemen

Im elektronischen Handel werden die Kurse nicht von einem Skontroführer, sondern nach festen Regeln direkt von dem elektronischen System berechnet. Auch hierbei gilt grundsätzlich das **Meistausführungsprinzip**. Die von Ihnen gesetzten Preisgrenzen werden beachtet. Der Handel wird wie der Präsenzhandel von staatlichen Stellen beaufsichtigt und führt zu Börsenpreisen. Die Börsenregeln können beispielsweise vorsehen, dass im Handel zu bestimmten Zeiten **Auktionen** durchgeführt werden und im Übrigen ein **fortlaufender Handel** erfolgt. Weiterhin können die Regeln bestimmen, dass für unterschiedliche Wertpapierarten unterschiedliche Vorgaben gelten. Dazu kann beispielsweise zählen, dass eine Order eine bestimmte **Mindestgröße** aufweisen muss oder dass es in bestimmten Situationen zu **Handelsunterbrechungen** kommen kann.

> **Exkurs: Kurszusätze und -hinweise**
>
> Kurszusätze und Kurshinweise sind **Indikatoren** dafür, wie sich die **Angebots-/Nachfragesituation** bei einem Wertpapier darstellt. Sie können daraus schließen, ob die Nachfrage oder das Angebot in Bezug auf ein Wertpapier überwog und ob überhaupt Umsätze getätigt wurden. Davon können Sie die Entscheidung für den Kauf eines Wertpapiers mit abhängig machen: Wenn z. B. aus den Kurszusätzen ersichtlich ist, dass zu einem bestimmten Wertpapier über eine längere Zeit immer nur Nachfrage oder nur Angebot bestand, liegt ein so genannter „enger" Markt vor, in dem der Erwerb oder die Veräußerung einmal erworbener Papiere schwierig sein kann.
>
> Kurshinweise liefern zusätzlichen Aufschluss über den veröffentlichten Kurs. Sie weisen etwa auf die erste Notierung einer Aktie nach Zahlung der Dividende hin, bei der ein Abschlag in Höhe der Dividende vorgenommen wird.

Wichtige Kurszusätze und -hinweise

b oder Kurs ohne Zusatz	bezahlt (alle Aufträge wurden ausgeführt)
bG	bezahlt Geld (die zum festgestellten Kurs limitierten Kaufaufträge müssen nicht vollständig ausgeführt sein, es bestand also weitere Nachfrage)
bB	bezahlt Brief (die zum festgestellten Kurs limitierten Verkaufsaufträge müssen nicht vollständig ausgeführt sein, es bestand somit weiteres Angebot)
G	Geld (zu diesem Kurs bestand nur Nachfrage)
B	Brief (zu diesem Kurs bestand nur Angebot)
ex D	ex Dividende (erste Kursfeststellung nach Dividendenabschlag)
ex BR	ex Bezugsrecht (erste Kursfestsetzung nach Trennung eines Bezugsrechts)
ex BA	ex Berichtigungsaktien (erste Notiz nach Kapitalerhöhung aus Gesellschaftsmitteln)

2.2.4 Zertifikate- und Optionsscheinhandel

Grundsätzlich finden die üblichen Preisbildungsmechanismen auch auf den Handel mit Zertifikaten oder Optionsscheinen Anwendung, so dass auch hier der Skontroführer den **Preis nach Angebot und Nachfrage**, wie sie sich im Orderbuch widerspiegeln, ermitteln muss. **Es kommt jedoch hinzu**, dass der Emittent oder ein von ihm beauftragter Dritter das Zertifikat bzw. den Optionsschein insoweit „betreut", als er laufend Kauf- und Verkaufsangebote (Quotes) in das Orderbuch einstellt (**Market Making**). Die Regelwerke der Börsen beschränken sich mit ihren Anforderungen dabei auf die maximale Geld-Brief-Spanne und das handelbare Marktvolumen, stellen jedoch keine Anforderungen an die Preisberechnungen durch den Emittenten. Die Spanne eines vom Market Maker gestellten Kauf- und Verkaufsangebots wird vom Skontroführer dann bei der Preisermittlung berücksichtigt. Dieser ist an die Quote-Stellung des Emittenten zwar nicht gebunden, orientiert sich aber faktisch an den gestellten Preisen.

Insbesondere bei Optionsscheinen, die sehr niedrig notieren, kann der Verkaufspreis deutlich über dem Ankaufspreis liegen.

In den Zeitungen wird oft nur der Ankaufskurs veröffentlicht. Über Kursinformationssysteme sind sowohl An- als auch Verkaufskurs abrufbar. Zu diesen veröffentlichten Kursen muss aber kein Umsatz zu Stande gekommen sein, es kann sich um vom Market Maker gestellte Kurse handeln.

Bitte beachten Sie: Bei Optionsscheinen sollten Sie daher Ihre Order unbedingt limitieren.

2.3 Dispositionen bei der Auftragserteilung

Generell wird Ihre Order gemäß den Sonderbedingungen für Wertpapiergeschäfte in Verbindung mit den Ausführungsgrundsätzen Ihrer Bank ausgeführt. Wenn und soweit Sie eine **Weisung** erteilen, hat diese Vorrang vor den Ausführungsgrundsätzen. Sie können beispielsweise über **Preisgrenzen (Limite)** oder die **Gültigkeitsdauer** Ihres Auftrags bestimmen.

2.3.1 Limitierungen (Preisgrenzen)

Der bei Auftragserteilung aktuelle Kurs kann sich bis zur Ausführung Ihres Auftrags unter Umständen erheblich ändern. Ist etwa der Kurs des von Ihnen georderten Wertpapiers inzwischen gestiegen, müssen Sie einen höheren Kaufpreis als erwartet entrichten (Preisrisiko, vgl. Kapitel E 5.3). Sie können jedoch für den Kauf eines Wertpapiers einen Höchstpreis, für den Verkauf einen Mindestpreis bestimmen.

Bitte beachten Sie: Eine Limitierung empfiehlt sich vor allem dann, wenn der Kurs des einzelnen Werts erfahrungsgemäß erheblich schwankt oder der Markt insgesamt im Zeitpunkt der Auftragserteilung größere Kursbewegungen aufweist.

Preislich limitierte Aufträge bergen allerdings die Gefahr, dass sie nicht oder jedenfalls nicht sofort ausgeführt werden, solange sich der Kurs jenseits vom Limit bewegt.

Ergänzend zu den Kurslimiten gibt es auch so genannte **Limitzusätze**. Nachfolgend sind zwei Beispiele für Limitzusätze dargestellt.

- **Stop-Loss-Order**

Die Stop-Loss-Order ist ein Verkaufsauftrag, mit dem Sie Ihre Bank beauftragen, ein Wertpapier automatisch zu verkaufen, sobald eine von Ihnen festgelegte Kursmarke unterhalb der aktuellen Notierung erreicht oder unterschritten wird. Die Stop-Loss-Order ist jedoch keine Garantie dafür, dass das Wertpapier auch zu der gewünschten Kursmarke verkauft wird. Die Order löst lediglich einen Auftrag aus, der sodann als „Bestens-Order" in den Handel gegeben wird.

- **Stop-Buy-Order**

Bei einer Stop-Buy-Order erteilt der Kunde seiner Bank den Auftrag, ein Wertpapier zu kaufen, sobald es eine vorher von ihm bestimmte Kursmarke erreicht hat. Ebenso wie die Stop-Loss-Order wird die Stop-Buy-Order zum nächsten Börsenkurs ausgeführt, in beiden Fällen kann daher der Kurs sowohl über als auch unter der festgesetzten Marke liegen.

2.3.2 Gültigkeitsdauer Ihrer Aufträge

Ihre Bank wird Ihren Auftrag unverzüglich an den vorgesehenen Ausführungsplatz leiten und versuchen, ihn dort zur Ausführung zu bringen. Soweit dies am gleichen Tag nicht möglich ist (z. B. weil die von Ihnen vorgegebene Preisgrenze nicht erreicht wird), wird sich die Bank so lange um die Ausführung bemühen, wie Ihr Auftrag gültig ist.

Sie können die Gültigkeitsdauer Ihrer Wertpapieraufträge bestimmen. Haben Sie hierzu keine Weisung erteilt, richtet sie sich danach, ob Sie Preisgrenzen vorgegeben haben. Die Einzelheiten sind in den Sonderbedingungen für Wertpapiergeschäfte und ggf. ergänzend in den Ausführungsgrundsätzen Ihrer Bank geregelt.

- **Aufträge ohne Preisgrenze**

Ein **preislich unlimitierter Auftrag** zum Kauf oder Verkauf von Wertpapieren **gilt nur für einen Börsentag**. Ist der Auftrag für eine gleichtägige Ausführung bei Ihrer Bank nicht so rechtzeitig eingegangen, dass seine Berücksichtigung im Rahmen des ordnungsgemäßen Arbeitsablaufs möglich ist, so wird er für den nächsten Börsentag vorgemerkt.

- **Aufträge mit Preisgrenze**

Ein **preislich limitierter Auftrag** zum Kauf oder Verkauf von Wertpapieren ist **grundsätzlich bis zum letzten Börsentag des laufenden Monats gültig (Monatsultimo)**. Ein am letzten Börsentag eines Monats eingehender Auftrag wird, sofern er nicht am selben Tag ausgeführt wird, für den nächsten Monat vorgemerkt.

- **Erlöschen laufender Aufträge an deutschen Börsen**

Preislich limitierte Aufträge zum Kauf oder Verkauf von Aktien an inländischen Börsen erlöschen bei Dividendenzahlungen, sonstigen Ausschüttungen, bei der Einräumung von Bezugsrechten oder bei einer Kapitalerhöhung aus Gesellschaftsmitteln mit Ablauf des Börsentages, an dem die Aktien letztmalig einschließlich der vorgenannten Rechte gehandelt wurden.

Bei einer **Kursaussetzung** erlöschen ebenfalls sämtliche Aufträge (vgl. Kapitel E 5.4).

- **Aufträge zum Kauf oder Verkauf von Bezugsrechten an deutschen Börsen**

Für den **Bezugsrechtshandel** an deutschen Börsen gilt wegen der zeitlich beschränkten Handelsfrist eine **abweichende Regelung**. Preislich unlimitierte Aufträge sind für die Dauer des Bezugsrechtshandels gültig, während mit Preisgrenzen versehene Aufträge mit Ablauf des vorletzten Tags des Bezugsrechtshandels erlöschen.

2.4 Abwicklung von Kommissionsgeschäften

Der Abschluss eines Kommissionsgeschäfts begründet nur die Verpflichtung des Verkäufers zur Lieferung der Wertpapiere gegen Zahlung des Kaufpreises durch den Käufer; dieses Geschäft muss anschließend durch Austausch von Wertpapieren und Geld noch erfüllt werden. Für die Erfüllung der Verpflichtungen zum Austausch von Wertpapieren und Geld stehen Abwicklungssysteme zur Verfügung, die eine unkomplizierte und rasche Geschäftsabwicklung ermöglichen. International sind unterschiedliche **Erfüllungsfristen** üblich. In Deutschland abgeschlossene Geschäfte werden üblicherweise zwei Börsentage nach Abschluss des Geschäfts durch Lieferung der Wertpapiere und Zahlung des Kaufpreises erfüllt.

Bitte beachten Sie: Bei Geschäften an ausländischen Ausführungsplätzen können die Erfüllungsfristen von der in Deutschland üblichen Erfüllungsfrist abweichen und zum Teil erheblich länger sein.

Diese Erfüllungsfristen sind z. B. zu berücksichtigen, wenn gerade gekaufte Wertpapiere zeitnah wieder verkauft werden sollen. Die Bank kann die Ausführung eines Verkaufsauftrages ablehnen, solange die gekauften Wertpapiere noch nicht in das Depot des Auftraggebers gelangt sind.

3 Zahlungen Dritter an die Bank

Im Zusammenhang mit der Durchführung Ihrer Wertpapiergeschäfte kommt es regelmäßig zu **Geldzahlungen oder der Gewährung von geldwerten Vorteilen** (z. B. Überlassen von IT-Hardware oder Software, Durchführung von Schulungen) **durch Dritte an Ihre Bank**. Beispiele für Geldzahlungen sind Vergütungen einer Fondsgesellschaft im Zusammenhang mit dem Verkauf von Investmentfonds (siehe Kapitel B 5.3.3) sowie Vergütungen von Emittenten in Zusammenhang mit dem Verkauf von Zertifikaten (siehe Kapitel B 4.1.5) oder Anleihen. Auch Vergütungen durch Broker, die Ihre Bank bei der Ausführung der Aufträge im Ausland einschaltet, sowie durch Börsen und Clearingorganisationen sind international nicht unüblich. Nähere Einzelheiten erhalten Sie bei Ihrer depotführenden Bank.

4 Abrechnung von Wertpapiergeschäften

Tätigt Ihre Bank an der Börse oder an einem anderen Ausführungsplatz für Ihre Rechnung ein Wertpapiergeschäft oder schließt sie ein Festpreisgeschäft mit Ihnen ab, erhalten Sie von Ihrer Bank eine **Wertpapierabrechnung**. Dieser Abrechnung können Sie **alle Ausführungsdaten** zum Wertpapiergeschäft entnehmen, insbesondere

- ob es sich um ein Festpreis- oder ein Kommissionsgeschäft handelt,
- welche Wertpapiere gekauft bzw. verkauft wurden,
- die Stückzahl bzw. den Nominalbetrag,
- den Geschäftsgegenwert,
- den Ausführungsort und den Ausführungszeitpunkt,
- den Ausführungskurs,
- den Erfüllungstag (Valutatag) und
- bei verzinslichen Wertpapieren ggf. die vom Käufer an den Verkäufer zu entrichtenden Stückzinsen.

Bei Kommissionsgeschäften zusätzlich

- das Entgelt (Provision der Bank für die Auftragsausführung) und
- die Auslagen und fremden Kosten, die Ihrer Bank bei Ausführung des Auftrages entstanden sind und Ihnen weiterbelastet werden.

Bitte beachten Sie, dass Wertpapiergeschäfte individuelle steuerliche Auswirkungen haben können, die nicht Gegenstand dieser Abrechnung sind.

5 Risiken bei der Abwicklung Ihrer Wertpapieraufträge

Einige der mit der Erteilung einer Wertpapierorder verbundenen Risiken sind bereits dargestellt worden. Wichtige Risiken sind auch dem folgenden Abschnitt zu entnehmen.

5.1 Übermittlungsrisiko

Bei **nicht eindeutig erteilten Aufträgen** kann es zu Missverständnissen kommen. Ihr Auftrag an die Bank muss deshalb bestimmte, unbedingt erforderliche Angaben enthalten. Dazu zählen die Anweisung zum Kauf oder Verkauf, die Stückzahl oder der Nominalbetrag und die genaue Bezeichnung des Wertpapiers.

Bitte beachten Sie: Je präziser Ihr Auftrag erteilt wird, desto geringer ist das Risiko eines Irrtums.

5.2 Fehlende Marktliquidität

Ihr **Kauf- bzw. Verkaufsauftrag kann nur ausgeführt werden, wenn ein Gegenangebot vorliegt**; dies ist mitunter nicht der Fall. Besteht z. B. überhaupt keine Nachfrage nach einem bestimmten Wertpapier, kann Ihr Bestand nicht oder nicht sofort verkauft werden; bei sehr geringer Nachfrage besteht die Gefahr, dass ein sehr niedriger Kurs zustande kommt.

Bei bestimmten Wertpapieren kann es vorkommen, dass das Phänomen der fehlenden Marktliquidität regelmäßig auftritt. Zu denken ist hier zum Beispiel an so genannte Penny Stocks (vgl. Kapitel D 2.2.3), aber auch bei anderen Papieren kann dies auftreten.

5.3 Preisrisiko

Der maßgebliche **Börsenpreis kann sich seit dem Zeitpunkt Ihrer Auftragserteilung** bis zum Zustandekommen des Geschäftes an der Börse **erheblich zu Ihren Lasten verändern**.

Verzögerungen bei der Ausführung lassen sich aber selbst bei sehr hohen Umsätzen nicht vollständig ausschließen. In diesen Fällen besteht ein zusätzliches Risiko, dass sich der Kurs zwischenzeitlich für Sie ungünstig entwickelt.

Bitte beachten Sie: Zur Verminderung des Preisrisikos können Sie Ihrer Bank Preisgrenzen (Limite) vorgeben.

5.4 Kursaussetzung und ähnliche Maßnahmen

In bestimmten Fällen **kann die Börse die Preisfeststellung zeitweilig aussetzen**. Die Kursaussetzung erfolgt zum Beispiel dann, wenn wichtige, möglicherweise kursbeeinflussende Mitteilungen des Unternehmens bevorstehen, das das betroffene Wertpapier emittiert hat. Im elektronischen Börsenhandel kann es auch zu so genannten **Volatilitätsunterbrechungen** kommen. Dies ist dann der Fall, wenn Kurse festgestellt würden, die sich außerhalb eines definierten Korridors befänden. Die Kursaussetzung soll allzu starke Kursschwankungen verhindern. **Sie dient also dem Schutz des Publikums.**

Bitte beachten Sie: Bei einer Kursaussetzung an einer deutschen Börse wird Ihr **Auftrag** zum Kauf oder Verkauf des betreffenden Wertpapiers nicht ausgeführt und **erlischt**. Bei ausländischen Börsen gelten insoweit die Usancen der jeweiligen Börse.

Die Börsenpreisfestsetzung für ein bestimmtes Wertpapier wird dauerhaft eingestellt, wenn der ordnungsgemäße Börsenhandel nicht mehr gewährleistet erscheint. Diese äußerste Maßnahme kommt z. B. bei Insolvenzeröffnung über das Vermögen des Emittenten in Betracht. Aufträge lassen sich dann nicht mehr über die Börse abwickeln; die Verkehrsfähigkeit der betroffenen Wertpapiere wird dadurch erheblich eingeschränkt oder ganz ausgeschlossen.

6 Risiken bei taggleichen Geschäften („Day Trading")

Die Entwicklungen an den internationalen Kapitalmärkten haben nicht nur zu neuen Produktangeboten geführt. Moderne Technologien haben teilweise auch die Art des Handels in Wertpapieren verändert. Damit wird es möglich, **dasselbe Wertpapier, Geldmarktinstrument oder Derivat taggleich zu kaufen und zu verkaufen. Man spricht dann auch von Day Trading.** Hierbei wird beabsichtigt, unter Ausnutzung schon kleiner und kurzfristiger Preisschwankungen eines einzelnen Werts Veräußerungsgewinne zu erzielen oder Kursrisiken zu begrenzen. Sofern Sie solche Geschäfte tätigen, sollten Sie sich über die besonderen Risiken im Klaren sein.

6.1 Sofortiger Verlust, professionelle Konkurrenz und erforderliche Kenntnisse

Bei der Durchführung solcher Geschäfte ist zu beachten, dass das Day Trading zu sofortigen Verlusten führen kann, wenn überraschende Entwicklungen dazu führen, dass der Wert der von Ihnen gekauften Finanzinstrumente taggleich sinkt und Sie zur Vermeidung weiterer Risiken (Over-Night-Risiken) gezwungen sind, den gekauften Wert vor Schluss des Handelstages zu einem Kurs unterhalb des Ankaufspreises zu veräußern. Dieses Risiko erhöht sich, wenn in Werte investiert wird, die innerhalb eines Handelstages hohe Kursschwankungen erwarten lassen. Unter Umständen kann das gesamte von Ihnen zum Day Trading eingesetzte Kapital verloren werden.

Im Übrigen konkurrieren Sie bei dem Versuch, mittels Day Trading Gewinne zu erzielen, mit professionellen und finanzstarken Marktteilnehmern. Sie sollten daher in jedem Fall über vertiefte Kenntnisse in Bezug auf Wertpapiermärkte, Wertpapierhandelstechniken, Wertpapierhandelsstrategien und derivative Finanzinstrumente verfügen.

6.2 Zusätzliches Verlustpotenzial bei Kreditaufnahme

Unterlegen Sie Ihre Day-Trading-Geschäfte nicht nur mit Eigenkapital, sondern zusätzlich noch mit aufgenommenen Krediten: So beachten Sie, dass die Verpflichtung zur Rückzahlung dieser Kredite auch im Falle des Day Trading unabhängig vom Erfolg Ihrer Day-Trading-Geschäfte besteht.

6.3 Kosten

Durch regelmäßiges Day Trading veranlassen Sie eine unverhältnismäßig hohe Anzahl von Geschäften in Ihrem Depot. Die hierdurch entstehenden Kosten (z. B. Provisionen und Auslagen) können im Verhältnis zum eingesetzten Kapital und dem erzielbaren Gewinn unangemessen hoch sein.

6.4 Unkalkulierbare Verluste bei Termingeschäften

Bei Termingeschäften besteht darüber hinaus das Risiko, dass Sie noch zusätzliches Kapital oder Sicherheiten beschaffen müssen. Dies ist dann der Fall, wenn taggleich Verluste eingetreten sind, die über Ihr eingesetztes Kapital bzw. die von Ihnen hinterlegten Sicherheitsleistungen hinausgehen.

6.5 Risiko der Verhaltensbeeinflussung

Werden Ihnen spezielle Räumlichkeiten zur Abwicklung von Day-Trading-Geschäften zur Verfügung gestellt, so kann die räumliche Nähe zu anderen Anlegern in diesen Handelsräumen Ihr Verhalten beeinflussen.

7 Die Emission von Aktien

Aktien einer börsennotierten Aktiengesellschaft werden regelmäßig an einer oder mehreren Börsen gehandelt. Bevor die Aktien in den Börsenhandel aufgenommen werden, müssen sie in einem bestimmten Verfahren begeben (emittiert) und bei den Anlegern, die an den Aktien der Gesellschaft Interesse haben, platziert werden. Weit überwiegend wird hierzu das so genannte **Bookbuilding** gewählt, während das so genannte **Festpreisverfahren** fast gänzlich an Bedeutung verloren hat. In beiden Fällen übernimmt ein Zusammenschluss von mehreren Banken, ein Bankenkonsortium, von dem Unternehmen die Aktien zum Zweck der Platzierung bei den Anlegern. Gleichwohl gibt es zwischen Festpreisverfahren und Bookbuilding **signifikante Unterschiede**. Auf die typischen Ausprägungen der beiden Verfahren wird im Folgenden näher eingegangen. Es gibt jedoch auch Emissionen, die Elemente beider Verfahren kombinieren.

7.1 Festpreisverfahren

Beim Festpreisverfahren **garantiert das Bankenkonsortium** vor Veröffentlichung des Verkaufsangebots dem emittierenden Unternehmen **einen bestimmten Platzierungspreis**. Die **Preisfindung erfolgt ohne Einbindung der Anleger** und basiert auf einer eingehenden Unternehmensanalyse unter gleichzeitiger Berücksichtigung der Börsenbewertung vergleichbarer Unternehmen sowie der allgemeinen Marktverfassung. Die Preisfestlegung erfolgt durch den Emittenten in Abstimmung mit der das Bankenkonsortium anführenden Bank, dem so genannten Lead Manager.

Die **Zuteilung der Aktien** an die Anleger erfolgt beim Festpreisverfahren durch jede einzelne Konsortialbank einschließlich des Lead Managers. Sie haben sich alle zur Übernahme von Aktien in Höhe einer bestimmten Quote verpflichtet und teilen den Anlegern, die Zeichnungswünsche aufgegeben haben, Aktien zu.

7.2 Bookbuilding

Das Bookbuilding stellt eine Weiterentwicklung dar, da bei diesem Emissionsverfahren zusätzlich die **Preisvorstellungen der Anleger direkt in die Preisfindung eingehen**. Den Anlegern wird vor Beginn der Platzierungsfrist eine **Preisspanne** für den Emissionspreis vorgegeben. Diese Spanne basiert auf der Unternehmensanalyse und -bewertung durch den Lead Manager. Alle Anleger haben – wie im Börsenhandel – die Möglichkeit, innerhalb der vorgegebenen Preisspanne auch limitierte Zeichnungswünsche aufzugeben. Der Lead Manager erfasst die gesamten Zeichnungswünsche der Anleger zentral in einem elektronischen „Buch", analysiert auf dieser Basis die Qualität der Zeichnungen und vereinbart sodann in Abstimmung mit dem Emittenten und unter Berücksichtigung der aktuellen Marktbedingungen einen marktorientierten einheitlichen Platzierungspreis.

Beim Bookbuilding werden die Aktien ebenfalls von den im Konsortium vertretenen Banken an die Anleger **zugeteilt**. Die Banken des Konsortiums erhalten jedoch keine feste quotale Zuteilung. Ihre Zuteilung richtet sich nach der Höhe und Qualität der bei ihnen eingegangenen Zeichnungen. Die Art der Zuteilung unterscheidet sich je nach Anlegerkreis.

- Bei institutionellen (Groß-)Anlegern gibt der Lead Manager in Abstimmung mit dem Emittenten den sich im Konsortium befindenden Banken genau vor, wie viele Aktien welchen der einzelnen, namentlich offengelegten institutionellen Investoren zuzuteilen sind.

Gründe hierfür sind, dass der Emittent regelmäßig einen bestimmten Mix institutioneller Investoren wünscht, seine Aktien beispielsweise bevorzugt bei Anlegern aus bestimmten Regionen oder Ländern platzieren oder die Zuteilung an einige institutionelle Investoren direkt vornehmen möchte.

- Bei Zeichnungen privater Anleger sind die Konsortialbanken in ihrer Zuteilung der Aktien in aller Regel frei. Der Emittent kann aber auch Einzelheiten der Zuteilung an die Privatanleger festlegen.

Bitte beachten Sie: Bei beiden Emissionsverfahren kann es durchaus zu einer **Überzeichnung** der betreffenden Aktienemission kommen, d.h., die Zahl der von den Anlegern gezeichneten Aktien übersteigt die Zahl der von der Gesellschaft ausgegebenen Aktien. Die Konsortialbanken können dann nicht alle Zeichnungswünsche in vollem Umfang oder sogar manche Zeichnungswünsche von Anlegern auch überhaupt nicht befriedigen. Die Anleger erhalten somit eine geringere Anzahl Aktien, als sie gezeichnet haben, oder möglicherweise auch keine Aktien.

Der Emittent hat grundsätzlich das Recht, selbst über die Art der Zuteilung zu entscheiden, mithin welche Zeichnungsangebote von Aktien zum festgelegten Emissionspreis er in welchem Ausmaß berücksichtigt oder ablehnt. Es gibt **zahlreiche Möglichkeiten für den Zuteilungsmodus im Falle der Überzeichnung**. So ist es beispielsweise möglich, dass

- die Zeichnungsfrist verkürzt wird,
- alle Zeichnungen nur zu einem bestimmten Prozentsatz oder alle gleichmäßig in Höhe einer bestimmten Stückzahl bedient werden,
- alle Zeichnungen in einer Größenklasse, z.B. Orders bis zu einer bestimmten Stückzahl in vollem Umfang, und Zeichnungen in anderen Größenklassen nur prozentual, absolut in Höhe einer geringeren Stückzahl oder gar nicht berücksichtigt werden.

In diesen Fällen der Zuteilung spricht man auch von der so genannten Repartierung. Als Alternative hierzu ist die Auslosung möglich. Dann entscheidet das Los, mithin der Zufall, welche Anleger Aktien erhalten und welche nicht. Auch eine Kombination aus Repartierung und Auslosung kann in der Praxis vorkommen.

Bitte beachten Sie: Das endgültig gewählte Zuteilungsverfahren wird erst nach Ende der Zeichnungsfrist bestimmt. Nach Abschluss des Zeichnungsverfahrens können Sie sich bei Ihrer Bank über den Zuteilungsmodus informieren.

F Dienstleistungen im Zusammenhang mit Vermögensanlagen

Im Zusammenhang mit Vermögensanlagen in Wertpapieren und weiteren Kapitalanlagen bietet Ihre Bank im Regelfall verschiedene Dienstleistungen an. Über die Bandbreite der möglichen Dienstleistungen wird Sie Ihre Bank informieren.

Der Umfang der auf Seiten der Bank bestehenden Verhaltenspflichten, insbesondere bezüglich des Umfangs der einzuholenden Kundenangaben und der Reichweite der Pflicht, Wertpapiere oder sonstige Kapitalanlagen sowie Dienstleistungen auf ihre Geeignetheit bzw. Angemessenheit für den Kunden zu prüfen, bestimmt sich nach der Art der erbrachten Dienstleistung. Dabei können im Wesentlichen folgende Arten von – transaktionsbezogenen – Dienstleistungen unterschieden werden: Vermögensverwaltung, Anlageberatung, beratungsfreies Geschäft und reines Ausführungsgeschäft.

1 Vermögensverwaltung

Unter einer Vermögensverwaltung versteht man die **Verwaltung von in Wertpapieren angelegten Kundenvermögen mit einem Ermessensspielraum der Bank im Rahmen eines Mandats des Kunden**.

Im Rahmen der Vermögensverwaltung bestehen auf Seiten der Bank insofern die umfassendsten Interessenwahrungspflichten, als sie das von dieser Dienstleistung erfasste Kundenvermögen verwaltet und überwacht. Sie ist dabei im Rahmen der mit Ihnen getroffenen **Anlagerichtlinien** berechtigt, nach eigenem Ermessen grundsätzlich alle Maßnahmen zu treffen, die ihr bei der Verwaltung des Portfolios zweckmäßig erscheinen. Die Bank darf demnach, ohne zuvor jeweils eine Kundenweisung einzuholen, in jeder möglichen Weise über die entsprechenden Vermögenswerte verfügen, z. B. durch den An- und Verkauf über die Börse oder außerhalb der Börse, im Wege des Festpreis- oder Kommissionsgeschäfts.

Korrespondierend hierzu hat sich die Bank bei Abschluss einer Vermögensverwaltung umfassende Kenntnisse bezogen auf Ihre persönlichen Umstände anzueignen und des Weiteren eine umfangreiche Prüfung im Hinblick auf die Geeignetheit einer Dienstleistung im Rahmen der Vermögensverwaltung vorzunehmen. Dabei holt sie diejenigen Informationen über Ihre Kenntnisse und Erfahrungen in Bezug auf Wertpapiere bzw. die Dienstleistung, über Ihre finanziellen Verhältnisse sowie Ihre Anlageziele ein, die es ihr ermöglichen, Dienstleistungen zu empfehlen, die für Sie geeignet sind. Auf dieser insoweit geschaffenen Informationsgrundlage prüft Ihre Bank, ob eine bestimmte Dienstleistung im Rahmen der Vermögensverwaltung für Sie geeignet ist.

2 Anlageberatung

Um eine **Anlageberatung** handelt es sich, **wenn die Bank Ihnen bestimmte Wertpapiere als für Sie geeignet empfiehlt und die Empfehlung dabei auf eine Prüfung Ihrer persönlichen Umstände stützt**. Anders als bei einer Vermögensverwaltung treffen Sie bei der Anlageberatung selbst die Anlageentscheidung über den Erwerb oder die Veräußerung von Wertpapieren. Daher überwachen auch Sie und nicht Ihre Bank die Wertentwicklung Ihres Depots und der einzelnen Vermögenswerte in Ihrem Depot. Eine Pflicht zur fortlaufenden Beobachtung Ihres Depots durch die Bank besteht nicht.

Die Bank unterliegt bei der Auswahl ihrer Empfehlungen und der Durchführung der Beratung rechtlichen Vorgaben. Weil jede Empfehlung für Sie als Anleger geeignet sein muss, stehen Ihre individuellen Umstände stets im Mittelpunkt. Zu diesem Zweck erfragt Ihre Bank vor der Anlageberatung von Ihnen Angaben über Ihre Risikoneigung und Anlagewünsche, über Ihre finanziellen Verhältnisse sowie über Ihre Kenntnisse und Erfahrungen bei der Vermögensanlage. Nur auf diesem Wege können die Anlageempfehlungen auf die persönlichen Umstände der einzelnen Anleger zugeschnitten werden.

Im Rahmen einer Anlageberatung gegenüber Privatkunden muss die Bank Ihnen für jedes zum Kauf empfohlene Finanzinstrument ein **Produktinformationsblatt** (je nach Produkt auch als „Wesentliche Anlegerinformation" oder „Vermögensanlageninformationsblatt" bezeichnet) rechtzeitig vor Abschluss des Geschäftes zur Verfügung stellen. Das Produktinformationsblatt vereint alle wesentlichen Informationen zu dem jeweiligen Finanzinstrument und enthält insbesondere Angaben zur Funktionsweise, zu den Risiken und zu den Kosten des Finanzinstruments. Zusätzlich wird anhand von Szenarien die Funktionsweise verdeutlicht. Die vollständigen Bedingungen für das jeweilige Finanzinstrument und weitere Risikohinweise sind im jeweiligen Verkaufsprospekt inklusive etwaiger Nachträge und der endgültigen Bedingungen enthalten, die Sie auf Nachfrage von Ihrem Berater erhalten.

Jede Anlageberatung muss durch ein **Beratungsprotokoll** dokumentiert werden. In diesem Protokoll, das die Bank Ihnen als Anleger im Anschluss an die Empfehlungen zur Verfügung stellen muss, sind die empfohlenen Finanzinstrumente einschließlich der wesentlichen Gründe für deren Empfehlung enthalten. Im Beratungsprotokoll steht zudem Raum zur Verfügung, um bestimmte Anlageziele oder besondere persönliche Umstände, die für die Anlageberatung relevant sind, festzuhalten.

Wenn sich Anleger nach einer telefonischen Anlageberatung zu einem Geschäftsabschluss entscheiden, bevor ihnen das Beratungsprotokoll zugesandt wurde, können sie innerhalb einer Woche von dem Geschäft zurücktreten – jedoch nur, wenn das Beratungsprotokoll unvollständig oder fehlerhaft ist.

Bitte beachten Sie: Sie sollten sich Produktinformationsblätter und Beratungsprotokolle sorgfältig durchlesen, um dann auf der Basis der Anlageempfehlungen Ihrer Bank eigenständige Anlageentscheidungen zu fällen.

3 Beratungsfreies Geschäft

Erbringt eine Bank Ihnen gegenüber keine Vermögensverwaltung oder Anlageberatung, sind entsprechend dem Charakter der dann vorliegenden beratungsfreien Dienstleistung die Anforderungen an bestimmte Verhaltenspflichten auf Seiten der Bank weiter reduziert.

So wird Ihre Bank in diesem Fall von Ihnen zwar auch die erforderlichen Informationen über Ihre Kenntnisse und Erfahrungen einholen, allerdings nicht zu Ihren Anlagezielen und finanziellen Verhältnissen.

Bei einer Ordererteilung wird Ihre Bank lediglich prüfen, ob Sie über die erforderlichen Kenntnisse und Erfahrungen verfügen, um die Risiken in Zusammenhang mit der Art der Wertpapiere angemessen beurteilen zu können. Anders als bei der Anlageberatung und der Vermögensverwaltung werden Ihre Anlageziele und finanziellen Verhältnisse also nicht berücksichtigt.

Gelangt Ihre Bank bei dieser **Angemessenheitsprüfung** zu der Auffassung, dass das von Ihnen in Betracht gezogene Wertpapier im obigen Sinne für Sie nicht angemessen ist, so wird sie Sie – regelmäßig in standardisierter Form – hierüber informieren. Wünschen Sie dennoch die Ausführung Ihrer Order, darf die Bank diese weisungsgemäß ausführen.

4　Reines Ausführungsgeschäft

Von dem unter 3 dargestellten beratungsfreien Geschäft ist das reine Ausführungsgeschäft in so genannten nicht komplexen Finanzinstrumenten zu unterscheiden. Zu den nicht komplexen Finanzinstrumenten zählen beispielhaft börsengehandelte Aktien, Geldmarktinstrumente, Schuldverschreibungen ohne derivatives Element und Investmentfondsanteile.

Bietet Ihre Bank außerhalb der Anlageberatung oder Vermögensverwaltung eine Dienstleistung an, die in der reinen Ausführung Ihrer Order oder der bloßen Annahme und Übermittlung Ihrer Order in nicht komplexen Finanzinstrumenten besteht, löst diese Dienstleistung auf Seiten der Bank schließlich nur sehr wenige bzw. keine Interessenwahrungspflichten aus.

So kann Ihre Bank eine von Ihnen veranlasste Order in nicht komplexen Finanzinstrumenten ausführen, ohne zuvor Angaben zu Ihren persönlichen Umständen einzuholen und zu bewerten. Sie wird daher – anders als sonst im beratungsfreien Geschäft – in diesem Fall nicht prüfen, ob das betreffende Wertpapier für Sie angemessen ist. Folglich werden Sie auch nicht über eine mangelnde Angemessenheit informiert.

G   Glossar

Agio	Aufgeld bei Wertpapieren und geschlossenen Fonds. Der Betrag, um den der Ausgabepreis bei der Neuausgabe von Wertpapieren/geschlossenen Fonds deren Nennbetrag übersteigt. Gegensatz: Disagio, Abgeld/Abschlag.
Baisse	Längere Zeit anhaltende, starke Kursrückgänge an der Börse. An der Börse auch Bear-Markt genannt. Gegensatz zu Hausse.
Basispunkt	Ein Hundertstel eines Prozents. Steigt zum Beispiel die Rendite einer Anlage von 7,52 % auf 7,57 %, so beträgt die Steigerung fünf Basispunkte.
Benchmark	Bezugsmarke, an der die Wertentwicklung einer Anlage gemessen wird. Als Benchmark dienen häufig Renten- bzw. Aktienindices.
Bonität des Schuldners	Maßstab für Zahlungsfähigkeit und -willigkeit eines Schuldners (hier: Emittent eines Wertpapiers).
Brokerhaus (Broker)	Berufsmäßige Bezeichnung für Wertpapierhändler und -makler vornehmlich im angelsächsischen Bereich und in Japan.
Cap	Engl. für Obergrenze. Bezeichnet bei Zertifikaten den vorher in den Emissionsbedingungen festgelegten maximalen Rückzahlungsbetrag, der nicht überschritten werden kann. Bei Anleihen gibt der Cap den im Voraus festgelegten Höchstzinssatz an.
Derivate	Derivate oder derivative Geschäfte sind von Kassageschäften (vgl. Kassamarkt) „abgeleitete" (lat. derivare = ableiten) Geschäftsformen in Aktien, Schuldverschreibungen oder Devisen. Es handelt sich hierbei um Termingeschäfte (vgl. Terminmarkt).
Deutsche Aktienindices	Die gängigsten deutschen Aktienindices sind der DAX®, der MDAX®, der SDAX® und der TecDAX®. Der DAX® besteht aus den 30 Standardwerten, die die höchsten Börsenumsätze und Börsenkapitalisierungen aufweisen. Der MDAX® repräsentiert die 50 nachfolgenden Werte (Midcaps), der SDAX® umfasst die 50 nächstkleineren Werte (Smallcaps). Der TecDAX® fasst die 30 größten Unternehmen der Technologiebranchen unterhalb der DAX®-Werte zusammen. Die Indices werden börsentäglich fortlaufend berechnet. Die Zusammensetzung wird in bestimmten Zeitabständen durch die Deutsche Börse bei Bedarf angepasst.
Disagio	Abgeld bei Wertpapieren. Der Betrag, um den der Ausgabepreis bei der Neuausgabe von Wertpapieren deren Nennbetrag unterschreitet. Gegensatz: Agio, Aufgeld/Aufschlag.
Emission	Ausgabe neuer Wertpapiere.
Emissionspreis	Auch: Ausgabepreis. Preis, zu dem neu ausgegebene Wertpapiere dem Anlegerpublikum zum Kauf angeboten werden.
Emittent	Ein Emittent ist der Herausgeber von erstmals in Umlauf gebrachten Wertpapieren. Es kann sich dabei um ein Unternehmen, ein Kreditinstitut, eine öffentliche Körperschaft, den Staat oder andere Institutionen handeln.
EUR-Anleihen	Anleihen, bei denen der Nominalbetrag auf Euro (€) lautet.
Eurobonds	Internationale – nicht nur europäische – Schuldverschreibungen, die über internationale Bankenkonsortien platziert werden, auf eine international anerkannte Währung lauten und in mehreren Ländern außerhalb des Heimatlandes des Emittenten gehandelt werden. Emittenten sind vorrangig Staaten, internationale Institutionen und Großunternehmen.

Fondsmanagement	Gremium, das Anlageentscheidungen für den jeweiligen Investmentfonds trifft.
Hausse	Längere Zeit anhaltende, starke Kurssteigerungen an der Börse. An der Börse auch Bull-Markt genannt. Gegensatz zu Baisse.
Index	Statistisches Instrument zur anschaulichen Darstellung von Preis- und Mengenbewegungen bei Gütern und Wertpapieren (z. B. Aktienindex) im Zeitablauf. Wird von Emittenten oder Dritten wie z. B. Börsen berechnet.
Insolvenzrisiko	Gefahr der Zahlungsunfähigkeit eines Schuldners.
Interbankenmarkt	Der Markt, an dem der Handel zwischen Kreditinstituten stattfindet, d. h., an dem Angebot und Nachfrage von Banken nach Geld, Devisen oder Wertpapieren zusammentreffen. Geographisch und zeitlich ist er nicht abgrenzbar.
Kontrahent	Vertragspartner
Korrelation	Die Korrelation ist eine Größe, die den statistischen Zusammenhang (Gleichlauf) zwischen zwei Zahlenreihen bzw. Wertpapieren aufzeigt.
Länderrating	Eingruppierung von Ländern entsprechend den wirtschaftlichen und politischen Verhältnissen.
Liquidität	Hier im Sinne von Veräußerbarkeit. Die Möglichkeit, mehr oder weniger schnell und mit mehr oder weniger hohen Transaktionskosten oder Werteinbußen ein Wertpapier kaufen oder verkaufen zu können.
Market Maker	Marktteilnehmer, der in der Regel für bestimmte Wertpapiere während der gesamten Laufzeit täglich fortlaufend An- und Verkaufspreise stellt, ohne hierzu in jedem Fall verpflichtet zu sein. Der Market Maker sorgt dadurch für Marktliquidität.
Marktkapitalisierung	Börsenbewertung einer Aktiengesellschaft (Multiplikation des Aktienkurses mit der Anzahl der Aktien).
Marktusancen	Feste Handelsbräuche, die sich zur Geschäftsabwicklung in den Wertpapiermärkten herausgebildet haben.
Midcaps	Bezeichnung für Aktien mit einer mittleren Marktkapitalisierung.
Order	Kauf- oder Verkaufsauftrag
Performance	Hier: Wertentwicklung einer Anlage. Wird meist auf eine bestimmte Referenzperiode (z. B. 1, 5 oder 10 Jahre) bezogen und in Prozent ausgedrückt.
Plain Vanilla	Ein „Plain-Vanilla"-Wertpapier ist „normal" ausgestaltet, weicht in seiner Struktur also nicht von den herkömmlichen Wertpapieren derselben Art (z. B. festverzinsliche Schuldverschreibungen) ab.
Rating	Eingruppierung von Emittenten entsprechend ihren wirtschaftlichen Verhältnissen.
Referenzzinssatz	Repräsentativer, meist kurz- bis mittelfristiger Zinssatz, an dem bzw. an dessen Veränderungen sich andere Zinssätze (vor allem solche für Floating Rate Notes) orientieren. Wichtige internationale Referenzzinssätze sind der EURIBOR und der LIBOR.
Rentabilität	Prozentuales Verhältnis des Ertrags zu dem eingesetzten Kapital in einem bestimmten Zeitraum.
Schwellenländer	Engl. Emerging Markets. Hauptsächlich ehemalige Entwicklungsländer, die durch den forcierten Ausbau des Dienstleistungs- und/oder Industriesektors Fortschritte erzielt haben.

Skontroführer	Ein Skontroführer – auch Börsenmakler genannt – ist für das Feststellen von Börsenkursen an einer deutschen Wertpapierbörse zuständig. Als Grundlage dient ihm dabei das Orderbuch, in dem alle vorliegenden Kauf- und Verkaufsaufträge zusammenlaufen. Für jedes Wertpapier ist ein Skontroführer zuständig.
Smallcaps Spread	Bezeichnung für Aktien mit einer relativ geringen Marktkapitalisierung. Auf- oder Abschlag auf einen Referenzzinssatz (z. B. EURIBOR oder LIBOR), dessen Höhe sich nach der Bonität und der Marktstellung des betreffenden Schuldners richtet. Auch: Differenz (Spanne) zwischen dem besten Kauf- und Verkaufskurs für ein Wertpapier zu einem bestimmten Zeitpunkt; eine enge Geld-Brief-Spanne ist ein Zeichen für hohe Marktliquidität.
Swap	Ein Swap ist ein außerbörsliches Derivat, das den Austausch von Zahlungsströmen zwischen den beiden Swap-Vertragspartnern bewirkt.
Unternehmens-anleihen	Schuldverschreibungen von Wirtschaftsunternehmen; auch Industrieobligationen genannt.
Usancenbedingte Erfüllungsfrist	Frist, in der der Verkäufer die Wertpapiere zur Verfügung zu stellen und der Käufer die Zahlung zu leisten hat (in Deutschland ist die Erfüllungsfrist zwei Börsentage nach Abschlusstag).
Volatilität	Maß für die Schwankungsintensität eines Wertpapierkurses innerhalb einer bestimmten Periode. Die Berechnung erfolgt auf Grund historischer Daten nach bestimmten statistischen Verfahren.
Zentrale Gegenpartei	Auch Central Counterparty (CCP) genannt. An Börsen tritt die zentrale Gegenpartei als Käufer für jeden Verkäufer und als Verkäufer für jeden Käufer in Erscheinung. Die Aufspaltung des Geschäftes in zwei neue Geschäfte dient sowohl der Anonymisierung des Handels als auch der Effizienz der Abwicklung.

H Stichwortverzeichnis

A

Abrechnung 142
Abwertung 87
Agio 19, 35, 151
Aktie 35ff., 103ff.
  alte 37
  junge 37
  neue 37
  Stückaktie 36
Aktienanleihe 26f., 100
Aktienfonds 59, 117
Aktien-Optionsschein 71f.
Aktionärsrechte 37
Altersvorsorge-Sondervermögen 63
Altersvorsorge-Sparplan 63
American style 65
Amerikanische Option 65
Andienungsschwelle 26, 100
Anlageberatung 147
Anlagegrundsatz 56, 117
Anlagestrategie 83f.
Anleihe 19ff., 93ff.
  festverzinsliche 22, 96
  gesamtfällige 21
  gleichrangige 24
  index- oder
  aktienkorborientierte Verzinsung 101
  internationale 30
  kurzfristige 21
  langfristige 21
  mittelfristige 21
  mit variablen Zinssätzen 22
  nachrangige 24
  öffentliche 31, 34
  strukturierte 100, 102
  vorrangige 24
Anleihebedingung 21, 33, 98
Annuitäten-Anleihe 21
Anteilspreis 57, 117
At the money 67
Aufgeld 35, 68, 70, 151
Auftragsstimmrecht 39
Aufwertung 87
Ausführungsgrundsätze 137, 140
Ausgabeaufschlag 57, 117
Ausgabejahr 21
Ausgabekosten 117
Ausgabepreis 19, 28, 32, 38, 57, 61, 151
Auskunftsrecht 39
Auslandsanleihe 30f.
Auslosungsanleihe 21
Auslosungsrisiko 93, 98
Ausschüttungsfonds 60f.
Ausschüttungsrisiko 109
Außerbörsliche Ausführungsplätze 138
Aussetzungsrisiko 118

B

Baisse 104f., 151
Bandbreiten-Optionsschein 74, 124
Bankschuldverschreibung 32
  gedeckte 32
  sonstige 32
Barausgleich 66, 71
Barrier 73
Barrier-Optionsschein 73
Basispreis 65, 67
Basispunkt 22, 151
Basiswert 43, 65ff., 111ff., 123ff.
Basket-Optionsschein 73
Basketzertifikat 47
Bear-Markt 105, 151
Beleihungswert 89
Benchmark 151
Beratungsfreies Geschäft 147f.
Beratungsprotokoll 148
Berichtigungsabschlag 38
Berichtigungsaktie 38
Bezugsfrist 38
Bezugsrecht 37f., 141
Bezugsrechtshandel 38, 141
Bezugsverhältnis 38, 66
Black-Scholes-Modell 69
Blue Chips 59
Bond 19
Bonität 15, 24, 31, 33, 98, 151
Bonitätsrisiko 93
Bonuszertifikat 49f., 113
Bookbuilding 145
Börse 137ff.
Börsenhandel 138ff.
Börsenpreis 138, 143
Börsenstimmung 105
Bottom-Up 74
Branchenfonds 118
Break-even-Punkt 67f., 70
Briefkurs 88, 104
Broker 142, 151
Brokerhaus 104, 151
Bull Floater 23

155

Bull-Markt 105, 152
Bundesanleihe 32
Bundesobligation 32
Bundesschatzbrief 32

C

Call 71
Call-Optionsschein 65f., 68f., 124
Call-Recht 98
Cap 23, 27, 52, 101, 151
Cap Floater 23
Chart 106
Chartanalyse 106f.
Clearstream Banking AG 19
Collared Floater 23
Courtage 92
Covered Warrant 71

D

Dachfonds 60f.
Day Trading 144
Deckungsstock 34
Deckungsstockfähigkeit 34
Delisting 108
Delta 69
Depotbank 39, 56ff.
Derivate 118, 135, 151
Deutsche Aktienindices 151
Devisenbeschränkung 86
Devisen-Optionsanleihe 26
Devisen-Optionsschein 72
Digital-Optionsschein 74, 123
Disagio 19, 23, 32, 151
Discountzertifikat 48f.
Diversifizierung 15
Dividende 35, 39, 104, 139
Dividendenrendite 106
Dividendenrisiko 104
Dividendenzahlung 104, 141
Doppelwährungsanleihe 24, 99
Duration
  modifizierte 97

E

Effektive Stücke 19
Eigenverwahrung 90
Einheitskurs 139
Einzelschuldbuchforderung 32
Einzelwertzertifikat 47, 112
Emerging Markets 60, 152
Emission 145f., 151

Emissionsbedingungen 21, 37, 65, 74, 97, 109
Emissionsmarkt 30
Emissionspreis 151
Emittent 21f., 31, 41, 43f., 47, 49, 52f., 65, 71, 93, 97, 109, 111, 123, 126, 140, 143, 145f., 151
Emittentenrisiko 126
Equity Hedge 84
Erfüllung 142
Erneuerbare-Energien-Fonds 79, 131
ETC 29f., 56, 102
ETF 56, 58, 62f.
EUR-Anleihen 24, 151
EURIBOR 22, 152
Eurobonds 30f., 151
Europäische Option 65
European style 65
Event Driven 83
Exchange Traded Commodities 29, 56, 102
Exchange Traded Funds 56, 58, 62
  mit physischer Replikation 62, 121
  mit synthetischer Replikation 62, 121
Exotischer Optionsschein 73, 123ff.
Expresszertifikat 50f., 113
Ex-Tag 36

F

Fair Value 69
Festpreisgeschäft 137, 142
Festpreisverfahren 145
Festzins 22, 32
Festzins-Anleihe 22, 98
Floater 22f.
Floating Rate Notes 22f., 98, 152
Floor Floater 23
Floors 23
Flugzeugfonds
  geschlossener 80, 131
Fonds
  akkumulierender 61
  geschlossener 77ff., 130
  internationaler 60f.
  offener 56
  regionaler 118
  thesaurierender 61
Fondsgesellschaft 56, 117
Fondsmanagement 117, 152
Fondsvermögen 55f., 117
Freiverkehr 138
Fremdwährungsanleihe 24, 99
Fundamentalanalyse 106
Fungibilität 35, 108

G

Garantie 34, 60f.
Garantiefonds 60f.
Geldkurs 88, 104
Geldmarktfonds 60
Geldmarktsätze 22
Geldwert 86
Genussrecht 41, 109
Genussschein 41, 109
Girosammelverwahrung 19
Globalisierung 106
Global Macro 83
Gratisaktie 38
Gültigkeitsdauer 141

H

Haftungsrisiko 109
Hauptversammlung 35f., 39, 41
Hausse 105, 152
Hebel 68, 70
Hebelwirkung 66, 68, 114, 125, 134
Hebelzertifikat 52f., 114
  mit Stop-Loss 53
  ohne Stop-Loss 52
Hedgefonds 64, 83f., 133ff.
Hybridanleihe 26, 99f.

I

Illiquidität 88, 93
Immobilienfonds 58, 120
  geschlossener 79
  offener 62ff.
Index 27, 47, 101, 117, 152
Indexfonds 27
Index-Optionsschein 72
Indexzertifikat 27, 47
Industrieobligation 33
Inflationsrisiko 86
Informationsrisiko 90
Inhaberaktie 35
Inlandsanleihe 30
Innerer Wert 67, 70
Insolvenzrisiko 103, 152
Interbankenmarkt 22, 152
In the money 67
Inventarwert 57
Inverse Floater 23
Investmentanteilschein 55, 61, 117
Investmentfonds 55ff., 117ff., 152
  offene 56ff.

Investmentgesellschaft 55, 120
  ausländische 55f.
  deutsche 55f.
  inländische 55
Investmentgesetz 55

J

Jährliches Aufgeld 70
Junk Bond 94

K

Kapitalanlagegesellschaft 55ff., 120
Kapitalerhöhung 37f., 106
Kapitalschutzzertifikat 52
Kassakurs 139
Kaufkraftrisiko 86
Kennzahl 67
Knock-in 73, 124ff.
Knock-out 73, 124ff.
Kombizins-Anleihe 24
Kommissionsgeschäft 137
Konjunkturrisiko 85
Konjunkturzyklus 85
Kontrahent 152
Korrelation 152
Korrelationsrisiko 113
Kosten
  fremde 92
Kündigung
  vorzeitige 21, 91, 97
Kündigungsrecht 21, 97, 109
Kündigungsrisiko 97, 109
Kupon 97
Kursänderungsrisiko 103, 111
Kursaussetzung 141, 143
Kurs-Gewinn-Verhältnis 106
Kursprognoserisiko 106f.
Kursrisiko 15, 87, 109, 123
Kurswert 36, 96
Kurszusätze 139

L

Länderfonds 60f.
Länderrating 152
Länderrisiko 86
Laufzeit 16, 19ff., 43ff., 60, 93f., 96, 109, 112ff., 123ff., 152
Laufzeitfonds 60
Lead Manager 145
Leerverkäufe 135

Leverage-Effekt 66, 123, 125
LIBOR 22, 152
Lieferung
  physische 71
Limitierung 140
Liquidation 21, 24, 41, 109
Liquidität 15, 34, 87, 152
Liquiditätsrisiko 87

M

Magisches Dreieck 16
Managed Futures 84
Market Maker 152
Market Making 88, 140
Marktkapitalisierung 152
Marktliquidität 143
Marktrisiko
  allgemeines 103f., 117
  psychologisches 88
Marktsegmente 138
Marktstimmung 105
Markttechnik 106
Marktusancen 152
Marktzinsniveau 96f., 103
Marktzinssatz 96
Meinungsführerschaft 105
Meistausführungsprinzip 139
Midcaps 152
Mindestprovision 92, 126
Mini-Max-Floater 23
Mischfonds 59, 61
Mitläufereffekt 105
Multi-Asset-Aktienanleihe 101
Multiplikatoreffekt 105
Mündelsicherheit 34

N

Nachrangabrede 41
Naked Warrant 71
Namensaktie 35
  vinkulierte 36
Namenspapier 91
Nebenkosten 92, 126
Nennwert 19, 32, 36
Nennwertaktie 36
Nettoinventarwert 55, 121f.
No-load-Funds 58
Nominalzins 22, 32, 96, 99
Nominalzinssatz 97
Notierung 43
Nullkupon-Anleihe 22f.

O

Obligation 19
Opinion Leader 105
Option
  american style 65
  amerikanische 65, 74
  europäische 65, 74
  european style 65
Optionsanleihe 25, 71, 99
  „cum" 25, 99
  „ex" 25, 99
Optionsrecht 26, 37, 41, 65ff., 99, 124ff.
Optionsschein 25, 65ff., 99, 123ff.
  amerikanischer Typ 65
  europäischer Typ 65
  exotischer 73, 123ff.
Optionsscheinhandel 140
Optionsverhältnis 66f., 69f.
Order 152
Ordererteilung 137ff.
Organisierter Markt 57, 88, 104
Out of the money 67
Over-Night-Risiken 144

P

Pari 19, 23, 32, 98
Penny Stocks 104, 143
Performance 47, 119, 152
Pfandbrief 32
Plain Vanilla 152
Plain-Vanilla-Optionsschein 73
Preisbildung 138ff.
Preisgrenzen 139f.
Preisrisiko 143
Preissensitivität 68f.
Prime Broker 84, 136
Private-Equity-Fonds 80, 132
Produktinformationsblatt 148
Provision 92, 126, 142, 144
Psychologie der Marktteilnehmer 105
Put 71f.
Put-Optionsschein 65, 68, 127

Q

Quanto-Struktur 45, 99

R

Range-Optionsschein 74, 124f.
Rang im Insolvenzfall 24
Rating 94f., 152
Ratingsymbol 95
Real Estate Investment Trusts (REITs) 40, 108
Realverzinsung 86
Rechenschaftslegung 57, 136
Referenzzinssatz 22, 98, 152
Regionenfonds 60
Reines Ausführungsgeschäft 149
REITs 40, 108
Relative Value 83
Rendite 16
Rentabilität 15f., 34, 152
Renten 19
Rentenfonds 59, 61, 117
Repackagings 28
Repartierung 146
Reverse Convertibles 26
Reverse Floater 23, 98
Risiko
  des Wertverfalls 111
  Over-Night-Risiko 144
  steuerliches 89
  systematisches 103
  unsystematisches 104
  unternehmensspezifisches 104
  unternehmerisches 103, 129
Risikoabschlag 93
Risikokonzentration 118
Risikomischung 55, 57
Rohstoffe 72, 127
Rohstoff-Optionsschein 72, 127
Rücknahmeabschlag 57
Rücknahmepreis 19, 57, 118
Rückzahlung
  außerplanmäßige 21
  planmäßige 21
Rückzahlungsrisiko 109

S

Sachwert 86
Safe-Haven-Argument 87
Sammelurkunde 19
Schiffsfonds
  geschlossener 80, 131
Schuldnerrisiko 93
Schuldverschreibung 19, 23, 31ff., 152
Schwellenländer 152

Self-fulfilling prophecy 106
Sharpe Ratio 119
Sicherheit 15, 31, 33, 93
Skontroführer 139, 153
Smallcaps 153
Sondervermögen 31, 55f.
Special Purpose Vehicle 28
Spekulation 105
Spezialitätenfonds 59
Spread 22, 44, 153
SPV 28
Squeeze out 107
Stammaktie 36, 39
Step-Up-Anleihe 24
Stimmrecht 35, 39
Stop-Buy-Order 141
Stop-Loss-Order 141
Straight Bonds 22
Stripped Bonds 23
Strukturierte Anleihe 26, 28, 100, 102
Stückaktie 36
Stückzinsen 137
Supranationale Institution 33
Swap 153

T

Teilausführung 88
Telefonverkehr 138
Tilgung 21
Tilgungsanleihe 98
Time lag 103, 106
Timing 106
Top-Down 74
Totalverlust 114, 123, 125
Trading Funds 58
Transaktionskosten 68, 92, 152
Transferrisiko 86
Turbo-Optionsschein 73

U

Übermittlungsrisiko 90, 143
Überzeichnung 146
Umtauschanleihe 25
Unternehmensanleihe 33, 153
Usancen 137
Usancenbedingte Erfüllungsfrist 153

V

Variabler Handel 139
Verfalltag 125
Verhaltensbeeinflussung 144
Verkaufsprospekt 55, 64, 97
Vermögensrecht 37
Vermögensstreuung 15
Vermögensverwaltung 147
Vertragsbedingungen 55, 57, 60, 118, 120
Vertriebsprovision 57, 79
Verwaltungsrecht 37, 39
Verzinsliches Wertpapier 19ff., 93ff.
Verzinsung 21ff., 99
Volatilität 67, 101, 124, 153
Vorzugsaktie 36, 39

W

Währung 21, 24, 61
Währungsrisiko 15, 33, 87, 98
Wandelanleihe 25, 99
Wandlungspreis 25
Wandlungstag 25
Wandlungsverhältnis 25
Warrant 65
Weisung 140
Wertminderung 123, 125
Wertpapierbörsen 138
Wertpapiermarkt 138, 144
Wertpapierprospekt 46
Wertrechte 32
Wertsicherungsfonds 60
Wertsteigerung 16, 19, 66, 70
Wiederanlagerisiko 98
WR-Gutschrift 91

Z

Zeichnung 145f.
Zeitwert 67f., 70f., 125
   Verfalltag 125
Zentrale Gegenpartei 153
Zero Bond 23, 93, 98
Zertifikat 43ff., 111ff.
   auf Aktien 46
   auf Renten oder Zinsen 46
   auf sonstige Basiswerte 46
   lineares 48
Zinsänderungsrisiko 96f.
Zinskupon 22f.
Zins-Optionsanleihe 26
Zins-Optionsschein 72
Zinsphasen-Anleihe 24
Zinssatz 22f.
Zinsstrukturkurve 19f.
Zinsterminkurve 28
Zusatzaktie 38
Zuteilung 138, 145f.